Stefan Reutter

WER FRIEDEN WILL, MUSS STREITEN KÖNNEN

Eine Aufforderung zur Political Directness

INHALTSVERZEICHNIS

Au, ja!

Als ich mit meinem Hund einen Spaziergang am Bodensee machte, beobachtete ich zwei Lausbuben in einer Parkanlage. Sie zankten sich um einen Roller.
Die beiden waren im Kindergartenalter – schon kräftig genug, um sich richtig rumzuschubsen. Und anzublaffen: „Das ist MEIN Roller, du Blödmann!“, rief der eine und riss den Roller an sich.
„Aber du bist die ganze Zeit schon damit gefahren!“, brüllte der andere zurück.
„Stimmt gar nicht!“
„Stimmt doch, du Eierloch!“
„Dann hol ihn dir doch! Traust dich eh nicht!“
„Von wegen!“
Die Jungs zerrten sich gegenseitig den Lenker aus den Händen. Bis der rote Roller mit einem Scheppern zur Seite kippte. Und liegen blieb. Und beide einen Moment innehielten.
„Duuuu ... spielen wir Fangen?“
„NEIN! Will ich nicht!“
„Was willst du dann?“
„Hmmm. Lass uns Klingelputzen!“
„Au, ja.“

Und dann rannten sie einträchtig lachend davon.

TEIL I

KONSENSSOSSE

IMAGINE

SCHAUT, WIE LIEB WIR UNS ALLE HABEN!

Der geschundene Körper gehörte einer Studentin. Maria hieß sie. An einem kalten Herbstmorgen wurde sie von einer Joggerin am Flussufer gefunden. Nackt. Vergewaltigt. Ermordet. Von einem jungen Einwanderer aus Afghanistan.

Im Oktober 2016 war das, in Freiburg. Im Schwarzwald. Ich bin am Rande des Schwarzwalds aufgewachsen.

Ich war auf dem Gletscher Skifahren. Im Oktober beginnt für mich traditionell die Skisaison. Zuerst hörte ich abends nur bruchstückhaft vom Fall Maria und war völlig geschockt. Die Informationen sickerten nur langsam durch, vor allem in den sozialen Netzwerken. Alle großen Medien weigerten sich zunächst, die Nachricht zu verbreiten. Die Öffentlich-Rechtlichen argumentierten später, als sie dafür massiv kritisiert wurden, das Ereignis sei ja nur „von regionaler Bedeutung".

So so, von regionaler Bedeutung? Es fühlte sich anders an. Gerade war Deutschland doch mitten in der Ausnüchterung nach der großen Willkommens-Euphorie, in der Deutschland im Herbst

2015 schwelgte. Die kalte Dusche kam an Silvester 2015, als auf der Kölner Domplatte hunderte von Frauen von mehrheitlich nordafrikanischen Migranten sexuell belästigt und zum Teil vergewaltigt wurden. Auch damals wollten die Medien nicht so recht rausrücken mit der Sprache. Erst Tage später kam das ganze Ausmaß der Sauerei ans Licht. Eine Welle der Empörung ging durchs Land.

Und jetzt auch noch so eine Gewalttat? Begangen ausgerechnet von einem Afghanen, der sich, wie sich im Gerichtsprozess später herausstellte, als unbegleiteter minderjähriger Flüchtling ausgegeben hatte, obwohl er zur Tatzeit circa 25 Jahre alt war? Von einem, der im Herbst 2015 unter den zehntausenden auf persönliche Anordnung von Angela Merkel ungeprüft und ohne Dokumente ins Land gelassenen Einwanderern war?

Da fürchteten wohl die Redakteure, dass Berichte über diese unfassbare Tat Fremdenfeindlichkeit erzeugen oder vergrößern könnte, dass die Wut der Bürger groß sein und größer werden könnte. Also hielt man die Nachricht zuerst zurück und veröffentlichte danach tröpfchenweise und in schonenden Dosen die Details.

Aber bei mir trat keine schonende Wirkung ein. Im Gegenteil.

Denn etwa um diese Zeit herum erkannte ich, dass etwas faul ist im Staate Deutschland: Etwas stimmt nicht mit unserer Gesellschaft. Etwas ist anders geworden. Es war für mich wie ein Erwachen.

Und ich meine jetzt gar nicht speziell die sogenannte Flüchtlingskrise. Mir geht es um etwas anderes.

Der friedlichste Frieden überhaupt

Mein Metier ist die Kommunikation zwischen Menschen. Meine Antennen sind auf die zwischenmenschlichen Frequenzen eingestellt. Und mir wurde damals, im Herbst 2016, plötzlich klar, dass die Kommunikation der Menschen untereinander in unserer Gesellschaft nicht ehrlich, nicht geradeaus, nicht aufrichtig ist. Und zwar im ganz großen Stil. Und dass das schlimme Folgen hat.

Ich dachte bis dahin immer, dass wir doch eigentlich in einer Art Paradies leben. In der friedlichsten Zeit aller Zeiten, an dem friedlichsten Ort auf der Welt. Und, na ja, bis vor Kurzem, bevor dieses Bild Risse bekam, war das ja auch gar nicht so falsch.

Wenn ich nur an meine Eltern denke, die kurz nach dem Krieg geboren wurden: Sie sind in einem Deutschland aufgewachsen, das friedlicher nicht sein konnte. Ja, Deutschland war geteilt, die ganze Welt war geteilt in den freien Westen und den totalitär-kommunistischen Osten. Aber der Krieg, in dem Deutschland als machtloser und von den Siegermächten besetzter Verlierer des Zweiten Weltkriegs steckte, war eben nur ein kalter Krieg. In Wirklichkeit lebten meine Eltern in einer merkwürdigen Insel des Friedens. Und das betraf ganz Westeuropa.

Dann fiel der Eiserne Vorhang, Deutschland und Europa konnten wieder zusammenwachsen und die Welt wurde noch ein Stück friedlicher.

Obwohl bis heute in Afrika, in Afghanistan, am Persischen Golf, in Nahost, in Südostasien, in Osteuropa immer wieder bewaffnete Konflikte aufflackern. Obwohl Russland und die USA munter Stellvertreterkonflikte und verdeckte Regime-Change-Operationen ausführten, um ihre strategischen Positionen und den Zugang zu Erdöl- und Erdgasquellen zu sichern. Obwohl weltweit noch immer Menschen von Landminen zerrissen werden, sich in Selbstmordattentaten in die Luft sprengen und grausame Terroranschläge verüben, sich Länder mit Atomwaffen bedrohen. Obwohl der Konflikt zwischen Israelis und Palästinensern noch immer ungelöst ist und obwohl der Terror des Islamischen Staats und die Flüchtlingswellen der letzten Jahre uns in Europa mit scheinbar undenkbar gewordener Aggression konfrontieren, trotz alledem leben wir heute in der friedlichsten Epoche, seit unsere Spezies überhaupt existiert.

Den Nachweis dafür hat Steven Pinker, Evolutionspsychologe an der Universität Harvard, geliefert. Er weist in seinem gründlich recherchierten und hervorragend belegten 1.200-Seiten-Werk „Gewalt. Eine neue Geschichte der Menschheit“ darauf hin, dass die

Zahl der Gewalttaten im Lauf der Menschheitsgeschichte zurückgegangen ist. Und zwar extrem.

Zum Beispiel hat Pinker nachgewiesen, dass früher in Stammeskriegen wesentlich mehr Menschen starben – relativ zur Gesamtbevölkerung – als in den Kriegen der Moderne; ja, selbst mehr als in beiden Weltkriegen zusammen. Die Wahrscheinlichkeit, in einem Krieg zu sterben, ist – laut Pinker – über die Jahrhunderte um Größenordnungen gesunken.

Auch die Mordrate sei in ganz Europa steil nach unten gegangen. Die Wahrscheinlichkeit, ermordet zu werden, war im Mittelalter und in der Frühen Neuzeit um ein Vielfaches höher als im 20. Jahrhundert.

Ganz davon zu schweigen, dass Praktiken von Seiten der Obrigkeit von Religion und Staat, wie etwa Menschenopfer, das Verbrennen von Ketzern, die Sklaverei oder die öffentliche Hinrichtung von Verbrechern, heute so gut wie nicht mehr existieren. Im 17. und 18. Jahrhundert waren sie noch gang und gäbe! Auch Vergewaltigungen, Kindesmissbrauch, Hassverbrechen, Prügelstrafen und häusliche Gewalt haben laut Pinkers Untersuchung abgenommen.

Das heißt nicht, dass die Gewaltrate auf der Welt auf null gesunken ist. Aber statistisch gesehen hat sie massiv abgenommen.

Der friedlichste Frieden überhaupt

Spannend. Ich meine: Gemäß der Faktenlage leben wir in der friedlichsten Epoche seit Menschengedenken. Die Wahrscheinlichkeit, Opfer einer Gewalttat zu werden, ist geringer als die Gefahr, von einem Auto über den Haufen gefahren zu werden. Und zugleich haben wir, besonders seit dem Aufkommen des islamischen Terrorismus in Europa, riesige Angst vor Gewalt. Eine Statista-Umfrage ergab, dass im August 2015, nach den Anschlägen in Frankreich und Deutschland, 76 Prozent der befragten Deutschen einen terroristischen Anschlag befürchteten.

Und das ist ja auch kein Wunder. Die Diskrepanz zwischen realer und gefühlter Bedrohung ist mehr als verständlich. Zum einen ist der Kontrast zwischen der großen inneren Sicherheit der letzten Jahrzehnte, in denen die Zahlen der Straftaten in allen Kategorien stetig sanken, zu den jüngsten statistischen Anstiegen insbesondere bei Sexual- und Gewaltverbrechen schockierend. Zum anderen sind wir Deutschen aber auch weltweit berühmte Panikverbreiter und Negativdenker. Und die Medien liefern uns genau das, wonach wir unbewusst lechzen: Die Nachrichten bombardieren uns tagaus, tagein mit Schreckensmeldungen. Schon klar, Negativschlagzeilen sind die größten Aufreger und erzeugen die größte Aufmerksamkeit. Nur: Diese Selektion der Nachrichten durch die Massenmedien lässt in der Bevölkerung das Bild entstehen, dass die Welt da draußen echt gefährlich ist, gefährlicher denn je.

Es ist gefährlich, in die Türkei zu reisen. Es ist gefährlich, nach Marokko zu fliegen. Das Klein-Marokko hinter dem Hauptbahnhof in Düsseldorf ist auch gefährlich. Ist doch so, oder?

Überhaupt: Arabisch ausschauende Männer mit Bart – sind alle gefährlich, nicht? Und wer weiß: Der Nachbar, der immer Schischa raucht und sich regelmäßig mit diesen tätowierten und durchtrainierten Typen trifft, ob der nicht in irgendeiner komischen Gruppierung ist? Weiß man's?

Nein. „Man“ weiß es nicht.

Sie wissen es nur dann, wenn Sie ihn fragen. Wenn Sie mit ihm sprechen.

Jetzt mal ehrlich: Welches Lebensgefühl hätten Sie und ich, wenn die Nachrichten wirklich abbilden würden, was aktuell in der Gesellschaft passiert? Wenn die Medien also Negativmeldungen, neutrale und gute Nachrichten im gleichen Verhältnis wie im echten Leben bringen würden?

Ich weiß ja nicht, wie Ihr Leben aussieht. Aber ich kann Sie ein stückweit an meinem teilhaben lassen. Einen Terroranschlag habe ich persönlich noch nie live erlebt. Mordanschläge auch nicht. Diebstahl: einmal. Beim Skifahren, da wurden meine Skier gestohlen.

Natürlich mache ich ärgerliche Erfahrungen. Wenn mich jemand rechts überholt und es richtig knapp und für uns beide gefährlich wird. Oder wenn mich jemand anlügt, mich anpöbelt oder mies behandelt. Aber diese Momente sind die Ausnahme. Im Großen und Ganzen begegne ich überall freundlichen, ja sogar hilfsbereiten Menschen. Und ich rede jetzt nicht von Freunden. Sondern von Unbekannten.

Ich weiß, dass ich somit zu den vielen gehöre, die bislang Glück hatten (klopf, klopf, klopf), und ich weiß auch, dass andere dieses Glück nicht hatten. Ich betone das, weil ich nicht so tun will, als ob es in deutschsprachigen Ländern keine Opfer von Gewalt gibt. Ja, es gab auch Terroranschläge in Deutschland, es gab und gibt Messerangriffe, und zwar in jüngster Zeit etwa täglich. Fakt ist: Gewaltdelikte nehmen in jüngster Zeit in Deutschland wieder zu, beispielsweise stieg die Zahl der Fälle von schwerer Körperverletzung alleine von 2015 auf 2016 um knapp zehn Prozent, die Fälle von Vergewaltigung und sexueller Nötigung um knapp 13 Prozent laut offizieller Kriminalstatistik. Die Zahlen sind aber statistisch betrachtet im Vergleich zu den meisten Weltgegenden noch sehr niedrig. In Österreich, der Schweiz und beispielsweise in Japan sind sie pro Einwohner noch niedriger. Mitteleuropa ist faktisch noch immer sehr sicher. Nur fühlt es sich für viele subjektiv nicht mehr so an, auch wenn sie keinerlei persönliche Gewalterfahrungen erdulden mussten.

Die Welt ist schon in Ordnung

Hilfsbereitschaft begegnet mir dagegen überall: In der U-Bahn, wenn jemand einer Rollstuhlfahrerin beim Einsteigen hilft, im Flugzeug, wenn einer Frau an Krücken in die Jacke geholfen wird, auf der Straße, wenn ein Mann einer Frau den Kinderwagen die Treppe hochträgt. In der Nachbarschaft, wenn einer dem anderen seine Heckenschere ausleiht und man sich gegenseitig Tipps gibt. Und, und, und.

Neulich habe ich zum Beispiel beobachtet, wie ein alter Mann mit unsicheren Schritten in den Bus einstieg und nach einem Sitzplatz Ausschau hielt. Am Fenster saß ein Jugendlicher, etwa 15 Jahre alt, mit Kopfhörern, aus denen der fette Bass schepperte. Dazu der megacoole Gesichtsausdruck, der wippende Oberkörper. Ich dachte: „Na, der steht sicher nicht auf!" Von wegen. Der Halbstarke ist sofort aufgesprungen und hat dem alten Mann seinen Platz angeboten. Die restliche Busfahrt habe ich nur noch vor mich hingelächelt. „Hey, Stefan", sagte ich leise zu mir, „achte auf deine Gedanken. Die Welt ist doch wirklich in Ordnung."

Ja, sie ist sogar mehr als in Ordnung. Wir Deutschen sind nicht nur höflich in der U-Bahn, wir kümmern uns auch als Gesellschaft um die Benachteiligten und Bedürftigen. Ich denke nur an die Hochwasseropfer; die werden bei uns sofort unterstützt – nicht nur mit freiwilligen Spenden, sondern auch vom Staat! Und dann gibt es die ganzen Hilfsorganisationen, die im Fall von Katastrophen in der ganzen Welt aktiv werden.

Sie können Gutverdiener beobachten, die Notleidenden Kleidung und das Notwendige für den Alltag bereitstellen. Sie können Akademiker beobachten, wie sie Migrantenkindern Nachhilfe in Deutsch geben. Und Sie können auf Spendenplattformen wie „Betterplace" sehen, für wen und was die Deutschen sich alles einsetzen: für Obdachlose, fürs Bäumepflanzen, für neue Schulgebäude, für die Berliner Tafel, für Telefonfreundschaften unter Senioren, für Skateboardprojekte in der Dominikanischen Republik oder für heimatlose Katzen.

Ja, wir Deutschen spenden so fleißig, dass wir den Weihnachtsmann bald übertreffen. Jedes Jahr kommen Milliardenbeträge für gemeinnützige oder kirchliche Zwecke zusammen.

Natürlich spendet ein guter Teil der Unternehmen und Selbstständigen auch, und zwar keineswegs nur, weil sie dann ihr Engagement marketingtechnisch nutzen können. Corporate Social Responsibility lautet das Stichwort. Und natürlich bekommen sie einen Teil ihres Geldes auch wieder zurück, weil Spenden von der Steuer abgesetzt werden können. Nichtsdestotrotz spenden viele tatsächlich auch einfach so, weil sie Gutes tun wollen.

Ob mit jedem gemeinnützigen Projekt auch Gutes erreicht wird, ist eine ganz andere Frage: So sind Entwicklungshilfe und Spenden für die Dritte Welt äußerst umstritten. Für mich klingt sehr plausibel, was mittlerweile auch afrikanische Intellektuelle sagen: Die Wirtschaftswissenschaftlerin Dambisa Moyo aus Sambia beispielsweise argumentiert, dass Entwicklungshilfe die Anstrengungen für die eigene Entwicklung in vielen afrikanischen Ländern unterminiert. Ähnlich wie bei vielen von Sozialtransfers abhängigen Familien in Deutschland, die von Generation zu Generation nicht aus der Abhängigkeit herausfinden, zementiert auch die Entwicklungshilfe Abhängigkeiten von Transfers zwischen Nord und Süd.

Manche Hilfsleistungen sind so verfehlt, dass sie nicht nur nichts Gutes bewirken, sondern sogar Schlechtes befördern. Die Milliarden an Hilfsleistungen für die palästinensischen Autonomiebehörden scheinen kaum bei der Bevölkerung anzukommen. Dafür baute sich Palästinenserpräsident Abbas für viele Millionen Euro einen riesigen Palast, gegen den die aus israelischen Steuermitteln finanzierte Residenz des israelischen Ministerpräsidenten wie eine Hausmeisterwohnung aussieht. Und dem palästinensischen Terrorismus gegen Israel scheint das Geld auch nicht auszugehen.

Und ja, freilich sind Menschen, die anderen Menschen helfen, selbst deshalb nicht unbedingt glücklich, frei und ausgeglichen. Wer jemandem hilft, begibt sich in eine Machtposition – eine Position, die er sich vielleicht unbewusst oder insgeheim im Leben wünscht. Nur ohne den vermeintlich „Schwächeren" zu helfen, würde sich der entsprechende Wunsch nicht realisieren lassen.

Keine Frage, hinter der ganzen „Hilfsbereitschaft" der Deutschen steht nicht nur Altruismus und Menschenfreundlichkeit, sondern auch eine gute Portion Gutmenschentum und Machtausübung. Und dennoch zeigt das große Engagement der Deutschen: Wir möchten gern die Welt ein bisschen besser machen. Und teilweise klappt das ja auch!

Der Kampf gegen das Böse

Ohne Zweifel haben unser inniger Friedenswunsch und das auffällige deutsche Streben nach einer besseren Welt seine mentalen Wurzeln auch in der Geschichte der ersten Hälfte des 20. Jahrhunderts. Es ist erst ein bisschen mehr als 70 Jahre her, dass wir einen Krieg angefangen und verloren haben, einen Krieg, der maximales Elend an allen Ecken der Welt verursachte. Nicht zuletzt auch bei uns selbst, denn die Nachkriegsjahre mit Kriegsgefangenschaft, Vertreibung, Seuchen, Hunger und Tod waren furchtbar. Die meisten deutschen Zivilisten kamen nach Kriegsende um. Kaum eine Familie hatte keine Angehörigen verloren. Diese Erlebnisse haben sich tief in unsere Familiengeschichten und damit in unsere Seelen eingegraben.

Hinzu kommen die Schuldgefühle. Millionen Deutsche waren Opfer, aber Millionen Deutsche waren auch Täter. Die deutschen Nationalsozialisten hatten in unserem Land einen Terrorstaat errichtet und viele Deutsche haben bei der Verfolgung, der Internierung und der Ermordung von Millionen Mitbürgern mitgeholfen.

Und als ob wir nichts gelernt hätten, errichteten wir direkt nach Kriegsende gleich den nächsten Terrorstaat, der nicht nur zwölf Jahre andauerte, wie das Dritte Reich, sondern über 40 Jahre existierte: die DDR. Auch hier herrschten Zwang, Terror, Verfolgung und politische Gefangenschaft. Die Einschränkung der bürgerlichen Freiheitsrechte, die Gleichschaltung der Medien und der Zwang zur Einheit in Gedanken und Taten sowie die psychische Zersetzung von Kritikern waren in beiden Unrechtsstaaten an der Tagesordnung. Ein grauenhafter Zustand, der im kollektiven Gedächtnis Spuren hinterließ. So etwas darf sich niemals wiederholen!

Das hatten sich die Mitglieder des Parlamentarischen Rats, die „Väter“ des Grundgesetzes auf die Fahnen geschrieben, als sie unter Aufsicht der Besatzungsmächte die Grundordnung für den übriggebliebenen deutschen Rumpfstaat und somit einen provisorischen Verfassungsersatz schrieben. Sie formulierten Mechanismen für das

Prozedere der Institutionen und Regeln für unser Zusammenleben, die die grundlegenden Bürgerfreiheiten bis heute unabschaffbar machen. Dachten wir.

Eigentlich ist beispielsweise Zensur in Deutschland aus genau diesem Grund durch das Grundgesetz ausgeschlossen. Dafür sorgt Artikel 5, der garantiert, dass jeder seine Meinung frei äußern darf und dass keine Zensur stattfindet, sofern keine Straftaten wie Verleumdung, Beleidigung, Bedrohung oder Volksverhetzung begangen wird. Wenn also Kanzlerin Merkel etwas „alternativlos" findet, darf ich auf Twitter öffentlich verkünden, dass ich ihren Spruch doof finde. Oder dass ich Martin Schulz für einen haltungsschwachen Umfaller halte, wenn er sich für den Eintritt der SPD in eine neue große Koalition ausspricht, nachdem er das wenige Tage zuvor kategorisch ausgeschlossen hatte.

Aber es gibt seit Anfang 2018 Meinungen, die zwar nicht strafrechtlich relevant sind, die aber dennoch in Facebook, Youtube oder Twitter von den Betreibern gelöscht werden, und zwar mit Hinweis auf die gesetzlichen Bestimmungen in Deutschland. Und Sie haben keine Möglichkeit, zu erfahren, was genau falsch ist an Ihrem Post, und Sie erfahren nicht, wer Sie denunziert hat, und Sie haben keine Möglichkeit des Einspruchs. Genau das ist tausendfache Praxis seit Anfang 2018, denn seitdem ist das sogenannte Netzwerkdurchsetzungsgesetz, kurz NetzDG, in Kraft. Das vom damaligen Justizminister Heiko Maas entworfene und vom unterbesetzten Bundestag in größter Eile am letzten Sitzungstag der Wahlperiode vor der Bundestagswahl 2017 verabschiedete Gesetz ist sehr umstritten und vermutlich sowohl europarechtswidrig als auch verfassungswidrig. Aber wo kein Kläger, da kein Richter. Das NetzDG zwingt de facto die Betreiber von sozialen Netzwerken unter Androhung von horrenden Bußgeldern, ihre Plattformen peinlichst genau sauber zu halten und strafbare Inhalte sehr schnell zu löschen. Um einer Bestrafung zu entgehen, löschen die Betreiber lieber zu viel als zu wenig, das sogenannte Overblocking.

„Eine Zensur findet nicht statt“

Der Grat zwischen einer einwandfreien Äußerung, einer Beleidigung oder einer Verleumdung Dritter ist eben superschmal. Zur Beurteilung des Erdogan-Schmähgedichts von Jan Böhmermann brauchten Juristen Wochen. Ist das noch gedeckt durch Kunst- und Meinungsfreiheit oder handelt es sich schon um eine Straftat? Das ist kompliziert. Und da verlangt das neue Gesetz allen Ernstes von den Mitarbeitern der privaten Plattformbetreiber, den Daumen innerhalb weniger Stunden zu heben oder zu senken über eine Meinungsäußerung. Die Betreiber müssen die strafbaren Aussagen löschen. Und es zeigt sich, dass sie aus Angst vor Sanktionen jede Menge legale Inhalte zu viel löschen als einen illegalen zu wenig.

Es findet also doch eine Zensur statt.

Nur eben ganz fies durch die Hintertür: Der Staat zensiert nicht selbst, sondern er bringt soziale Netzwerke in eine rechtliche Situation, in der Zensur unvermeidlich ist.

Das klingt verdammt nach „im Zweifel gegen die Meinungsfreiheit“. Ich finde das ist eine Frechheit. Ich fühle mich als Bürger regelrecht hinters Licht geführt. Bürgerrechte sind Abwehrrechte gegen den Staat. Und ich bestehe darauf, dass sie penibel eingehalten werden. Und mit dieser Einschätzung bin ich nicht alleine. Das Gesetz hat jede Menge Gegner, es ist von „Erdoganismus“ die Rede. Die FDP und die AfD wollen das Gesetz abschaffen. Selbst der Sonderbeauftragte der UN für Meinungsfreiheit David Kaye und Reporter ohne Grenzen kritisieren das Gesetz scharf. Das letzte Wort ist hier noch nicht gesprochen.

Keine Frage: Damit sind wir immer noch kilometerweit von der Unfreiheit in der Türkei oder in der untergegangenen DDR weg. Aber das Gesetz beunruhigt mich. Und mal abgesehen davon, dass es die Meinungsfreiheit torpediert: Nur weil die Meinung in der Netz-Öffentlichkeit nicht mehr zugänglich ist, heißt das noch lange nicht, dass sie auch aus den Köpfen der Menschen gelöscht ist. Glauben Sie, ein islamischer Dschihadist verzichtet auf seinen Lkw-

Anschlag auf dem Weihnachtsmarkt, wenn sein Hasskommentar auf die westliche Welt auf Facebook gelöscht wurde?

Hofft das denn im Bundestag irgendjemand? Wohl kaum. Ich glaube, dass viele Politiker mit dem Gesetz Gutes erreichen wollten. Die meisten von ihnen hatten wohl schlicht keine Ahnung von dem, was sie da beschlossen haben. Oder es war ihnen egal. Im Endeffekt haben sie allerdings im Kampf gegen das „Böse" deutlich zu viel vom „Guten" geopfert.

Wir machen also gegen die „Bösen" nicht immer alles richtig. Einiges aber eben doch. Als John Lennon 1971 in seiner Friedenshymne von einer Welt träumte, in der alle Menschen friedlich in einer „brotherhood of man" leben, tobte der Vietnamkrieg als Stellvertreterkonflikt für einen globalen Kalten Krieg. Und der drohte, sich jederzeit in einem heißen Atomkonflikt zu entladen. Mit bis an die Zähne bewaffneten Supermächten, die als Erzfeinde von der Verbrüderung unendlich weit entfernt waren. Ich kann mich noch erinnern. Die Stimmung war zum Zerreißen gespannt.

Wie friedlich fühlt sich im Gegensatz dazu die Gegenwart an. In der die Regierungen aus den Fehlern und Kriegen der Vergangenheit gelernt und ein System aus Kooperations- und Friedensbündnissen eingerichtet haben. Das hilft, Konflikte gemeinsam besser zu lösen, und versucht, Kriege gar nicht erst entstehen zu lassen. Ziemlich beste Freunde sind die USA und Russland nicht. Aber die beiden Regierungschefs sind sich grundsätzlich nicht unsympathisch. Und denken Sie an die EU, die NATO, die UN … aus Gegnern werden Gemeinschaften, die sich gegenseitig achten und den Frieden auf der Welt sichern.

Es gibt jede Menge berechtigte Einwände gegen diese Institutionen. Demokratiedefizit hin, Effizienzkritik her – ich finde, es wird Zeit, dass wir uns mal gegenseitig lobend auf die Schultern klopfen. Und anerkennen, dass wir viel Gutes tun und mit vielem auch Gutes erreichen. Wenn ich mich so umgucke, habe ich das Gefühl, dass wir im Großen und Ganzen verantwortungsbewusste, hilfsbereite Menschen sind und die Welt jeden Tag ein Stückchen besser machen.

Gut tun beim Gutes-Tun

Aber können wir uns wirklich schon zu „living life in peace" gratulieren? Sind die Menschen wirklich alle immer so verdammt nett und hilfsbereit und friedlich?

Ganz ehrlich: Ich bin noch lange nicht zufrieden mit dem Status quo. Und in letzter Zeit bröckelt die mehr oder weniger heile Welt wieder. Da muss auch Herr Pinker seine These von der friedlichsten Epoche ever ein bisschen relativieren. Denn selbst wenn die Menschheit grundsätzlich auf dem richtigen Weg hin zu einer größeren Friedfertigkeit ist – in den letzten Jahren haben vor allem die gewaltträchtigen Konflikte im Osten und der islamistische Terror der schönen Friedenskurve einen Knick verpasst und uns, laut Pinker, in der Statistik um zwölf Jahre zurückgeworfen.

Und es ist nicht nur wieder mehr Gewalt unter uns. Sondern auch Unmoral, Falschspielerei, Betrug. Und Menschen, die vermeintlich Gutes tun und dabei am meisten an sich selbst denken.

Das Fernsehen ist voll davon. Ich habe mal einen spannenden Film gesehen: Die Tochter eines Pharmaunternehmers initiiert als Ärztin ein Hilfsprojekt in Indien und versorgt die Menschen dort mit dringend benötigten Medikamenten und Impfstoffen. Tolles Projekt, tolle Frau, denke ich – bis sich herausstellt, dass es sich bei den Medikamenten um abgelaufene Substanzen handelt! Und dass ihr Vater, der Pharmaunternehmer, bei der ganzen Sache kräftig mitverdient! Und leider ist so eine versteckte Absicht hinter einer strahlenden Mitmenschlichkeitsfassade nicht nur Fiktion und Stoff für Fernsehfilme.

Hinter guten Taten – egal ob es nun ums Geld oder ums Ansehen geht – stecken, wenn Sie mal genau hinschauen, sehr oft egoistische Absichten. Manchmal können Sie es Wohltätern regelrecht anmerken, dass es ihnen darum geht, laut von den guten Taten zu erzählen. Und sich dafür allseits bewundern zu lassen.

Als die Flüchtlingswelle akut war, haben Bekannte von mir beschlossen zu helfen. Die Turnhallen und ehemaligen Kasernengebäude, in denen die Spenden sortiert und ausgegeben wurden, sind regelrecht bestürmt worden von tausenden engagierten Deutschen im Taumel der Willkommenskultur. Bald wussten die Verantwortlichen gar nicht mehr, wohin mit all den Freiwilligen. Darunter auch meine Bekannten. Die predigten fortan bei jeder Gelegenheit, dass man doch helfen müsse. Das Gebot der Nächstenliebe! Und außerdem wäre man ja auch froh um jede Hilfe, wenn man selbst in eine solche Situation geraten würde. Da gebe ich ihnen ja recht.

Es gab jedoch ein regelrechtes Gerangel an der Kleiderausgabe, weil die Ausgabestellen kurzerhand mehrfach mit Helfern besetzt wurden – und so kam es zu Zankereien darüber, wer welchem Flüchtling die viel zu große Jacke zuerst überziehen durfte. Ich fand es überflüssig, etwas zu tun, für das es eh schon viel zu viele Helfer gab. Aber das wollte niemand hören. Hauptsache ein großes Trara um die eigene Sache machen.

Da habe ich nicht mitgemacht – und schon war ich der Buhmann! Ich weiß nicht, ob meine Bekannten mir insgeheim nicht Fremdenfeindlichkeit vorgeworfen haben. Vielleicht stehe ich aus ihrer Sicht jetzt sogar in der rechten Ecke in Gesellschaft von zahlreichen AfD-Wählern, die die Öffentlichkeit und die Medien dorthin verbannt haben. Und auf die man mit einer Mischung aus Ekel und Mitleid herabschaut und denkt: „Igitt, diese Schmuddelkinder. Deren Thesen und Meinungen müssen wir uns nun aber wirklich nicht anhören."

Ätsch, bätsch!

Wie ein Pokal tragen meine Bekannten ihr Engagement vor sich her und lassen sich dazu beglückwünschen. Und ich? Ich gehöre jetzt nicht mehr dazu? Ich habe leider keine „Menschenfreundlichkeits"-Anstecknadel" und deshalb schlechte Karten. Das erinnert mich an ein Spiel aus meiner Kindergartenzeit. „Ätsch, bätsch, ich hab was und du nicht." In dem es darum ging, den Bagger zu haben oder nicht zu haben. Wofür, war im Grunde egal. Und ich finde, wir werden älter, aber nicht unbedingt klüger.

Der Bagger von heute ist das Label „Friede". Das möchte jeder Mensch unbedingt haben. Egal, ob wirklich Friede drin ist, wo auch Friede draufsteht. Wir sehnen uns danach.

Und weil es so einen Run auf den Frieden gibt und er als heiß begehrtes Gut gehandelt wird, hat der Frieden Top-Mitarbeiter in seiner PR- und Marketing-Abteilung. Und die haben eine einprägsame Corporate Identity und ein eigenes Label geschaffen. Die Menschlichkeitsanstecknadel! Sie gehört zum Friedenslabel, die darf sich jeder anstecken, der sich zum Freundeskreis des Friedens zugehörig fühlt. Seine Mitglieder klopfen einander auf die Schulter. Sie gehören zu den „Guten", ausgestattet mit der Ehrennadel der Menschlichkeit. Alle anderen sind die Bösen. Die Fremdenfeinde und Rassisten, die Fleischesser und Klimasünder!

Und Sie? Gehören Sie zu den Guten? Haben Sie eine Anstecknadel am Revers? Ich kann Ihnen verraten, wie Sie ganz leicht an eine rankommen. Indem Sie zum Beispiel die „guten" Produkte kaufen. Schließlich drücken wir unseren Friedenswunsch auch durch unseren Konsum aus. Indem wir „gut" einkaufen. Deshalb reagieren die Unternehmen sofort auf diese Chance, den „Guten", den Friedensbewegten ihre Produkte als „die guten" Produkte anzubieten und füllen damit die Supermarktregale. Normal ist nicht mehr gefragt. Die Deutschen wollen „gut" kaufen.

Beispiel: die aktuelle Bio- und Ökowelle. Tierschutz ist hui, konventionelle Tierhaltung oder gar Massentierhaltung sind absolut pfui. Naserümpfend geht der ökobewusste Einkäufer von heute an einer normalen Metzgerei vorbei. Er stellt sich stattdessen beim Bio-Supermarkt an der Fleischtheke in die lange Schlange. Und nörgelt dort ein bisschen über die zu hohen Preise. Aber das gute Gewissen beim Bio-Fleischkauf ist es ihm wert.

Und ich finde, dass ein Wiener Schnitzel einfach besser schmeckt, wenn ich mir vorstellen kann, dass es dem Kälbchen gut ging, bevor es zur Schlachtbank geführt wurde. Ob es dort dann wie die tausenden anderen Tiere aus der konventionellen Haltung in engen Gängen darauf gewartet hat, einen Bolzenschuss in den Kopf zu bekommen, um anschließend gesiedet zu werden – darüber wollen wir kollektiv lieber nicht nachdenken. Auch nicht darüber, wie groß da letztendlich der Unterschied zum Fleisch aus der Massentierhaltung ist …

Aber wehe, wenn sich einer offen dazu bekennt, nicht ausschließlich Bio-Fleisch zu kaufen. Und gesteht, den Bio-Siegel-Dschungel verwirrend zu finden. Oder die Scheinheiligkeit der Einkäufer im Bio-Supermarkt kritisiert, die guten Gewissens superökologisch einkaufen und die Notwendigkeit predigen, den CO_2-Ausstoß zu reduzieren, gleichzeitig aber jeden Meter mit dem SUV fahren. Wenn Sie den SUV vor dem Bio-Supermarkt als Paradoxie bezeichnen: Wissen Sie, was dann passiert? Dann werden Sie entgeistert angesehen. Als wären Sie das Allerletzte.

Also besser das Friedenslabel nicht infrage stellen. Besser nicht auffallen. Es ist nämlich anstrengend, heute eine abweichende Meinung zu haben. Und zu seinen Überzeugungen zu stehen. Menschen, die sagen, was sie denken, höre ich immer weniger. Es wird immer stiller in unserer Gesellschaft. Pssst. Und auf einmal ist es so schön ruhig und friedlich. So, wie wir uns das immer gewünscht haben. Nicht wahr, John?

Und wir haben gar keine Lust mehr auf eine andere aufregende Meinung. Die würde ja den Frieden und die herrliche Gleichgesinntheit stören. Dissens würde die Harmonie vertreiben und das würde uns nur Stress bereiten. Also schnell wieder „Pssst".

Stress, da ist es, das Wort, das Brandzeichen unserer anstrengenden Gegenwart. Mir kommt unsere komplexe und stressige Gegenwart wie ein Gummi vor. Irgendwas zerrt ständig an uns, zieht, spannt. Geht das auf Dauer so weiter, ist die Gefahr groß, dass der Gummi reißt. Er kann Spannung aushalten. Aber er braucht auf jeden Fall Phasen der Ent-Spannung. Und so geht es auch uns Menschen, die ständig unter Anspannung stehen. Wir sehnen uns nach konfliktfreien Etappen.

Und weil wir uns in der Ruhe so wohlfühlen, versuchen wir diesen harmonischen Entspannungszustand möglichst weit auszudehnen. Je länger es so schön ruhig ist, desto mehr scheuen wir den Konflikt. Wir richten uns im Frieden ein und schotten ihn bestmöglich gegen jeden Angriff ab. Wollen bloß nicht streiten, bloß keine Meinungen hören, die die Harmonie, die Konsenssoße trüben. Also verordnen wir einander Ruhe. Schweigen. Nichtansprechen. Suhlen im Konsens. Und was nicht passt, wird passend gemacht.

Die Konsenssoße – und wie man sie zubereitet

Dazu passt die Geschichte eines Freundes von mir, der vor vielen Jahren in Amerika lebte. Was er mir von dort erzählte, hielt ich erst für einen schlechten Witz. Bevor mir klar wurde, dass es beweist, wie weit es tatsächlich schon mit der Konsenskonformität gekommen ist.

Er erzählte mir von Denver und wie er im Herbst durch die Stadt spazierte. Er schlenderte durch eine Siedlung mit diesen typischen amerikanischen Vorstadtvorgärten, wo alles gleich aussieht: Jeder Grashalm gleich lang, vollkommen laubfreie Rasenstücke, von Sprinkleranlagen in regelmäßigen Abständen benässt. Die Hecken allesamt gleich hoch, dahinter adrette einstöckige Eigenheimhäuschen. Alles gleicht sich bis aufs Haar. Deshalb war er überrascht, als er plötzlich an einem Gärtchen vorbeikam, das anders aussah. Es war ein Präriegarten: kaum Gras, dafür eher Gewächse aus den Bergen. Dieser Garten gefiel ihm, eben auch gerade deshalb, weil er die Gleichförmigkeit der Siedlung aufbrach. Er sprach den Rentner, der an den Pflanzen herumwerkelte an. Der alte Mann, Joe hieß er, war merklich stolz auf sein Werk und sprach begeistert von seinen Pflanzen. Die hatte er aus den nahegelegenen Rocky Mountains hierher versetzt und sie gediehen exzellent. Er musste sie, weil sie in der Region heimisch und an das trockene Colorado-Klima gewöhnt waren, kaum bewässern.

Dann aber verfinsterte sich Joes Blick und er erzählte, dass genau diese schöne Prärieidee jetzt wegmusste. Die Nachbarschaft hatte sich nämlich darauf geeinigt, die Gleichartigkeit ihrer Vorgärten zur Verpflichtung zum englischen Rasen einfach zu vereinbaren. Joe hatte das für eine unwichtige Lappalie gehalten. Klar hatten die Nachbarn ihn jahrelang für seinen Steingarten belächelt, über ihn getuschelt. Das hatte Joe gar nicht so gekratzt. Aber dann reichte es der Siedlungsgemeinschaft. Die Nachbarn rügten ihn für seine Vereinbarungsverletzung in einem offiziellen Brief und drohten ihm an, einen Gärtner in den Vorgarten zu schicken, der seinen unförmigen Garten abtragen würde, wenn er es nicht selbst tue.

In der Vorgartensiedlung waren alle außer Joe einer Meinung. Und sowas geschieht nicht nur bei den Amerikanern. Wie schaut es denn in deutschen Vorgärten so aus? Haben Sie schon mal versucht, Ihr Haus lila anzustreichen? Ihr Motorrad neben den Gartenmöbeln auf der Terrasse abzustellen? Wenn Sie so etwas tun, müssen Sie nicht lange warten, bis jemand kommt und sich beschwert. Weil Sie etwas anderes wollen als das Konsenskollektiv. Da sind alle einer Meinung, dass es so nicht geht.

Alle einer Meinung? Geht das?

Klar geht das!

Mit der Konsens-Kollektiv-Kraft (KKK) kriegen Sie ganz schnell eine große Menge Menschen in eine ruhige, brave Friedenseinheit verwandelt.

Ich verrate Ihnen wie eine kollektivkräftige Konsenssoße zubereitet wird:

Man nehme die freiwillig hergegebenen individuellen Meinungen und persönlichen Standpunkte aller Gesellschaftsteilnehmer und koche sie ein, bis sich die markanten Positionen verflüchtigt haben. Unter Zugabe einer großen Menge gemahlener Indoktrination, Gehirnwaschpulver aus Schulen und öffentlich-rechtlichem Rundfunk sowie einer großzügigen Prise Political Correctness dickt der Sud auf mittlerer Flamme zu einer zähflüssigen Soße ein. Mit Zwang und Drohungen abschmecken. Ein wenig abstehen lassen, dann die

Menschen schwungvoll damit übergießen. Wenn die Masse dann über den Individuen erkaltet und zäh wird, kann und will keiner mehr frei handeln, frei denken und frei sprechen. Und so stecken alle gemeinsam, um des lieben Friedens willen, im Konsens fest.

Joe musste sich auch fügen – sein Beispiel zeigt, wie schnell die Gesellschaft diejenigen bestraft, die es wagen, sich aus der Konsenszone herauszubewegen. Wer anders ist, sollte sich lieber anpassen. Denn einmal als Störenfried identifiziert, stehen Sie immer unter Verdacht, mit Ihrer Individualität die Konsenssoße zu versalzen.

Die Menschen fühlen sich wohl in ihrer breiigen Einheitsmasse. Alles, was nicht dazugehört, macht ihnen Angst. Eine Diskussion könnte aufkeimen, eine Auseinandersetzung sich zu einem Konflikt ausweiten. Sowas bringt den Frieden in Gefahr. Dann müsste debattiert, angegriffen, verteidigt werden. Das könnte zu Stress und Anspannung führen. Lieber wieder zurück in den Entspannungszustand. Und besser gleich die Quelle allen Übels ausmerzen und Störenfriede ausschalten. Die Sehnsucht nach Frieden ist zu stark.

Nur eine Frage kreist in meinem Kopf: Ist das wirklich Frieden? Was würde John Lennon dazu sagen?

Weil die Welt nicht einfach ist

Früher gab es Ost und West und je nachdem, wo man lebte, war Ost oder West gut oder böse. Dieses binäre Schema half, die Welt aufzuteilen und einzuordnen – in Gut oder Böse, Arm oder Reich. Dieses Schwarzweißdenken hat den Menschen Sicherheit gegeben.

In unserer Gegenwart gibt es diese Klarheit und einfache Einteilbarkeit nicht mehr. Die Unterscheidung zwischen Gut und Böse ist heute sehr viel komplizierter, weil die Gefahren diffuser geworden sind. Sind die Amerikaner wirklich unsere Freunde? Sind die Russen wirklich unsere Feinde? Ist Erdogan Freund und Feind gleichzeitig? Ist Assad wirklich so böse? Wer sind die Guten, die Israelis oder die Palästinenser? Was wird in der Ukraine eigentlich wirklich gespielt?

Baut der Iran tatsächlich die Bombe? Und Nordkorea? Oder bluffen die nur? Warum sind die Amerikaner Freunde vom radikalislamischen Saudi-Arabien, aber Feinde des radikalislamischen Iran?

Die Gegenwart ist schnelllebig, vielschichtig und verflucht komplex. Und das betrifft nicht nur die Weltlage. In Europa ist es schon kompliziert genug. Das alles ist unübersichtlich. Und das macht den Menschen nicht nur Angst, es setzt sie unter Druck. Die Phasen der Anspannung steigen.

Auch vom Individuum wird immer mehr gefordert. Wer heute ernst genommen werden will, muss sich auskennen, Fakten parat haben, muss diplomatisch argumentieren und auf sein Gegenüber eingehen können. Ein falsches Wort, ein unbedachtes Aufbrausen und Sie müssen befürchten, dass Ihr Gegenüber Sie reflexartig in eine Schublade mit der Aufschrift „schlechter Mensch!" steckt. Oder „Rechts!" oder „Rassist!" oder „Gutmensch!".

Sie setzen an, den Siedlungsbau der Israelis zu kritisieren? Schwups – und schon landen Sie in der Antisemiten-Schublade, ohne dass Sie einen weiteren erklärenden Satz dazu sagen konnten.

Sie kritisieren den permanenten verbalen Vernichtungsfeldzug, die Terroranschläge und das Ausschlagen jeder Friedenslösung der Palästinenser gegenüber Israel? Zack – und schon landen Sie in der Rassisten-Schublade.

Sie machen beim Trump-Bashing nicht mit, weil Sie das platt und unsachlich finden, und wagen die These, dass er viel für die Bürger Amerikas erreicht hat und viele seiner Wähler mit dem US-Präsidenten zufrieden sind? Geht gar nicht! – Also rein mit Ihnen in die Krawallbruder-Schublade.

Sie hören eine Rede eines AfD-Bundestagsabgeordneten und finden vernünftig, was der sagt? Rumms – Sie finden sich in der Nazi-Schublade wieder.

Sie stimmen Sahra Wagenknechts Äußerungen in einer Talkshow zu? Kawumm – Sie linksradikaler Kommunist!

Vielleicht stecken Sie ja schon in Schubladen. Vielleicht haben Sie ja schon die Konsenssoße versalzen. Wie oft ist Ihnen im Eifer des Gefechts ein falsches Wort rausgerutscht? Zuhause, gegenüber Freunden oder im Büro? Gegenüber dem Chef und Kollegen?

Unterhaltungen sind unendlich schwierig geworden, weil jedes unserer Gespräche voller Tretminen ist. Bei jeder Äußerung müssen Sie bangen, auf eine zu treten. Und als nicht angepasst entlarvt zu werden.

Herzlich willkommen in Stepford

Und nicht weniger als perfekt angepasst soll der Mensch in der Konsensgesellschaft sein. Wie im Filmklassiker „Die Frauen von Stepford". Der handelt von der Idylle einer perfekten amerikanischen Kleinstadt - mit eben den oben beschriebenen einheitlichen Vorgärten. Die Bewohner sind hübsche Damen, elegante Herren und gut erzogene Kinder. Allesamt sind sie aufrechte, weiße und gläubige Amerikaner. Schön einheitlich.

Als eine neue Familie nach Stepford zieht, wirkt sie in diesem Mikrokosmos erst mal fremd und unangepasst. Freidenkerisch. Emanzipiert. Das sind Eigenschaften, die nicht reinpassen, und deshalb machen die Stepforder aus den Individualisten konforme Klone. Dieses Schicksal blüht auch der Protagonistin, am Ende sieht sie aus wie alle anderen Frauen in Stepford, wie eine perfekte, amerikanische Hausfrau der 1950er Jahre.

Ja, es ist ein Film, und ja, es ist Science-Fiction - aber ich befürchte, dass das, was der Film beschreibt, nicht mehr nur eine schwarzgemalte Zukunftsvision ist, sondern dass viel Gegenwart drinsteckt. Er beschreibt wie nach der Vorstellung eines Konsenskollektivs Menschen soweit geformt werden, dass sie als „gut" gelten und auf die Gesellschaft losgelassen werden können.

Dieser Gedanke erschreckt mich, weil er mich an die ADHS-Hysterie erinnert, die vor einiger Zeit unter Eltern grassierte. Da wurde jedes impulsive, kraftvolle, selbstbewusste, zappelige, laute, lebendige Kind, vor allem Jungs, von Freunden, Bekannten, Erziehern in Kindergärten und Lehrern in Grundschulen besorgt beäugt. Und postwendend wurde den Eltern ungebeten, aber mitfühlend die Laiendiagnose präsentiert: Dein Kind ist verhaltensgestört, seine Krankheit heißt „Aufmerksamkeits-Defizit-Hyperaktivitäts-Störung". Geh zum Arzt und lass ihm ruhigstellende Medikamente verschreiben. Damit das Kind wieder in der Gesellschaft funktioniert, sich angepasst verhält und nicht auffällt.

Krass. Und das machten aus der Angst vor genervten Blicken unzählige Eltern mit. Zum Teil bis heute. Sie beugen sich dem Druck der Konsensmeinung, die da lautet: „Was nicht passt, wird passend gemacht." Und das setzt sich im Erwachsenenleben fort. Wir machen uns passend. Derzeit ist das Modell „angepasster perfekter Mensch" serienmäßig mit einem eingebauten Drang zur steten Selbstoptimierung ausgestattet. Denn: Noch besser geht es schließlich immer.

Kein Problem, oder? Jedenfalls nicht für die Bewohner von Stepford. Dafür aber für jeden realen Menschen fernab der Science-Fiction. Auf sämtliche Gesellschaftsmitglieder wird genau diese Stepford-Schablone angelegt. Aber nicht jeder lässt sich einfach da hineinpressen. Und dann sind die Mitmenschen enttäuscht, wenn Sie diese Maximalforderung nicht mal eben so aus dem Ärmel schütteln können. Dann pressen wir noch ein bisschen fester. Und machen es wie die Stepforder: Wir lassen nur noch Menschen in unsere Welt, die auch zu uns passen. Gebetsmühlenartig schallt es aus der Konsenssoße:

Sei ruhig. Reg dich nicht auf.

Pass dich an. Sag ja. Stimme zu.

Sehr schön. Siehst du? Geht doch.

Plötzlich erscheint das Leben nicht mehr ganz so komplex.

Wir sagen den Menschen, dass sie sich nicht mehr in den Haaren liegen, nicht auf ihren Standpunkten beharren sollen. Und dass sie Konflikte ablehnen und nur noch Frieden wollen sollen. Und dass sie sich zu einer Einheit zusammenfinden sollen.

Warten Sie mal. War das mit der Einheit, „the world will be as one", nicht auch John Lennons Friedenstraum?

Ein schweres Erbe

Wie nur können wir diese Friedensforderung umsetzen, damit sie sich vom Traum in die Realität verwandelt? Mir scheint, wir haben eine simple, aber radikale Variante gewählt: das Diktat. Die Bedingungen werden in einem Diktat einfach vorgegeben. Wer sie nicht freiwillig annimmt, wird dazu gezwungen. Denn wer nicht brav nickt und schweigt, zerstört den Frieden. Das gilt nicht nur für denjenigen, der am Friedensinhalt meckert, sondern schon für jenen, dem die Friedenszwangsjacke zu eng ist. Deshalb traut sich auch keiner, das Friedensdiktat selbst in Zweifel zu ziehen.

Ich verrate Ihnen etwas: Ein erzwungener Friede führt zu Unfrieden. Ein erzwungener Konsens wird zum Dissens. Erzwungene Solidarität führt zur Ablehnung. Erzwungene Einheit wird zur Spaltung. Denn wenn Frieden, Konsens, Solidarität und Einheit auf Dauer bestehen wollen, setzen sie die Freiwilligkeit voraus. Das Motto unseres Staates ist nicht umsonst „Einigkeit und Recht und Freiheit" – Einigkeit ohne Freiheit ist ein Gefängnis.

Der Frieden, in dem wir heute leben, ist deshalb zumindest zum Teil keine freiwillige Leistung einer Gesellschaft, die wirklich friedfertig miteinander lebt, sondern eine erfundene Scheinharmonie, ein vom Friedensmantel bedeckter, gärender Unfrieden.

Vielen Menschen dient das Friedensdiktat als probates Antikomplexitätsmittel. Und der 68er-Generation, die den Marsch durch die Institutionen erfolgreich absolviert hat und heute an den Schaltstellen von Politik und Medien sitzt, ist es tief in ihre Sozial-DNA eingeschrieben. Und den von ihnen erzogenen Nachkommen auch. Wir sind nämlich alle Kinder und Enkelkinder dieser Generation, die auf Antikriegsdemos zu psychedelischen Klängen mit Blumen im langen, ungekämmten Haar herumtanzten.

Durch dieses Erbe sind wir unbewusst mit der Friedensbewegung verbunden. Und es ist wie bei einem Ohrwurm – es reicht, wenn wir die ersten paar Takte hören, wenn einer „imagine all the people" anstimmt. Dann geht es bei uns wieder los, dann werden

Versöhnungssehnsucht und Friedenswunsch wieder ganz groß. Und das antiautoritär anerzogene Friedensverhalten mit dem Dogma: „Sei gefälligst friedlich" bricht hervor. Das Unterbewusstsein kramt die DenkGEbote und DenkVERbote wieder hervor, die uns vom ersten Sandkastentag an begleitet haben, wie „Streiten tut man nicht!", „So dürft ihr nicht denken!", „Akzeptiert einander!", „Seid friedlich!", „Keine bösen Worte!", „Das sagt man nicht!", „Habt euch sofort wieder lieb!".

Das Bild vom friedliebenden Mann und von der friedliebenden Frau, das die 68er prägend entworfen und mit allen zur Verfügung stehenden Regenbogenfarben ausgemalt, gebatikt und mit Patschuli parfümiert haben, hat sich tief ins kollektive Gedächtnis unserer Gesellschaft eingebrannt: Friedlich muss der Mensch sein! Alle sollen sich lieb haben!

Ich empfinde es nicht nur als irrsinnig schwierig, diesem Bild gerecht zu werden. Ich spüre in mir dagegen einen großen Widerwillen. Warum sollte ich meine Emotionen ständig unterdrücken?

Versuchen Sie das mal: zwölf Stunden nur gute Dinge denken, immer lächeln, zu allen lieb sein, nicht ernst schauen, friedlich und gechillt sein

....

Da haben Sie keinen Bock drauf? Ich auch nicht. Das ist gedankliche Selbstkastration.

Ich meine, Sie haben ja recht. Ein friedvolles Miteinander ist ein anstrebenswertes Ideal. Aber ich habe Angst vor der Kehrseite der Medaille: Denn erstens geht das Böse, das Schlechte, das Dunkle, der Schatten nicht weg, wenn es unterdrückt wird. Im Gegenteil, es wird erst richtig schlimm und gewinnt Macht über uns. Ungelöste Probleme lösen sich nicht dadurch, dass sie für gelöst erklärt werden – so wie die Bundeskanzlerin im Januar 2018 die Flüchtlingskrise schlicht für beendet erklärte. So geht das nicht!

Und zweitens opfern wir im Tauschhandel für ein oberflächlich friedvolles Miteinander jedes Mal ein gutes Stück unserer Freiheit, unserer Individualität. Und das schon bei kleinsten Anlässen.

Kinderhasser!

Ich war kürzlich auf einer Party. Abends. Ich muss das dazusagen, weil Sie mich sonst vielleicht missverstehen. Es war kein Kindergeburtstag. Sondern die 50 er-Feier eines Freundes. Als ich um sieben kam, war sein Wohnzimmer schon gut gefüllt, man unterhielt sich, das tolle „Abbey-Road"-Album von den Beatles lief im Hintergrund. Ich holte mir ein Getränk und stieß mit dem Jubilar an, dann entdeckte ich einen gemeinsamen Bekannten von uns und vertiefte mich mit ihm in eine angeregte Fußballdebatte. Bis mir auffiel, dass es im Raum deutlich ruhiger geworden war. Weil ich nicht auf Anhieb verstand, weshalb, drehte ich mich um – und sah ein Elternpaar. Die Frau hatte einen Säugling in einem Tragetuch vor der Brust und schaukelte leicht ihren Oberkörper. Das Baby schlief, zumindest schrie es nicht. Um es nicht zu wecken, hatten offenbar alle Umstehenden ihre Gesprächslautstärke zurückgenommen. Jemand hatte die Beatles abgestellt. Alle wirkten etwas steifer als vorher. Da öffnete mein Gesprächspartner eine Flasche Sekt und der Korken knallte mittellaut aus dem Flaschenhals. Er erntete einen bösen, verächtlichen Blick des Kindsvaters.

Diese versammelte Gesellschaft hatte sich also dem Diktat: „sei friedlich = sei kinderlieb" unterworfen. Es ist ja Konsens, dass wir Eltern unterstützen, wo es nur geht. Der Meinung bin ich absolut. Aber ein Säugling hat auf einer Erwachsenenparty nichts verloren – Sekt schon! Nur traute sich das keiner zu sagen. Stattdessen sind alle einem möglichen Streit ausgewichen. Aus Angst, als Kinderhasser und Friedensfeind dazustehen.

Viele merken gar nicht mehr, wie sehr sie sich dem Friedensdiktat bereits unterworfen haben. Weil sie damit aufgewachsen sind und es nicht anders kennen. Andere wiederum müssen sich ständig auf die Zunge beißen. Sie haben Abstand, einen objektiven Blick auf die Situation und erkennen, dass es eigentlich nicht richtig ist, sich dem Diktat zu unterwerfen. Aber andererseits scheuen auch sie den Konflikt und halten lieber einmal mehr den Mund. Mein guter

Freund, der Gastgeber, den ich ein paar Tage nach seiner Party traf, erzählte mir, dass er das doof fand, wie sich die Feier verändert hatte. Aber auch er hatte sich nicht getraut, die Eltern freundlich, aber bestimmt darauf hinzuweisen, dass ihr Kind an diesem Abend nicht im Mittelpunkt stehe und sich nicht alles nach ihm richten könne.

Solche Beispiele erlebe ich immer wieder. Nicht nur in den kleinen Gesellschaftseinheiten wie in Familien, unter Freunden, zwischen Partnern. Das setzt sich genauso fort in den größeren Gruppierungen, erfasst Vereine, Parteien, Regierungen. Gegen die Flüchtlingspolitik von Angela Merkel traut sich niemand mehr etwas zu sagen, der nicht in Kauf nimmt, damit in die rechte Schmuddelecke gestellt zu werden. In der Friedensdiktatur ist die Meinungsfreiheit eine theoretische Freiheit. In der Praxis gibt es Denk- und Sprechverbote. Statt im Streit zu einer besseren Lösung zu kommen, einigen wir uns friedlich auf den kleinsten gemeinsamen Nenner. Kehren das Andersdenken, Einwände, neue Impulse zusammen unter den Teppich.

Die Freiheit ist futsch, die Entwicklung auch – und das alles im Tausch gegen scheinbare Einigkeit? Ein sehr teurer Deal! Denn was wird aus einer Gesellschaft, die polarisierende Haltungen, Meinungen und Aussagen nicht zulässt?

Pest oder Cholera

Wie mit Menschen umgegangen wird, die sich in der unsicheren Zone außerhalb der Konsenssoße befinden, kann ich Ihnen aus meiner eigenen Erfahrung berichten. Ich sage Ihnen, was dann los ist: Dann haben Sie die Wahl – zwischen Pest und Cholera.

Die Pest ist: Sie schlucken Ihre Bedürfnisse einfach runter und passen sich an. Sonst blitzen Sie ab, fallen durch den Rost, laufen vor die Wand. Neulich war ich in meinem Heimatort und mit meinem Vater zu einem Kneipen-Fußballabend verabredet. So richtig Vater-Sohn-mäßig. Wie früher.

Als der Schiri zur Halbzeit pfiff, sah ich einen alten Kumpel am Nachbartisch. Wir kennen uns aus der Fußballzeit und er war auch in meiner Kindheit regelmäßig bei uns in unserer Gaststätte zu Gast. Schon ewig hatten wir uns nicht mehr gesehen. „Mensch, Stefan! Was für eine Überraschung." Wir wechselten zwei Worte und ich fragte ihn, was er denn heute so mache.

Es stellte sich heraus, dass er inzwischen eine Schnapsbrennerei hatte, die sich ganz okay entwickelte. Das erzählte er mir in knappen und sehr bescheidenen Worten, als ich ihn fragte, wie es lief. Ich fand das wirklich toll. Ich gratulierte ihm von Herzen und sagte, dass er voll stolz auf sich sein könne. Aber er zog nur die Schultern hoch, senkte den Blick und schaute auf den Tisch.

Kurz fragte ich mich, ob ich etwas Falsches gesagt hatte. Aber dann fiel es mir wieder ein: In meinem Heimatort ist es wie in Stepford. Der Verhaltenskodex schreibt Zurückhaltung und Understatement vor. Fallen Sie bloß nicht auf, sei es durch selbstbewusste Erfolgsmeldungen oder fröhliche Zukunftsprognosen. Bescheidenheit ist Trumpf.

Doch selbst mit diesem Wissen fiel es mir ungemein schwer, mich an den Kodex zu halten, als er mich bat, von meinem Leben zu erzählen. Ich redete einfach offen drauflos, erzählte, wie ich dieses Jahr beruflich vorangekommen war und wie es weitergehen würde: nämlich gut. Mein Bekannter hatte den betretenen Blick vom Tisch auf sein Bierglas verlagert. Es kam kein „Toll" oder so von ihm, nichts in der Art. Nur Schweigen. Und ein kurzer neidvoller Blick. Dabei wollte ich ja überhaupt nicht angeben, ich war nur ehrlich. Und ich hatte vergessen, dass schöne, ehrliche Erfolgsgeschichten in diesem Ort Tabu sind.

Zum Glück kam just in diesem Moment der Pfiff zur zweiten Halbzeit und beendete die angespannte Situation.

Ich bin jemand, der sagt, was er denkt, und offen über alle Angelegenheiten spricht. Aber meine Art und meine Überzeugungen passen eben selten zum allgemeinen Konsens, den die Menschen in meiner Heimatdorfgemeinschaft „unausgesprochen" verabredet haben. Obwohl ich diesen Ort sehr liebe und es immer ein Zuhause für mich bleiben wird … er ist mir zu eng geworden, ich musste weg, weil ich mich nicht anpassen und meine individuelle Haltung aufgeben wollte.

Aber was passiert mit den Menschen, die nicht immer nur still sein, die sich nicht unterdrücken lassen wollen? Oder sich nicht selbst unterdrücken wollen? Eine Alternative zur Anpassung gibt es freilich und das ist die Cholera-Variante.

Die geht so: Sie halten nicht den Mund und sagen, was Sie denken. Menschen, die das tun, statt die Klappe zu halten und befördert zu werden, müssen mit Strafe, mit negativen Folgen rechnen. Man findet sie oft auf der Ersatzbank wieder. Das habe ich auch schon erlebt.

Ich bin echt kein Revoluzzer. Doch ab und zu widersetze ich mich dem Friedensdiktat – und zwar, wenn es notwendig ist. Und es ist dann notwendig, wenn ich mich sonst nicht mehr im Spiegel anschauen kann.

Ganz zu Beginn meiner Selbstständigkeit habe ich mich mal so richtig in Rage geredet. Dabei hätte ich den Auftrag damals wirklich gut brauchen können. Es ging um einen großen Batzen Geld. Die Firma hatte mich um einen ersten Kennenlerntermin gebeten. Kaum hatte ich dem Firmenchef die Hand gereicht, fing der schon an, mich herumzukommandieren: „Setzen Sie sich hier hin!" Er schenkte sich eine Tasse Kaffee ein und bot mir erst dann auch eine an. Mir wurde schnell klar, dass die Umgangsformen des Firmenpatriarchen zu wünschen übrig ließen.

Dass er auch eine sehr miese Führungskraft war, offenbarte sich, nachdem der Marketingleiter mit seiner Präsentation begonnen hatte. Nach kurzer Zeit stürmte der Chef nach vorne, entriss ihm das Arbeitspapier und rüffelte ihn an: „Lassen Sie das lieber! Gehen Sie, gehen Sie. Machen Sie lieber Marketing. Ich mache das hier selbst!"

Ich war schockiert, wie hier mit den Leuten umgegangen wurde. Für so ein Unternehmen wollte ich nicht arbeiten! Andererseits brauchte ich den Auftrag. Was tun? Mit der lauten Frage: „Und, was können Sie nun für uns tun, Herr Reutter?" riss mich der Chef aus meinen Überlegungen. Da habe ich vor versammelter Mannschaft geantwortet: „Für Sie könnte ich jede Menge tun, aber für Ihr Anliegen nicht. Mit Ihnen müsste ich zuallererst mal ein Coaching machen. Denn so geht man mit Führungskräften nicht um! Das entspricht nicht meiner Vorstellung von Führungsarbeit. Und deshalb mache ich für Sie gar nichts!"

Ich stand auf, packte meine Tasche, schaute in die Runde, klopfte auf den Tisch und sagte zu den übrigen Beteiligten: „Und Ihnen wünsche ich hier noch viel Glück!" Und dann dampfte ich ab mit einem Puls von 180.

Im Aufzug dachte ich mir dann: „Bist du blöd! Wie konntest du das machen?!" Verzweifelt sah ich in den Spiegel, aus dem mein Spiegelbild mit festem Blick zurückschaute, als wollte es mir sagen: „Das war die richtige Entscheidung, Stefan! Weil es wichtiger ist, Charakter zu beweisen, als Geld zu machen."

Aus heutiger Sicht bin ich mir da nicht mehr so sicher. Denn was habe ich mit meinem spektakulären Abgang bewirkt? Habe ich dem autoritären Chef geholfen, eine bessere Führungskraft zu werden? Habe ich den Mitarbeitern geholfen, besser mit dieser Sorte Chef klarzukommen? Habe ich dem Unternehmen geholfen, ein besseres Betriebsklima herzustellen und damit erfolgreicher zu sein? Stattdessen habe ich mich darauf beschränkt, meine moralisch einwandfreie Haltung zu demonstrieren – ich habe mich vor der eigentlichen Aufgabe gedrückt.

Damals ist mir meine Haltung als Revoluzzertum ausgelegt worden. Aber ist jemand, der zu seinen Überzeugungen steht, auch wenn sie nicht gut ankommen, wirklich schon ein Revoluzzer?

Von unzufrieden bis entfriedet

Wenn Menschen ihre Meinungen und Überzeugungen nicht zulassen, sind ihre Zweifel ja nicht weg. Die eigenen Emotionen, Wünsche und Sehnsüchte zu unterdrücken verwandelt sie nur in negative Varianten: in Groll, Neid, Missgunst, Wut, Hass. Und der Impuls, sich mitzuteilen, wird nicht etwa kleiner, sondern größer.

Das ist, als würden Sie ein Fass mit all dem füllen, was Sie stört. Und weil es ein Holzfass ist, können Sie den Inhalt von außen nicht sehen. Und so erkennen Sie nicht, dass das Fass irgendwann voll ist. Und wenn Sie dann weiter versuchen, noch mehr Groll hineinzustopfen, hat der keinen Platz mehr, wird verdichtet. Bis das Fass explodiert.

Mit einem solchen plötzlichen Wutausbruch stoßen Sie alle Menschen vor den Kopf, weil Sie vorher doch immer zufrieden wirkten. Sie haben ja auch alles getan, um genau diesen Eindruck zu erwecken – um des lieben Friedens willen. Solange Sie sich dem Friedensdiktat unterwerfen, kämpfen Sie eigentlich ständig gegen sich selbst. Sie tun das für den Frieden, ohne zu wissen, dass Sie dabei nur noch mehr Groll und Unfrieden schüren, der irgendwann ohnehin an die Oberfläche kommt.

Das hat sich besonders deutlich während der Flüchtlingskrise seit Sommer 2015 gezeigt und erklärt vielleicht, warum bürgerlich-konservative Ansichten plötzlich als rassistische Parolen denunziert werden.

Hören Sie mal eine Rede von CDU-Politikern von vor 15 Jahren an. Was sie da über Einwanderung sagen, deckt sich eins zu eins mit Aussagen der AfD von heute – nur dass solche Aussagen von Politikern und Journalisten aktuell wahlweise als „rechtsextrem", „rassistisch", „ausländerfeindlich" oder gleich komplett „nazi" gebrandmarkt werden. Angela Merkel beispielsweise sagte am 30. Oktober 2000 in einer Rede, dass „die multikulturelle Gesellschaft keine lebensfähige Form des Zusammenlebens" sei. Wirklich wahr, das hat sie gesagt!

Und 2003 sagte sie: „Manche unserer Gegner können es sich nicht verkneifen, uns in der Zuwanderungsdiskussion in die rechte Ecke zu rücken, nur weil wir im Zusammenhang mit der Zuwanderung auf die Gefahr von Parallelgesellschaften aufmerksam machen. Das, liebe Freunde, ist der Gipfel der Verlogenheit, und eine solche Scheinheiligkeit wird vor den Menschen wie ein Kartenhaus in sich zusammenbrechen. Deshalb werden wir auch weiter eine geregelte Steuerung und Begrenzung von Zuwanderung fordern."

Es ist kaum zu glauben, aber wenn Sie die heutigen Worte und Taten von Frau Merkel in den Kontext ihrer eigenen Reden von vor 15 Jahren setzen, dann ist das in der Tat der Gipfel der Verlogenheit.

Und nun ist es soweit. Nun ist diese Scheinheiligkeit, diese Verlogenheit, diese unheilige Mischung aus Denkverboten, Zensur, Political Correctness, Konsenszwang und Imagine-all-the-people-living-life-in-peace-Utopie im Begriff, in sich zusammenzubrechen wie ein Kartenhaus. Ich fühle es. Unter der Wir-sind-alle-gute-Menschen-Fassade kämpfen in Wahrheit alle gegen alle.

Nur eben hintenrum.

HINTENRUM

ALLE GEGEN ALLE

Ich geb's ja zu: Ich lach mich wirklich lockig über diese Ausraster-Videos auf Youtube. Grundsolide Menschen, die plötzlich ausflippen und ihr 800-Euro-Smartphone gegen die Wand knallen oder ihren Computer zu Schrotteinzelteilen zerhauen. Unglaublich! Besonders gefallen hat mir das Video von diesem Typen, der seinen PC zu Hackschnitzeln verarbeitet.

Sie müssen sich das so vorstellen: Ein Mann – aus irgendeinem Grund sind es meistens Männer – arbeitet an seinem Computer. Aber irgendwas scheint ihn zu stören. Er drückt ständig auf die gleiche Taste. Erst noch ruhig, dann immer schneller und vehementer. Schließlich hämmert er mit der Faust auf die Tastatur. Auf dem Bildschirm regt sich weiterhin nichts. Der Mann wird rasend. Er packt die Tastatur und knallt sie gegen den Schreibtisch. Einmal. Zweimal. Dreimal. Dann bricht sie entzwei. Mit der kaputten Tastatur brät er dann dem Bildschirm eins über. Mit so großer Wucht, dass der vom Schreibtisch auf den Boden kracht. Zu guter Letzt springt er wie Rumpelstilzchen auf dem Elektroschrotthaufen herum. Herrlich!

Okay, natürlich ist es blöde, sich anzuschauen, wie einer materiellen Schaden anrichtet. Aber irgendwie ist es auch herzerfrischend, sowas hin und wieder zu sehen. Die meisten Menschen lachen, wenn sie solche Szenen sehen.

Wie bei den alten Louis-de-Funès-Filmen aus den 1960er und 1970er Jahren, in denen der französische Komiker permanent am Ausrasten, Rumfuchteln und Durchdrehen war. Also ich fand die witzig. Warum? Weil so ein Ausrasten, Rumfuchteln und Durchdrehen in der Gesellschaft nicht opportun ist. Weil man sich so nicht öffentlich verhalten soll. Weil es sich nicht schickt. „Das macht man nicht!", heißt es dann.

Aber eben auch, weil solche allzu menschlichen Regungen die Wirklichkeit abbilden: Es herrscht nun mal nicht immer Friede und Freude auf Erden! Von Eierkuchen ganz zu schweigen. Manchmal haben wir einfach die Schnauze voll. Die Frage ist: Was machen Sie, wenn Sie die Schnauze voll haben? Wenn Ihnen etwas gegen den Strich geht? Wenn Sie wütend werden?

Ich kenne das, Sie kennen das: Ein leises Genervtsein verwandelt sich bei anhaltendem Auslöser in Ärger, den Sie aber tunlichst unterdrücken. Ist ja unangenehm! Und Sie haben gerade Wichtigeres zu tun, als sich entsprechend aufzuführen. Außerdem fürchten Sie die Nachteile eines Gefühlsausbruchs. Also drücken Sie die aufwallenden Emotionen weg. Der runtergeschluckte, aufgestaute Ärger köchelt im Inneren weiter und verwandelt sich in Frust. Und wenn es dem Organismus reicht, entlädt sich der ganze Frust irgendwann endlich in einem kapitalen Wutausbruch, damit Sie nicht vor lauter unterdrücktem Ärger krank werden.

Nur: Oft kriegen auch unschuldige Mitmenschen bei solchen Wutausbrüchen den ganzen Ärger ab. Einfach, weil sie gerade da sind. Und das ist nicht okay.

Moderatere Wutbolde müssen einfach nur mal mit der Faust auf den Tisch hauen – oder sie werden kurz laut. Solche kleinen Überreaktionen sind wie ein reinigendes Gewitter: Der Dampf darf raus, und die Sonne kann wiederkommen.

Und natürlich gibt es auch die Könner, die ihren Ärger so kanalisieren, dass sie sehr wohl zeigen, dass sie wütend sind über was weiß ich was – und dennoch ihrem Kollegen oder ihrem Partner gegenüber allen Respekt bewahren. Selbst wenn sie sich ganz konkret über den Menschen ärgern, der jetzt gerade vor ihnen sitzt, können die Wut-Profis auf Augenhöhe kommunizieren, unabhängig von der Position oder dem Status des Gesprächspartners. Dieses Verhalten ist die Königsklasse. Aber ganz wenige Menschen beherrschen es. Manche verwechseln diese direkte, sehr offene und trotzdem nicht verletzende Art der Kommunikation eher mit ihrem Gegenteil: dem Einschleimen.

Die Kunstfresse

Von klein auf werden wir ja zu höflichem, respektvollem Verhalten erzogen. Dabei sind es die Eltern, Großeltern, Tanten und Onkel, die bestimmen, was „respektvoll" ist. Welche Blüten diese Erziehung treibt, zeigt die Figur des strengen Fräulein Rottenmeier aus „Heidi". Immer, wenn jemand zu Besuch kommt, haben die von ihr erzogenen Kinder aufgereiht dazustehen, geschniegelt, das Haar ordentlich gestriegelt und gescheitelt, das Hemd in der Hose, die Lackschuhe glänzend. Und artig hat die Kinderschar einstimmig zu krähen: „Guten Tag, lieber Herr Sowieso." Heute ist die Erziehung lockerer, aber trotzdem lernt jedes Kind, dass es dem Besucher die Hand zum Gruß entgegenzustrecken hat. Ob es gerade Lust darauf hat oder nicht. So gehört es sich: das Freundlichsein, das Händeschütteln, das Sich-ins-Gesicht-Schauen sind Kleinigkeiten des Alltags, die zeigen, dass wir Respekt voreinander haben.

Als Kind nervt der enge Anzugkragen, drücken die Lackschuhe. Als Jugendlicher in der Revoluzzer-Phase wird es dann noch schlimmer.

Was haben wir uns in der Jugend nicht das Haar wachsen lassen („Mein Gott, Junge, was hast du für Haare"). Gekämmt haben wir sie schon gar nicht („Mein Gott, Junge, wie siehst du wieder aus"). Die Jeans war ausgewaschen und voller Löcher („Mein Gott, Junge, wer soll das denn schön finden"). Der Blick total cool, Worte und Gesten rudimentär („Mein Gott, Junge, was für ein schreckliches Benehmen"). Wir taten es mit rebellischer, jugendlicher Lässigkeit, um die Coolness zu wahren. Und die haben wir uns nach der Pubertät schnell wieder abtrainiert, um besser in die Erwachsenengesellschaft zu passen. In der steht uns mit den Höflichkeitsformeln, den Benimm-Codes und den unterschiedlichsten Beschleimungsvarianten eine ganze Palette an Hintenrum-Instrumenten zur Verfügung.

Beim weihnachtlichen Großfamilienbesuch wird sich zum Beispiel alljährlich aufs Schlimmste angebiedert mit Sätzen wie: „Ach Mensch, Tante, du siehst heute mal wieder toll aus. Wie machst du das nur, dass du dir dieses gute Aussehen erhältst?" Keiner von den Erwachsenen fragt sich das wirklich. Aber die alte, reiche Tante wird trotzdem übertrieben umschmeichelt. Warum? Weil man das halt so macht.

Ich frage mich: War unser pubertäres Verhalten nicht ehrlicher als alles andere? Ist das Benehmen, das unsere Eltern uns anerzogen und das wir als Erwachsene zum Verhaltensmaßstab erkoren haben, denn wirklich immer aufrichtig? Wir eifern ihnen nach, sie waren in unserer Prägungsphase die wichtigen Vorbilder. Ob wir sie geliebt oder gehasst haben: Sie haben uns geprägt. Deshalb machen wir es wie sie. Aber ist es nicht eigentlich respektlos, am Gartenzaun den Nachbarn zu grüßen, wenn Sie ihn eigentlich gar nicht mögen? Wie oft fragen Sie jemanden: „Wie geht es dir?", obwohl es Ihnen total egal ist? Fällt das noch unter „Höflichkeit"?

Ich persönlich zweifele daran. Vorgegaukeltes Interesse ist weder höflich noch respektvoll. Und schon gar nicht aufrichtig. Aber genau dieses Verhalten beobachte ich jeden Tag. An jeder Straßenecke können Sie dieses falsche, aufgesetzte, gekünstelte Lächeln beobachten. Ich nenne es „die Kunstfresse".

Du sollst kein falsch Zeugnis reden!

Die Kunstfresse ist ein hervorragendes Instrument, das uns hilft, Ziele schneller zu erreichen. Stellen Sie sich vor, Sie gehen zum Bäcker und möchten gern die Brezel da ganz hinten in der Auslage, weil die nicht so dunkel und weil auf der wenig Salz drauf ist. Was glauben Sie, wird Ihnen mehr helfen, dieses Ziel zu erreichen? Wenn Sie ruppig oder unbeteiligt dreinschauen? Oder wenn Sie die Verkäuferin anlächeln? Sehen Sie: In unserer Gesellschaft lächelt man häufig aus einem Zweck heraus. Selten, um einfach Freude auszudrücken.

Die Kellnerin im Restaurant entschuldigt sich: „Oje, das tut mir aber leid", mit einem gezwungenen Lächeln dafür, dem schnöseligen Businessmenschen den Wein über die Hose gekippt zu haben. Könnten wir mit einem Röntgenblick in ihren Kopf sehen, würden wir ihre Gedanken lesen: „Das ist für das miese Trinkgeld, du Idiot!"

Neben dem falschen Lächeln gibt es ein weiteres Hilfsmittel für das Falschspiel, das Schön-Getue: die Sprache. Bestes Beispiel dafür sind die abenteuerlichen Floskeln in den Arbeitszeugnissen. Schon klar, die Rechtsprechung legt aus, inwiefern ein Zeugnis grundsätzlich wohlwollend sein soll. Da steht aber auch, dass es wahr sein soll. Und wie vermittelt man das Wahre wohlwollend? Ganz einfach: Die Personalabteilungen verstecken die schrecklichen Botschaften hinter schönen Worten. Was soll daran ehrlich sein? Der Gelackmeierte ist dann der Arbeitnehmer, der die Codes nicht richtig lesen kann. Der sich darüber freut, dass seine „Geselligkeit zur Verbesserung des Betriebsklimas" beitrug. Aber er freut sich nur solange, bis ihm jemand steckt, dass der Subtext in diesem Sätzlein davor warnt, dass er gerne mal ein oder zwei Gläschen während der Arbeit trinkt. Und mit der Floskel „… wünschen wir ihm alles Gute und Gesundheit" warnt der Arbeitgeber zwischen den Zeilen, dass dieser Angestellte ein kränkelnder Zeitgenosse ist. Bei Ihnen bewirbt sich jemand, der „gutes Einfühlungsvermögen in die Belange der Belegschaft" zeigt? Achtung! Mit so jemandem holen Sie sich einen Oberflirter ins Haus! Vornerum betüddeln wir den Arbeitnehmer, hintenrum kriegt er mit solchen Botschaften eine reingewürgt.

Aber das Gegenteil ist auch nicht schöner: die kalte, technokratische, oberkorrekte deutsche Beamtensprache. Die jeden noch so emotionalen Umstand auf eine fachchinesische Weise versachlicht, dass alle sofort vor Langeweile einschlafen. Wenn ein Kind einer Pflegefamilie vermittelt wird, handelt es sich um die sogenannte Beelterung. Na bravo, abstrakter geht es nicht, oder?

Doch. Da fordert die SPD zum Beispiel ein Ende für die „sachgrundlose Befristung" – und kaum jemand im Wahlvolk weiß, was das eigentlich sein soll. Oder nehmen Sie „Flüchtlinge mit subsidiärem Schutzstatus". Wissen Sie wirklich genau, was das ist? Ich behaupte, 90 Prozent der Menschen können nicht erklären, dass damit Leute gemeint sind, die sich zwar illegal im Land aufhalten, die aber niemand in ihr Herkunftsland zurückschicken will, weil damit Gefahr für Leib und Leben verbunden wäre. Ist ja schön, wenn so ein Ausdruck inhaltlich korrekt ist, aber wenn er niemanden anspricht, erreichen die Politiker damit auch niemanden.

Interessant: Wir haben die Sprache so verbogen, dass sie Ehrlichkeit, Offenheit und Emotionalität gleich ganz ausschaltet. Wir haben sie zum Instrument unserer Heuchel-Gesellschaft gemacht. Weg mit den Emotionen, weg mit den Individuen mit Ecken und Kanten. Lieber nicht kraftvoll ausdrücken, was gemeint ist, es könnte ja jemand was dagegen haben!

Und ich muss gestehen: Wenn ich auf diese glatt gebügelte Gesellschaft blicke, bin ich zutiefst verunsichert. Laufe ich durch die Innenstadt, sehe ich vor allem zweierlei Sorten von Menschen: die einen, die den Blick fest auf das Smartphone geheftet haben und von ihrer Umwelt gar nichts mitkriegen. Und die anderen, die die Kunstfresse aufgesetzt haben. Bei denen ich nicht weiß, ob ihr Lächeln echt ist. Ob ihr Interesse ernst gemeint ist. Wie bei meinem ehemaligen Nachbarn.

Bei dem waren meine Frau und ich zum Grillen eingeladen. Ich unterhielt mich mit ihm über meine Jugend beim Fußball und er nickte ganz euphorisch. „Wow, das klingt echt toll", sagte er, und dass er es wirklich großartig fände, was ich so erzähle. Allerdings hatte mir seine Frau mal erzählt, dass er sich für Fußball nun wirklich überhaupt nicht interessiert. Dass er das für eine sinnlose Zeitverschwendung hält. Na ja, das finde ich ja überhaupt nicht schlimm. Nicht jeder muss so begeistert von einer Jugend im Fußball sein wie ich, niemand muss Fußball lieben wie ich. Was ich aber schlimm finde: dass ich nicht mehr weiß, ob ich ihm glauben soll. Dass ich ihm also kaum mehr trauen kann.

Warum machen wir das eigentlich? Warum fassen wir uns gegenseitig nur noch mit Samthandschuhen an? Sind so vorsichtig miteinander? Eiern umeinander herum? Beschleimen uns kollektiv so hingebungsvoll? Meine Vermutung ist die: Wir Menschen scheuen die Auseinandersetzung. Wir übergießen einander lieber mit der lauwarmen Konsenssoße, als Widerworte zu wagen.

Das miese Hintenrum

Am Anfang meiner Speaker-Karriere habe ich mal einen richtig schlechten Vortrag gehalten. Ich kann mich gut erinnern, wie ich das damals auf der Bühne selbst gemerkt habe. Ich bin zu sehr ins Labern gekommen und hatte keine Struktur mehr. Und dadurch wussten die Teilnehmer während meines Vortrags nicht mehr ganz genau, wo wir gerade sind. Es war sehr unangenehm, ich hatte einen echt schlechten Tag und das führte zu einer echt schlechten Performance. Ich war von mir enttäuscht und erwartete, dass das Publikum genauso enttäuscht war wie ich. Der Applaus hielt sich auch in Grenzen.

Wie ich nach dem Vortrag von der Bühne komme, warten da schon ein paar Redner-Kollegen, die auch auf der Veranstaltung gesprochen haben. Und was machen die? Schauen mich verhalten an? Sagen mir, dass ich schon mal besser war? Sagen sie voller Mitleid: „Stefan, jeder hat mal nen schlechten Tag …"? Nein, nichts dergleichen. Sie sahen mich lächelnd an. Und dann gratulierten sie mir. Was das für ein gelungener Vortrag gewesen sei! Wie gut vor allem der Einstieg gewesen sei, wie originell das Fazit am Ende.

Ich war ziemlich verdutzt. Aber klar, dann freute ich mich darüber und dachte, vielleicht war ich zu streng mit mir und meiner Eigeneinschätzung. Das baute mich damals richtig auf und ich dachte mir: „Hey, so schlecht warst du scheinbar doch nicht!"

Nachdem die Kollegen weitergezogen waren, quatschte ich dann noch mit zwei Teilnehmern, die ich kannte. Die steckten mir dann im Vertrauen etwas: Nämlich, dass die feinen Rednerkollegen, die mir ein paar Minuten zuvor noch gratuliert und mich bestärkt hatten, bei anderen darüber lästerten, was ich für einen schlechten Vortrag abgeliefert hatte!

Damit war nicht nur die anfängliche naive Freude weg, sondern ich wurde echt wütend! Nicht, weil sie meine Rede schlecht fanden, denn das war sie wirklich gewesen. Sondern, weil sie mir voll ins Gesicht gelogen und hintenrum schlecht über mich geredet hatten! Was für eine Verlogenheit! Anstatt ehrlich zu sagen, was sie denken, verhätscheln die Menschen sich gegenseitig, flunkern sich ungeniert an.

Ehrliches Feedback ist eine aussterbende Gesprächsform. Am allermeisten davon betroffen sind Führungskräfte. Menschen mit Vorbildfunktion. Dass Alpha-Tiere am wenigsten mit Kritik umgehen können, ist ein alter Hut. Ab einer bestimmten Karrierestufe sagt ihnen niemand mehr die Meinung. Sie sind echte, gehaltvolle und ehrliche Rückmeldungen einfach nicht mehr gewöhnt. Wie ist es bei Ihnen? Wann haben Sie zuletzt Feedback, gut begründet, fundiert und mit Empathie rübergebracht, bekommen?

Lästerzirkel

Ich war ein paar Abende lang mal in so einer klassischen Clique. Eine lustige Männerrunde. „Schöne Idee“, dachte ich und bin ein paarmal hingegangen in die Pizzeria, wo sich die Kumpels getroffen und gequatscht haben. Über alles Mögliche. Die Freundin, Musik, Filme, Erlebnisse, ihre Kids, Fußball, Gott und die Welt. Ich fühlte mich zunächst wohl unter ihnen, weil ich gleich nett aufgenommen wurde. Dann begann einer mit verschwörerischer Miene: „Kennt ihr schon den neuesten Klops, den sich der Hannes mal wieder geleistet hat?“ Dieser gewisse „Hannes“, der wohl Teil der Runde war, saß nicht am Tisch, weil er gerade für zwei Monate auf Geschäftsreise war. Und so lästerte die Gruppe in seiner Abwesenheit ganz übel über ihn ab:

„Seine Frau ist auch keine Gewöhnliche! Die ist ziemlich leicht zu haben. Dass dieser Idiot das nicht merkt. Ich meine, das muss man sich mal vorstellen.“

„Hahaha, der Loser!“

„Typisch für ihn, sich so blind zu verlieben.“

Und was dachte ich? Ich dachte: „Was für ein Trottel muss dieser Hannes sein!“ Dachte ich.

Als ich dann auf der Toilette war und noch mal das Gespräch rekapitulierte, bemerkte ich beim Händewaschen, als ich in den Spiegel guckte, was ich da eigentlich gerade tat: Ich machte allen Ernstes bei einer Lästerrunde über einen Hannes mit, der gar nicht da war, der sich nicht wehren konnte und den ich zudem gar nicht kannte. Was hätte dieser Hannes wohl zu all dem gesagt? Und ich fragte mich: Gibt es überhaupt eine Grundlage für die Unterstellungen und abfälligen Bemerkungen? Vielleicht ist seine Frau in Wahrheit ja eine ganz Nette und zudem eine Treue? Vielleicht sind alle nur neidisch, weil dieser Hannes eine besonders attraktive Frau hat? Was geht hier eigentlich ab?

Weil es so verdammt verführerisch war, in dieser aufgepeitschten Gruppenstimmung mitzumachen, hatte ich das miese Hintenrum zuerst überhaupt nicht bemerkt. Wie leicht beeinflussbar wir Menschen doch sind! Als mir das dann so richtig bewusst wurde, war mir kurz schwindelig. Ich schämte mich ein bisschen. Ich wusch mein Gesicht mit kaltem Wasser, trocknete mich ab und ging zurück in die Runde.

Da fragte ich dann geradeheraus, wie denn Hannes zu diesem Thema stünde.

Die Kumpels schauten mich völlig verdutzt an.

„Na ja, fair ist es nur, wenn ihr alles mal offen mit Hannes besprecht, finde ich."

Stille am Tisch.

Das war mein letzter Abend in der Pizzeria. Weil die Lästermäuler es überhaupt nicht notwendig fanden, Hannes ihre Kritikpunkte offen darzulegen.

Barbaren

Das Lästern ist so ein typisches Verhalten in unserem Zusammenleben. Denn die echte, die „gemeine" Meinung, die wir uns nicht offen zu sagen trauen, ist ja nun mal in uns drinnen. Und weil die rausmuss, suchen wir uns einen geschlossenen Kreis, in dem wir das sagen können, was uns schon die ganze Zeit auf der Zunge brennt. Und in dem richtigen Kreis bekommen wir dafür auch noch die Bestätigung, die wir suchen.

Wer nicht der Typ fürs Tuscheln, Tratschen oder Totschweigen ist, der äußert Kritik oft laut und unreflektiert. Der brüllt, zetert, jammert, meckert. Sowas können Sie allerorten im Internet finden. Da werden arme Teufel für das, was sie sagen, aufs Schärfste kritisiert. Das gilt besonders für Personen, die in der Öffentlichkeit stehen. Die müssen sich ein echt dickes Fell zulegen, um die Hass-Kommentare und Shitstorms nicht zu sehr an sich heranzu lassen, die regelmäßig – vor allem auf den Social-Media-Kanälen – über sie hereinbrechen.

2015 postete Dunja Hayali, Moderatorin des „ZDF-Morgenmagazins“, einen Beitrag über die Anschläge auf Flüchtlinge im sächsischen Freital auf Facebook. Nun kann man Frau Hayalis oft undistanziertem, mit persönlichen Meinungen durchsetztem „Haltungsjournalismus“ durchaus kritisch gegenüberstehen. Und sie ist selbst ja auch nicht zimperlich, nannte einen Facebook-Nutzer, mit dem sie verbal aneinandergeraten war, auch mal „Ratte“, „Loser“ und „Ficker“, wohl um ihm auf gleichem Niveau Kontra zu geben, auf dem sie angegangen worden war. Aber sie darf ja grundsätzlich auf ihrer Facebook-Seite all das sagen, was sie denkt. Und dass sie fremdenfeindliche Anschläge verurteilt, dagegen ist sowieso nichts einzuwenden.

Doch was sie dafür auf ihrer Facebook-Seite an Bemerkungen erntete, das schlägt dem Fass den Boden aus: „Ich werde jeden Tag dafür beten, dass du stirbst, du kleine verdreckte Hure. Ich hoffe, du wirst gefoltert, du verdienst deinen Namen nicht. Du kleine Hure mit jüdischen Wurzeln. Du wirst geschlachtet wie ein Schwein.“

Donnerwetter! Natürlich ist das justiziabel, und zwar gleich in Bezug auf mehrere Paragrafen im Strafgesetzbuch. Außerdem: Wie feige ist das denn? Da sitzt einer im Schutz der Anonymität, die ein Internet-Avatar ihm bietet, mit Schaum vor dem Mund am Computer und schreibt niederträchtige, menschenverachtende, hasstriefende Beleidigungen und Morddrohungen.

Wie unzivilisiert es tagtäglich im Social Web zugeht, finde ich schon unglaublich. Natürlich liegt das auch am Medium, das nicht nur Anonymität, sondern auch Straffreiheit ermöglicht, weil die Polizei es bislang personell und technisch noch nicht schafft, das Recht auch im Internet durchzusetzen. Ich kann mir jedenfalls nicht vorstellen, dass dieser Typ genauso Dampf ablassen würde, wenn er seinem Hassobjekt im realen Leben gegenübersitzen würde. Ich wette, der hätte nicht den Mut, ihr so etwas ins Gesicht zu sagen. Sich mit ihr auseinanderzusetzen.

Bitte belügt uns!

Meine Geschichte mit dem versaubeutelten Vortrag nahm übrigens am Ende interessanterweise doch noch einen positiven Ausgang. Kurz vor Mitternacht, als die Gläser schon weggeräumt und die Tische abgebaut waren, kam der Moderator des Abends mit einem Bierchen auf mich zu, drückte es mir in die Hand und sagte mir offen ins Gesicht: „Prost Stefan. Du, ganz ehrlich: Das war nix. Das kannst du viel besser." Ich war ganz schön baff: Das war grundaufrichtige Ehrlichkeit.

Hat das wehgetan? Klar hat es das. Aber im Gegensatz zu den Speaker-Heuchlern hat mir der Moderator mit seiner offenen, unverhohlenen Meinung wirklich geholfen. Mit seinem aufrichtigen Feedback konnte ich arbeiten, konnte mich verbessern. Hätte ich auf die Lügen der anderen gehört, hätte ich mich in Sicherheit gewogen und geglaubt, dass ich nur einfach so weitermachen muss. Das wäre gewaltig nach hinten losgegangen und meine Karriere wäre vorbei gewesen, ehe sie richtig begonnen hatte.

Dem ein oder anderen schleimenden Speakerkollegen, diesen Falschglocken, bin ich dann übrigens noch ein paarmal begegnet. Aber Lust, mich mit ihnen auszutauschen, hatte ich keine. Das Vertrauen war einfach weg.

Würde ich mal bei Gelegenheit ein gutes Wort für diese Kollegen einlegen oder ihnen mal einen Stein über den Zaun werfen, so wie man es unter Kollegen eigentlich machen sollte? Hm. Ganz ehrlich: Ich glaube nicht.

Auch auf gesellschaftlicher oder politischer Ebene gehören Lügen, Unwahrheiten, Falschaussagen, das eine sagen und das andere tun – wie auch immer Sie es nennen wollen – zum Tagesgeschäft.

Ein Beispiel: Nach der Bundestagswahl 2017 kam es zu Sondierungsgesprächen zwischen der CDU/CSU, den Grünen und der FDP über eine mögliche Koalition. Wochenlang haben da die Parteigranden über ein Jamaika-Bündnis verhandelt, diskutiert und gestritten. Davon drangen immer wieder vereinzelte, bewusst gestreute Zwischenergebnisse an die Öffentlichkeit. Jeder hat das an die Medien weitergegeben, was er in den Medien haben wollte. Als dann in der Ergebnisverkündungsnacht der FDP-Vorsitzende Christian Lindner vor die Kameras trat und verkündete, dass die Verhandlungen gescheitert sind, war der Aufschrei groß. Ob denn die Politiker nicht mehr in der Lage seien, sich zusammenzuraufen, und ob keiner von ihnen mehr das Land regieren wolle, fragten Kommentarspalten, Talkmaster und Leitartikel. Die SPD-Politikerin Saskia Esken unterstellte dreist auf Twitter, Christian Lindner habe das Ende der Jamaika-Verhandlungen ganz alleine entschieden, und fragte, warum dagegen niemand klage.

Ich habe mich gefragt, was das alles eigentlich bedeuten soll. Und bin zu dem Schluss gekommen, dass die deutschen Politiker offensichtlich nicht mehr mit Situationen umgehen können, in denen jemand vom allgemeinen Konsens abweicht. Denn über Lindners Standpunkt, es sei besser, nicht zu regieren als falsch zu regieren, wurde wild diskutiert. Warum konnte man diesen vernünftigen Satz nicht einfach stehen lassen? Das Scheitern der Verhandlungen wurde allein den Liberalen, ja, alleine der „One-Man-Show" Christian Lindner zugeschrieben. Warum wurden solche fiesen Lügen verbreitet? Um ausgerechnet die Partei, die in dem ganzen Geschacher gerade geblieben war, zu diskreditieren.

Ich bin der Meinung, dass die FDP genau das Richtige getan hat. Sie ist keine faulen Kompromisse eingegangen. Sie hat die vorher öffentlich verkündeten Kernpunkte („Trendwenden") nicht meistbietend verkauft, sie hat sie nicht gegen möglichst tolle Ministerposten eingetauscht, sie hat sie nicht in Dienstwägen und Pensionen umgemünzt. Stattdessen hat sie auf die Möglichkeit mitzuregieren glatt verzichtet – und das sicher nicht, weil sie dazu einfach keinen Bock hatte. Sondern weil sie gemerkt hatte, dass sie viel zu viele schiefe Deals hätte eingehen müssen, bis ein Jamaika-Regierungsvertrag zustande gekommen wäre, den sie weder mit dem Parteiprogramm noch mit liberalen Grundwerten in Einklang hätte bringen können.

Die Grünen dagegen haben während der Sondierungsgespräche enorm viele Zugeständnisse gemacht. „Wir haben uns über unsere Schmerzgrenze hinaus bewegt", kommentierte der Grünen-Chef Cem Özdemir die Verhandlungen. Als ob das Aufgeben von Standpunkten eine Großtat wäre! Die CSU-Forderung nach einer Obergrenze für Flüchtlinge, die die Grünen im Wahlkampf noch rundheraus abgelehnt hatten, wurde nach kosmetischen und verbalen Umbaumaßnahmen akzeptiert: Auf einen „atmenden Rahmen", der eine Zahl von 200.000 Zuwanderern meint, konnten sich die Verhandlungsführer beider Streitparteien einlassen. Es hat mich wirklich gewundert, dass die Grünen-Parteiführung für das Abrücken von vorher ausdrücklich verkündeten Kernzielen von ihren eigenen Leuten so gelobt wurde. Das müsste doch jede Parteibasis auf die Barrikaden treiben. Aber so weit her ist es dann scheinbar doch nicht mit dem grünen Revoluzzertum!

Genauso merkwürdig ist es für mich, dass die CDU zuerst auf ihrem Parteitag im Dezember 2016 in Essen beschloss, die doppelte Staatsbürgerschaft wieder abzuschaffen und die Optionspflicht für in Deutschland geborene Kinder ausländischer Eltern wieder einzuführen – dann aber immer schön mitspielte, wenn die Parteivorsitzende in den Koalitionsverhandlungen eine genau gegenteilige Politik verfolgte und den Parteitagsbeschluss einfach ignorierte.

Die FDPler können wirklich froh sein, dass ihre Partei den ehrlichen Weg gewählt hat. Aber wie hat die Wählerschaft reagiert? Kurz nach dem Aus der Jamaika-Gespräche durchgeführte Umfragen ergaben, dass die Wählerzustimmung zu den Liberalen im Vergleich zum Bundestagswahlergebnis deutlich abgerutscht war. Zumindest, wenn man diesen Umfragen trauen darf.

Wie soll ich das denn wohl auffassen? So, dass das Volk belogen und betrogen werden möchte und einen ehrlichen Kurs mit Ablehnung beantwortet?

Die Faust in der Tasche

Offenes Ansprechen, Ehrlichkeit, Aufrichtigkeit, eine starke eigene Meinung werden also zumindest von einem großen Teil der Menschen in unserer Gesellschaft abgewatscht. Was bleibt uns da übrig, als Heucheln und Falschtun, in der Politik, aber auch im Kleinen?

Und wenn das so ist: Wem kann ich dann noch trauen? Wenn sich alle nur noch anlächeln und dann direkt ins Gesicht lügen, woher soll ich wissen, was ernst gemeint ist und was nicht?

Was soll ich dann von Aussagen halten wie der des neuen Grünen-Vorsitzenden Robert Habeck? Es ging um die bei den Grünen eigentlich vorgeschriebene Trennung von Regierungs- und Parteimandat. Er wollte gerne noch ein paar Monate länger Landesminister in Schleswig-Holstein bleiben, obwohl er zum Parteivorsitzenden gewählt war. Bei den Grünen eigentlich ein No-go. Er argumentierte geschliffen: „Es schadet nicht, wenn die Vision von grüner Politik mit der Umsetzung grüner Politik verzahnt ist." Und er setzte die Aufhebung der Trennung von Amt und Mandat bei den Grünen durch. Doch dann hörte ich ein paar Tage später, dass er durch die paar Monate mehr als Landesminister in eine andere Klasse für die Altersbezüge rutscht. Er wird dann nicht 25 Prozent, sondern 30 Prozent seines Ministergehalts als Pension bekommen. In Euro: immerhin 620 mehr pro Monat, siebeneinhalbtausend pro Jahr. Nicht schlecht. Er hat also einen ordentlichen persönlichen finanziellen Vorteil davon. Aber natürlich hat er nicht wie folgt argumentiert: „Hey, Leute, lasst uns diesen blöden Beschluss abschaffen, dann kann ich ein paar tausend Mäuse Steuergeld mehr einsacken!"

Also, was glaube ich ihm nun? Welche Argumente kaufe ich Politikern noch ab? Wie kann ich zwischen wahr und unwahr, aufrichtig und verlogen, dreist und vernünftig unterscheiden? Wir wissen eigentlich gar nicht mehr, was wir verstehen, denken und sagen sollen. Also machen wir das, was für uns am einfachsten ist: Wir sind erst mal still und lauschen, was die anderen sagen. Damit wir uns dann schnell der Mehrheitsmeinung anschließen können.

Damit haben wir im Grunde eine Kultur der Isolation aufgebaut. Nichts ansprechen. Nichts ausdrücken. Alles in sich reinfressen. So lautet die Devise. Das Ergebnis? Die völlige Selbstunterdrückung.

Das macht Sie auf Dauer ärgerlich?

Wütend?

Zornig?

Ruhig bleiben! Und ja nur immer den Ball schön flach halten.

Und brav weiter unterdrücken.

Ja, aber wissen Sie, was dann passiert? Dann verkrampfen Sie: Ihre Stirn legt sich in Falten. Sie beißen die Zähne fest aufeinander. Ihre Mundwinkel zeigen nach unten. Ein schmallippiges falsches Lächeln über den zusammengepressten Zähnen. Die Augen werden zu schmalen Schlitzen. Das passiert ganz unbewusst. Es ist ein Reflex, der mit Anspannung zusammenhängt. Und ein Ausdruck, der sich auf Dauer in Ihr Gesicht eingräbt.

Mit einem solchen Gesicht und mit der geballten Faust in der Tasche laufen wir durch die Gegend, so treten wir einander gegenüber. Und dann, eines Tages, passiert, was passieren muss. Dann sucht sich der unterdrückte Zorn ein Ventil. Denn das Maß ist voll. Da reicht schon eine Kleinigkeit und wir explodieren. Manchmal prasselt unsere ganze Wut ungefiltert auf unsere Mitmenschen ein. Und das wird dann richtig hässlich!

Oder Sie machen es anders. Es gibt nämlich noch eine weitere Möglichkeit, auf den Harmoniewahn zu reagieren: den innerlichen Rückzug. Die Aufkündigung der Teilnahme am Leben anderer.

Ich nenne das: Egolution.

Starke Persönlichkeit unerwünscht

Ich habe so eine Egolution selbst erlebt, als ich vor ein paar Jahren Ausbilder in einem Skiverband war. Da sollte ein neues Führungsteam aufgestellt werden und der Teamchef rief uns alle auf, uns für die Funktionen zu bewerben. Habe ich getan. Persönlich. Ich hatte ohnehin Lust, mich stärker im Verband und im Ausbilderteam zu engagieren. Also rief ich den Teamchef an und gab Bescheid, dass ich mich für das neue Führungsteam zur Verfügung stellen wolle und Lust hätte mitzuarbeiten. Er fand das klasse und wollte sich mit seinem bestehenden Führungsteam dazu besprechen. Aber dann meldete er sich nicht mehr bei mir.

„Komisch", dachte ich und rief ihn eine Woche später an, um zu hören, was bei dem Gespräch herausgekommen war. Wir verabredeten uns dann in einer Kneipe, wo er mir erklärte, dass sich das Führungsteam gegen mich entschieden hatte. Bei einer so starken Persönlichkeit wie mir würde die Gefahr bestehen, dass die einzelnen Ausbilderkollegen sich nicht trauten, bei Problemen auf mich zuzukommen.

Ich kippte bald vom Stuhl. Nicht weil ich meinte, sie hätten mich unbedingt wählen müssen. Es gab schließlich genügend fähige Leute im Verband, die den Job hervorragend ausfüllen würden. Was mich vielmehr irritierte, war der Anspruch dieses Führungsteams. Dass das künftige Führungsteam in ihren Augen aus angepassten und schwachen Figuren bestehen sollte, das fand ich schon originell.

Diese Begründung hinterließ mich nachdenklich. Denn immer wieder habe ich den Eindruck, dass unsere Gesellschaft von einem merkwürdigen Konformitätsverlangen durchdrungen ist. Wir haben inzwischen eine kollektive Angst entwickelt: vor Meinungen, Stärke, Individualität. Und in den kleinen Einheiten, in den Vereinen, den Verbänden, den Unternehmen, den Familien können Sie genau diese Angst beobachten.

Auf jeden Fall verspürte ich bei diesem Treffen Zweifel, ob ich diese Gemeinschaft der „Ausbilder" im Skiverband noch als eine Organisation empfand, für die ich mich wirklich engagieren wollte. Ich liebe es, Ausbilder zu sein, ich liebe die Arbeit mit den angehenden Skilehrern und den Skilehrern in den Aus- und Fortbildungen. Aber auf Klappehalten und Wegducken habe ich so überhaupt keine Lust.

Letztendlich akzeptierte ich die Situation. Ich wollte nicht weitere Energie reinstecken, obwohl ich die Haltung des Führungsteams nicht verstand.

Bei der dann kommenden Lehrteamschulung wurden die Ergebnisse der Wahl für den neuen Führungskreis präsentiert. Die Besprechung begann, der Teamchef ging nach vorne, stellte sich hin und sagte sinngemäß: „Ich finde es schon bedauerlich, dass sich so wenige Kandidaten für das neue Führungsteam gemeldet haben. Aber okay, fünf Bewerber haben sich immerhin gefunden, und bei ihnen möchte ich mich ausdrücklich bedanken." Sagte er und las die fünf Namen vor. Mein Name war nicht dabei.

Wie bitte? „Das muss ein Versehen sein", dachte ich. Aber er lobte auch weiterhin nur die Namen, die mittlerweile an die Wand projiziert wurden. Er tat allen Ernstes so, als ob sich nur die genannten Fünf bereit erklärt hätten mitzuarbeiten. Und das war wiederum eine glatte Lüge! Ich merkte, wie es mir heiß den Körper hochkroch.

Und so langsam dämmerte es mir. Ich wusste von den fünf Personen, die an der Wand standen, dass alle persönlich vom Teamchef und vom Führungsteam gefragt worden waren, ob sie diesen Job machen wollten, und sie hatten zugestimmt. Das war also ein abgekartetes Spiel. Und ich Trottel dachte wirklich, dass meine Bewerbung ernst genommen würde!

Dann platzte mir der Kragen und ich streckte während der Ausführungen unseres Teamchefs die Hand nach oben. Er sah meine Wortmeldung, aber ignorierte sie zunächst. Bis ich mich so vehement bemerkbar machte, dass er einfach nicht mehr anders konnte, als mir das Wort zu erteilen. Ich begann mit den Worten: „Wenn ich jetzt gleich meine Meinung sage, dann kann es sein, dass ich mir selbst ins Knie schieße, weil wir ja in den kommenden Tagen noch benotet werden. Ich habe also jetzt schon Angst vor schlechten Noten. Aber trotz dieser Angst sage ich meine Meinung: Das, was hier abläuft, ist eine glatte Lüge."

Im Raum war es absolut still und die Situation angespannt. Ich erzählte die ganze Geschichte. Genau so, wie es gewesen und was inhaltlich zwischen dem Teamchef und mir im Vorfeld besprochen worden war. Und dass die fünf Personen, die an der Wand standen, alle direkt vom Führungsteam angesprochen worden waren und sich nicht freiwillig gemeldet hatten. „Mein Name ist hier nicht aufgeführt und das empfinde ich als eine Riesenfrechheit. Nicht fair. Nicht okay."

Es entstand dann eine große Diskussion und einzelne Führungsmitglieder meldeten sich. Es ging richtig rund. An diesem Abend wollte man die neuen Namen vom Team wählen lassen, dazu kam es aber nicht. Wir wählten an diesem Abend nur die zwei Teamchefs. Die Wahl der Mitglieder wurde vertagt. Es wurde sogar so hitzig, dass die Sitzung unterbrochen werden musste.

Beim vorgezogenen Abendessen in der Schlange vor dem Salatbuffet wurde es noch verrückter. Zwei Ausbilderkollegen kamen auf mich zu und sagten: „Stefan, da hast du richtig Eier gezeigt. Ich bin deiner Meinung. Es gibt hier eine Zweiklassengesellschaft und das ist nicht okay. Da hast du völlig recht. Das wird gepuscht vom aktuellen Führungsteam …"

Ich fragte die beiden nur: „Warum habt ihr das nicht im Raum vor allen gesagt?"

Sie können es sich denken … Ich bekam keine Antwort.

Der ganze Besprechungsabend hat mich echt frustriert. Von da an war mir klar: Zu dieser Gruppe gehöre ich jetzt schon nicht mehr. Wir teilen einfach nicht die gleichen Grundwerte.

Und ab diesem Abend zog ich mich immer weiter zurück. Ich meinte nichts mehr, sagte nichts mehr. Ich bereitete nur noch meinen Rücktritt vor. Ich blieb schon noch eine Saison dabei, denn ich wollte niemanden in Stich lassen. Ich führte meine Arbeit als Ausbilder professionell aus, bildete Übungsleiter und DSV-Instruktoren aus und Skilehrer weiter.

Nach intensivem Nachdenken vollzog ich dann den letzten logischen Schritt: Ich stieg aus. Ich konnte diese Ausbilderjacke nicht mehr aus Überzeugung tragen.

Egolution abgeschlossen.

Dieser Prozess beginnt schleichend. Wenn sich Menschen respektlos behandelt oder ausgegrenzt fühlen. Dann fragen sie sich: „Bin ich hier noch richtig?“ Das ist besonders gut in Mikrokosmen wie Vereinen, Verbänden, Freundeskreisen oder Unternehmen sichtbar. Wenn sich da Mitglieder oder Mitarbeiter nicht mehr wirklich angenommen, nicht mehr wertgeschätzt fühlen, stellen sie ihre Identifikation mit der Organisation infrage. Sie merken, dass sie nicht mehr mit dem Herzen dabei sind. Dass sie nicht mehr hinter dem Ziel stehen, keine Energie von sich mehr dafür hergeben wollen. Dann ziehen sie sich langsam zurück. Bis aus der inneren auch eine äußere Abkapselung wird. Dann brechen sie mit der Organisation.

In Unternehmen nennt man das „innere Kündigung“. Da sitzen Arbeitnehmer an Schreibtischen und starren in ihre Computer. Arbeiten ohne Esprit vor sich hin. Machen Dienst nach Vorschrift. Innerlich sind sie längst woanders. Sind in Gedanken an einem anderen Ort, einem anderen Arbeitsplatz, wo sie das Gefühl haben, gebraucht zu werden. Etwas zu sagen zu haben. Geachtet zu werden.

Ich kann das total gut nachvollziehen, noch mehr nach der Erfahrung im Skiverband. Genauso war das bei mir. Ich habe erst den inneren Rückzug vollzogen und die Klappe gehalten. Und dann die Entscheidung getroffen, mich komplett aus dem Verband zu verabschieden. Weil mir das Ehrlichsein so verdammt schwergemacht wurde. Weil ich nicht mehr ich selbst sein durfte.

Raus hier!

Wenn eine Gesellschaft nicht mehr zusammenhält, wenn sich die Menschen nicht mehr miteinander auseinandersetzen, sondern sich in die Egolution verabschieden, dann müsste man das an irgendwelchen symptomatischen Trends auch ablesen können. Wie wäre es mit folgendem Fakt: Die Zahl der deutschen Auswanderer aus Deutschland lag Anfang der 1990er Jahre noch unter 100.000 jährlich, in den letzten Jahren ist sie bis auf circa 150.000 angestiegen. Das würde bedeuten, dass in zehn Jahren zwischen einer und anderthalb Millionen Deutsche ihrem Land den Rücken kehren. Das finde ich eine irre hohe Zahl.

Noch krasser sind die Ergebnisse einer Umfrage des Instituts Ipsos von 2017: Knapp ein Drittel aller Deutschen möchte laut eigener Aussage am liebsten auswandern.

Natürlich spielen da viele Faktoren eine Rolle. Aber erstaunlich ist dann doch, dass die meisten Auswanderer gar nicht in Weltgegenden mit wärmerem Wetter oder in ganz andere Kulturen ziehen wollen, sondern einfach in die Schweiz oder nach Österreich (Auswanderungsländer Nummer eins und drei laut Statistischem Bundesamt). Weitere Magneten sind die USA und Großbritannien. Aber etwa zwei Drittel der deutschen Auswanderer wandern in ein Land innerhalb Europas aus. Hauptsache raus aus Deutschland!

Was suchen diese Aussteiger? Viele von ihnen sind sicher nicht einverstanden mit den hohen Steuern und Abgaben in Deutschland sowie mit der Verwendung dieser Steuermittel. Viele, gerade in letzter Zeit, sind sicher auch nicht einverstanden mit der steigenden Kriminalität in den Städten. Manche werden einfach Ruhe und Sicherheit im Alter suchen. Für andere haben bessere berufliche Chancen im Ausland oberste Priorität. Manche suchen mehr individuelle Freiheit und weniger Regeln und Einschränkungen durch den Staat. Was auch immer. Aber allen gemein ist doch, dass sie keine Chance mehr sehen, sich die Erfüllung ihrer Bedürfnisse im Heimatland zu verschaffen, etwas zu ändern, mitzumachen und Verbesserungen in ihrem Sinne zu erreichen. Sie ziehen weg, weil sie aufgegeben haben, für ihre Sache zu streiten.

Ich finde das schlimm für unser Land, aber dennoch habe ich dafür großes Verständnis. Denn dahinter sehe ich einen gesunden Egoismus. Ja, Egoismus ist nicht nur schlecht. Ich finde es gibt einen gesunden Egoismus: Da ist sich einer seines Selbst bewusst und weiß, was er will, und zeigt, was er akzeptieren kann – und was nicht. Einer, der sich nicht verbiegt. Wenn er merkt, dass er sich mit einer Sache nicht mehr identifizieren kann, lässt er sie sein.

Ja, mit so einem Verhalten, das die eigenen Bedürfnisse nicht altruistisch hintenanstellt, können Sie Menschen vor den Kopf stoßen, verblüffen und verärgern. Aber es hilft Ihnen, Sie selbst zu bleiben. Der gesunde Egoismus ist für mich der Bereich, wo Menschen zu sich selbst stehen, ohne andere Menschen zu schädigen. Wo Menschen ihr Ding machen, ohne auf Kosten anderer zu leben. Wo Menschen auf sich selbst Rücksicht nehmen, ohne gegenüber anderen rücksichtslos zu sein.

Nur wird dieser gesunde Egoismus in unserer Gesellschaft leider geächtet. Treten Sie mit diesem Selbstbewusstsein auf, werden Sie sehr bald mehr oder weniger sanft unter Druck gesetzt, sich anzupassen. Und dann kommt es darauf an, ob Sie auch unter Druck noch zu sich stehen oder ob Sie auf den kurzfristig erleichternden Konsens einschwenken. Doch auf Dauer gehen Sie kaputt, wenn Sie Ihre Bedürfnisse, Wünsche, Eigenheiten, Talente, Meinungen immer nur zurückstellen und dem gesellschaftlichen Mainstream unterordnen.

Es wirkt sich allerdings auch ungesund auf die Gesellschaft aus, wenn immer mehr Individuen sich abkapseln und aufhören, mit anderen zu kommunizieren. Wenn wir uns immer nur mit uns selbst besprechen. Dann denken wir: „Ach, macht ihr doch euer Ding – ich mach meins!“ Und das, was wir selbst für uns als das Beste auserkoren haben, IST dann auch das Beste. Die Krux ist allerdings: Wenn wir uns nie mit jemandem austauschen, betrachten wir die Dinge immer nur einseitig. Es gibt Möglichkeiten und Ideen, auf die wir selbst gar nicht kommen, und wenn wir uns nicht austauschen, entgeht uns unendlich viel! Dann differenzieren wir nicht. Vergleichen nicht. Beschränken unser Denken auf den Inzest unserer eigenen Gedanken. Wir halten nur das für gut und richtig, was wir mit uns selbst ausgemacht haben. Dadurch entsteht Rechthaberei, die, ins Verbitterte gesteigert, zum Fanatismus ausartet. Und der wird zu einem gesellschaftlichen Problem.

Der missionarische Eifer der Fanatiker

Es macht mir Sorgen, dass diese Fanatiker immer mehr werden. Die gibt es in allen Ausprägungen: politische Fanatiker, militante Nichtraucher, Anti-Computerspiele-Fanatiker, religiöse Fanatiker, Anti-Auto-Fanatiker, Impfgegner und Homöopathie-Fanatiker. Immer häufiger treffe ich in letzter Zeit auf Gesundheitsfanatiker. Deren Fanatismus nimmt immer krassere Formen an.

Statt zu akzeptieren, dass jeder sich so ernährt, bewegt und gesund hält, wie es ihm passt, versuchen die Gesundheitsfanatiker hysterisch und mit übereifriger Vorschreiberitis, die Gesellschaft zu missionieren. Also meinetwegen dürfen sie gegenüber sich selbst gern fanatisch sein! Bitte schön – sollen sie doch ab sechs Uhr morgens in den Fitnessstudios auf den Laufbändern schwitzen, an ihrem Low-Carb-Frühstück herumnagen und für den Rest des Tages an ihren Superfoods kauen, den Blick immer besorgt auf ihre Smartwatch am Handgelenk gerichtet, die den aktuellen Zustand der körperlichen Verfassung anzeigt. Doch diese Eiferer lassen ihre Mitmenschen einfach nicht in Ruhe! Sie rümpfen demonstrativ die Nase bei jeder Gelegenheit, bei der sie einen Bekannten mit einem Hamburger in der Hand sehen. Sie schimpfen auf Partys über die Faulen und die Dicken in unserer Gesellschaft, die dem Gesundheitssystem untätig auf der Tasche liegen. Die Gesundheits-Freaks lassen nicht jeden so, wie er ist – sie versuchen, allen ihre Weltsicht und ihren Lebensstil aufzuzwingen.

Fanatiker haben eine so starke Meinung von sich selbst, dass sie für andere Meinungen nicht mehr offen sind. Es gilt nur ihr Standpunkt: Er wird zum Glaubensdekret, zur Ideologie, zur Religion, nach der sie leben. Je fanatischer sie werden, desto mehr verschließen sie sich für die Sicht der anderen. Dann hören sie nicht einmal mehr zu, weil sie sowieso davon überzeugt sind, dass das, was die anderen zu sagen haben, Bullshit ist. Sie verdrehen ihnen das Wort im Mund und die Augen bei Ungläubigen. Sie selektieren Nachrichten und Informationen so, dass sie sich ständig in ihrer fanatischen

Einstellung bestätigt fühlen. Ihre Meinung ist absolut! Und sie werden mit der Zeit immer verbitterter und verschlossener gegenüber Andersdenkenden.

Dabei ist Fanatismus kein rechtes oder linkes Phänomen. Menschen können für jede Art von Thema oder Ideologie fanatische Ansichten entwickeln. Anhänger anderer Richtungen sind dann grundsätzlich die, die falsch denken. Sie werden über einen Kamm geschoren und gelten fortan als: DER GEGNER! Anstatt sich mit den Ansichten anderer auseinanderzusetzen, stecken Fanatiker jeden, der nicht ihrer Meinung ist, in eine Schublade, die sie am liebsten nie wieder aufmachen möchten. Und dann?

Dann wird angefeindet, dann wird gespalten, dann herrscht permanenter Kleinkrieg.

Jeder gegen jeden

Also redet keiner mehr miteinander? Jeder macht nur noch seine Sache? Ja, so kommt es mir oft vor. Nicht nur auf Partys, wenn ich auf Gesundheits-Fanatiker treffe, fällt mir das auf. Unsere Politik ist voll von ellenbogenschubsenden Egoisten, die ihr Ding machen – es herrscht jeder gegen jeden. Das wird im Bundestag immer mal wieder deutlich. Da werden getroffene Absprachen offenbar nicht ernst genommen. Wie zum Beispiel beim Glyphosat-Streit. Es ging um eine Abstimmung im EU-Parlament über die Verlängerung der Zulassung für das Pflanzenschutzmittel Glyphosat. Das Mittel steht im Verdacht, Krebs zu erregen, deshalb wurde darüber in Europa hitzig debattiert. Die Entscheidung der deutschen Bundesregierung in Brüssel fällte dann Agrarminister Christian Schmidt von der CSU. Doch die CDU/CSU befand sich zu dem Zeitpunkt in einer großen Koalition mit der SPD, die daher ein entscheidendes Wörtchen mitzureden hatte – zumal die SPD-Frau Barbara Hendricks das Bundesumweltministerium führte. Und die hatte sich deutlich gegen die Zulassungsverlängerung von Glyphosat ausgesprochen.

Nun kann man wirklich geteilter Meinung über die Gefährlichkeit dieses Stoffs sein. Es gibt kaum eine Chemikalie, die besser erforscht ist, als das seit Jahrzehnten verwendete Glyphosat. Wissenschaftler sagen, dass die Gewürze in jeder Küche weitaus giftiger sind. Zudem sind unbestritten die im Ökolandbau verwendeten Kupferpräparate um ein Vielfaches giftiger – und gegen die hat keiner etwas.

Aber völlig abseits der reinen Sachfrage: Wenn sich die Ressorts nicht einig sind, sieht die Geschäftsordnung der Bundesregierung vor, dass sich Deutschland bei der Abstimmung in der EU-Kommission enthält. Doch der Agrarminister entschied eigenmächtig und stimmte in Brüssel für die Glyphosat-Verlängerung. Ein Affront gegenüber der SPD. Angela Merkel rügte den Minister.

Ich bin gar nicht der Meinung, dass das Ziel der Bundesregierung sein sollte, immer einer Meinung zu sein. Vielmehr sollten auch die Minister die Vielfalt der Ansichten und Überzeugungen, die es in Deutschland gibt, vertreten und darauf aufbauend Entscheidungen treffen und Beschlüsse fassen. Dass dabei die verschiedensten individuellen Überzeugungen aufeinandertreffen, ist gut und richtig! Aber wenn es eine Geschäftsordnung gibt und eindeutige Vereinbarungen, dann müssen sich eben auch alle daran halten.

Dafür beschließt man ja eine Koalition: um für eine Legislaturperiode gemeinsam an einem Strang zu ziehen. Und nicht, um sich auf Kosten der anderen zu profilieren. Hinter solchen Ränkespielen steckt eben kein gesunder Egoismus, denn dieser Egoismus ist rücksichtslos. Da ist der böse Bruder des Egoismus am Werk: die Egozentrik. Die kennt nur eine Frage: Was habe ich davon?

Gemeinschaft der Einigen

Dabei sind die Deutschen doch Weltmeister im Vereinswesen. Nirgendwo auf der Welt gibt es so viele Vereine, Verbände, Stiftungen und Genossenschaften wie in Deutschland. Treffen sich sieben Deutsche, schon gründen sie einen Verein.

Knapp 600.000 Vereine gibt es in Deutschland. Das sind fünfmal so viele wie vor 50 Jahren. Dazu kommen knapp 18.000 Stiftungen und 8.500 Genossenschaften. Wenn die Menschen doch so unehrlich und wüst miteinander umgehen, warum organisieren sie sich dann überhaupt vorzugsweise in Vereinen?

Ich glaube: gerade deswegen! Die Deutschen sind harmoniesüchtig. Sie sind hungrig nach freundlichen Begegnungen. Die Mitgliedschaft in einer Gemeinschaft gibt ihnen die Sicherheit, unter Gleichgesinnten zu sein. Deshalb suchen wir uns Gruppen aus, in denen wir auf Menschen treffen, die unsere Meinung teilen. Im Fußballverein finden sich zum Beispiel Menschen zusammen, die sich alle für Fußball begeistern. In einer Hilfsorganisation sind Menschen, die helfen wollen. Ein Italienischkurs besteht aus Menschen, die die italienische Sprache lernen wollen. Bei einer Friedensdemo marschieren Menschen nebeneinander, die sich für den Frieden einsetzen.

Und was haben die Menschen abgesehen davon gemein? Häufig gar nichts! Im Fußballverein, in der Hilfsorganisation, im Sprachkurs, bei der Demo: Hier treffen die unterschiedlichsten Charaktere aufeinander, unterschiedliche soziale Schichten, politische Ansichten, religiöse Richtungen und so weiter. Ist doch schön, wenn in einer Gruppe so viele verschiedene Menschen zueinanderfinden! Aber tun sie das wirklich? Wie viele gehen nach dem Fußballspiel, nach der Demo, nach dem Sprachkurs wieder ihren eigenen Weg? Die meisten! Das Bilden von Gruppen, Untergruppen und Klüngeln zeigt doch, dass die Menschen sich nur dann wohlfühlen, wenn sie von anderen umgeben sind, die dieselbe Meinung haben. Dadurch werden sie bestätigt. Und wenn einer mal eine andere Meinung vertritt, zieht er sich zurück – in der Gruppe umso mehr, denn hier ist die potenzielle Gegnerschaft besonders groß und stark. Allen anderen gibt die Gruppe Sicherheit und Halt. Sie hilft, zwischen Gut und Böse zu unterscheiden: Die Guten sind wir, die Bösen immer die anderen. Diese Einteilung erleichtert uns das gesamte Leben, denn so finden wir immer wieder Selbstbestätigung. Deshalb wählen wir nur das, was wir kennen, und bewegen uns in der sicheren Umgebung derer, die denken wie wir.

Nehmen wir das Beispiel Stuttgart 21. Viele waren gegen das teure Großprojekt. Unabhängig von Herkunft und sozialer Schicht fand sich rund ums Rathaus und auf dem Schlossplatz eine große Menge an Gegnern zusammen, die alle das eine gemeinsame Ziel hatten: ihren Unmut über das Projekt am Stuttgarter Hauptbahnhof kundzutun. Unternehmer standen hier neben Sozialarbeitern, Junge neben Alten, Rechte neben Linken – durch nichts verbunden als den Protest. Aber glauben Sie bitte nicht, dass diese so unterschiedlichen Personengruppen zueinandergefunden hätten. Wir leben nicht im Märchen oder in irgendeiner Sozialromanze, die um Viertel nach acht im ZDF läuft! Die Gesellschaft ist kein La-La-Land. Und die Solidarität dort auf dem Schlossplatz, auf die die Fernsehkameras draufgehalten haben, war eine Scheinsolidarität. Weil sie sich nur auf das Erreichen einer Sache bezog, für die man nebeneinander kämpft. Auch in Stuttgart waren alle gegen alle. Überlegen Sie mal: Hatten der Unternehmer und der Sozialpädagoge das gleiche Motiv, gegen das Projekt zu protestieren?

Der Umweltaktivist will zu den Guten gehören, indem er Juchtenkäfer rettet, die auf Bäumen gefunden wurden, die dem Umbau zum Opfer fallen sollten. Und der Unternehmer sorgt sich um den Rückgang der Laufkundschaft in seinem Ladengeschäft in der Nähe der Baustelle. Der eine denkt an sein Geschäft und den Umsatz und der andere an die Umwelt oder die soziale Ungerechtigkeit. Dennoch stehen sie zusammen pfeifentrillernd und protestierend vor dem Bahnhofsgebäude – äußerlich in friedlicher Solidarität vereint, obwohl sie ideologisch so weit voneinander entfernt sind wie ein Mops von der Wildschweinjagd. Fehlt nur noch, dass einer „Imagine“ anstimmt! Wenn die beiden nach den Protesten ein Bier trinken gehen würden, würden nach wenigen Minuten die Fetzen fliegen. Und wenn sie dann auseinandergehen, schimpfen sie wieder übereinander. Altruisten über Egoisten, Sozialisten über Kapitalisten, Ökologen über Großindustrielle, Arme über Reiche und so weiter. Weil die Motive des anderen wie aus einer anderen Welt sind.

So funktioniert das Alle-gegen-alle: Wir finden uns aufgrund eines Themas zusammen, obwohl wir aus völlig unterschiedlichen Motiven handeln. Es ist wunderbar, wenn verschiedene Menschen gemeinsam für eine Sache kämpfen. Aber schauen Sie doch mal genauer hin! Dann sehen Sie, dass dieselben Menschen sich gegenseitig völlig egal sind. So einig sie vielleicht gerade noch miteinander protestiert haben, so sehr können sie gleich danach wieder aufeinander einhacken und sich wüst beschimpfen, weil sie bei allem, außer bei ihrem gemeinsamen Thema, völlig unterschiedliche Auffassungen haben.

Faule Kompromisse

Wie auf individueller Ebene findet deshalb auch auf gesellschaftlicher Ebene kein echter Austausch mehr statt. Treffen zwei Menschen oder Parteien aufeinander, von denen mindestens eine Seite sich bereits eine so starke Meinung gebildet hat, dass sie nicht mehr offen für einen Austausch ist, bleibt alles so, wie es ist. Basta!

Ich mache es konkreter: Ich habe mit einem Kollegen zusammen ein Seminar gestaltet. Er hatte sehr klare und fixe Vorstellungen und Meinungen zu gewissen inhaltlichen Themen. In seinen Augen sollten sie genau so vermittelt werden, wie er es sich vorstellte, denn nur so, sagte er, würde es inhaltlich Sinn ergeben.

Das behauptete er stur und vehement. Ich hatte auch Ideen. Teils Ergänzungen zu seinen. Teils komplett andere Vorstellungen. Und vor allem stellte ich seinen althergebrachten Schulungsansatz infrage. Ich wollte, dass wir das Seminarkonzept neu denken, es ändern und auch genügend Raum lassen für den Input unserer Seminarteilnehmer. Mein Kollege hörte sich das alles an. Ich will damit sagen, er saß auf seinem Stuhl am Tisch und nickte mir immer wieder mal zu. Aber zugehört hat er mir nicht. Ganz im Gegenteil, er schaute auch noch auf sein Smartphone, weil gerade eine Whatsapp-Nachricht einging.

In keiner Sekunde fühlte ich mich verstanden. Es war ein Pseudozuhören. Ein Pseudoverstehen. Nach meiner Ideenrunde klopfte mein Kollege auf den Tisch und sagte: „Interessant, Stefan, das werden wir mal andenken. Für das nächste Mal.“ Dann ist er abgerauscht. Und ich blieb enttäuscht zurück.

Ich finde, wir hätten das Seminar besser machen können. Es wäre eine große Chance gewesen, mal was Neues anzupacken. Doch der Ideenwettbewerb war von Anfang an gestorben.

„Aber“, wenden Sie jetzt zu Recht ein, „es muss doch hin und wieder auch mal Positivbeispiele geben.“ Ja. Stimmt. Die gibt es. Schauspieler George Clooney und seine Kumpels Rande Gerber und Michael Meldman hatten während eines Urlaubs in Mexiko die spontane Idee, eigenen Tequila herzustellen. Sie wollten eine Sorte erschaffen, die man den ganzen Tag trinken kann, ohne am nächsten Tag unter unerträglichem Kater zu leiden. Diese Schnapsidee haben die Herren dann tatsächlich verwirklicht. Casamigos, wie ihr Hochprozentiges heißt, kam auf den Markt und entwickelte sich rasch zu einer weltweit enorm schnell wachsenden Marke, die einem britischen Spirituosenkonzert eine Milliarde Dollar wert war.

Schön, wenn sowas klappt. Aber mal ehrlich, das war ein Beispiel aus den USA. Hier bei uns gelingt sowas immer seltener. Es ist wichtig, sich eine eigene Meinung zu bilden, sonst gehen wir in dem Friede-Freude-Eierkuchen-Einerlei unter. Es ist auch wichtig, zu seiner eigenen Meinung zu stehen und sie zu vertreten. Eine Gesellschaft kann nur dann neue Lösungen entwickeln, wenn ihre Individuen, Gruppen und Organisationen miteinander kommunizieren. Wenn also der eine redet und der andere zuhört oder wenn der andere redet und der eine zuhört. Nur so können neue Ideen entstehen. Wir brauchen den gegenseitigen Austausch, um uns weiterzuentwickeln. Nur durch Kommunikation können wir mit unseren Ideen zueinander in Wettbewerb treten. Dabei wirbt jeder für seine Ansicht, ist aber anderen Meinungen gegenüber offen. Nur dann können große, neue Ideen entstehen.

Hallo! Aufwachen. In der Realität ist es anders. Denken Sie an die großen Koalitionen unter Angela Merkel. Es gab in den vielen gemeinsamen Jahren gute Ideen, die aber fast nie so umgesetzt wurden, wie sie ursprünglich gedacht waren. Sondern als Kompromiss, den die Abgeordneten sich gegenseitig abgerungen und dann als großartige Idee proklamiert haben. Und so ist es ganz oft in der Politik. Da gibt es faule Kompromisse, die im Grunde nichts anderes sind als das Einknicken aller Beteiligten und die Einigung auf den kleinsten gemeinsamen Nenner – auf irgendeine Art von Konsens. Was von der ursprünglichen Idee dann noch übrig ist? Spurenelemente!

Und statt Neues zu schaffen, wird bequemerweise einfach das umgemodelt, was eh schon da ist – nur in einer leicht abgeänderten Form. Und dann wird die Neuauflage als Superinnovation verkauft.

Ich will damit nicht sagen, dass es grundsätzlich falsch ist, Bestehendes zu optimieren. Und wenn wir über Jahrhunderte immer nur Verbesserungen statt Neuerungen vorgenommen hätten, würden wir wahrscheinlich immer noch im Mittelalter feststecken! Das tun wir nicht, ich weiß. Ich finde auch, dass sich enorm viel getan hat. Aber ich habe das ungute Gefühl, dass wir in einer Zeit leben, in der uns die vermeintliche Friedfertigkeit und der schwulstige Dauerkonsenszwang daran hindern, etwas Neues zu schaffen. Stattdessen gibt es überall nur faule Kompromisse.

Weil wir uns nicht auf Augenhöhe begegnen, weil wir einander keinen Respekt entgegenbringen, weil selbst eine völlig normale, sachliche Diskussion schwierig scheint. Wo ist der Mut, mal wieder etwas Neues zu schaffen? Bei null zu beginnen? Diesen Mut wünsche ich mir von uns allen. Auch von unseren Politikern. Dass alle Parteien sich mit Respekt begegnen und ein offenes Ohr für die Vorschläge aller anderen haben.

Und wenn ich „alle anderen“ sage, meine ich nicht „alle anderen, bis auf eine“!

ENTFREUNDUNG

DIE GROSSE ZERSPLITTERUNG

Der Reporter spricht von einem „völlig enthemmten Mob“, von „hasserfüllten Fratzen“ und „extremer Aggressivität“. Vermummte werfen vor den Augen der überforderten Polizei Steine und Flaschen in voller Absicht auf Kinder und Frauen! Es gibt 28 Strafanzeigen wegen Verstößen gegen das Sprengstoffgesetz, Körperverletzung, gefährlicher Körperverletzung, Landfriedensbruch, Sachbeschädigung, Beleidigung, Widerstand sowie räuberischen Diebstahls.

Was ist das? Kriegsberichterstattung? Nein. Es ist die Sportschau. Vor einigen Monaten verfolgte ich dort sprachlos diese Bilder von einem Samstagnachmittag. Es war die Bilanz des Geschehens vor dem Dortmunder Stadion beim Bundesligaheimspiel der Borussia gegen RB Leipzig im Februar 2017.

Im Stadion in der berühmten Dortmunder Südkurve, der „gelben Wand“, wurden riesige Plakate und Banner entrollt, auf denen stand: „Pflastersteine auf die Bullen!“ und „Bullen schlachten!“ Und, gegen den Leipziger Manager Ralf Rangnick gerichtet: „Burnout-Bulle häng dich auf!“

Ich kenne den Fußball von klein auf und stand über Jahre jeden Tag auf dem Platz. Ich war früher selbst Jugendnationalspieler und bis zu meiner schweren Verletzung angehender Fußballprofi beim VfB Stuttgart. Ich kenne auch das ganze Drumherum. Wir haben hitzige Lokalderbys bestritten, unter Fehlentscheidungen von Schiedsrichtern gelitten, wichtige Spiele gewonnen – und natürlich auch ein paar verloren. Die Emotionen, die dabei innerhalb und außerhalb der Vereine mitschwingen, waren schon immer gigantisch. Die Fans waren beileibe nicht immer brav. Wut und Rivalität, Enttäuschung und Triumph, Gegnerschaft, Provokationen, Schmähgesänge und auch mal eine zünftige Prügelei unter Fans gegnerischer Mannschaften gab es auch vor 20 Jahren. Aber dennoch hat sich etwas verändert. Die Rivalität war und blieb am Ende immer sportlich. Es ging darum, Dominanz auszustrahlen, der Stärkere zu sein im Wettbewerb. Es ging darum zu gewinnen! Aber es ging nie, wirklich nie darum, den Gegner zu vernichten. Den Schalke-Fans den Tod zu wünschen, mit Steinen auf die Kinder „der anderen" zu werfen, einen ehemals von Depressionen geplagten Fußballfunktionär zum Suizid aufzufordern. Dieses Ausmaß an Hass, diese Formen der Rohheit, diese scheinbar keine Grenzen mehr kennende Gewalt. Das ist neu. Früher war in den Köpfen Rivalität. Heute ist dort Krieg.

Und ich frage mich beim Betrachten dieser Bilder: Was ist da passiert? Welche moralische Grenze ist gefallen? Und warum?

Wenn ich mich auf die Spurensuche mache, dann brauche ich nicht nur die Geschehnisse in der Öffentlichkeit zu untersuchen. Sie müssen gar nicht so weit schauen, um entgrenzte Aggression vorzufinden. Die gibt es auch zu Hause am Familientisch. Beim letzten Weihnachtsfest soll es im deutschsprachigen Raum in vielen Familien Krach gegeben haben, stand in der Zeitung. Wieso? Weil am Festtag zur Gans auch das Thema Flüchtlingskrise auf den Tisch kam. Auf einmal prallten unversöhnliche Meinungen heftigst aufeinander. Ja, Diskussionen über unterschiedliche politische Ansichten sind am Familientisch nichts Besonderes. Aber mittlerweile hat die Diskussion eine neue Dimension erreicht: Während früher der eine sich über die Meinung des anderen ärgerte und schimpfte, sind die familiären Diskussionen von heute immer öfter gekennzeichnet von der Unfähigkeit, die Meinung des anderen überhaupt auszuhalten.

Da werfen die Kinder ihren Eltern fehlende Offenheit und die Eltern den Kindern naive Multikultimentalität vor. Wenn dann noch der Sohn zum Veganer mutiert ist und verkündet, dass der Gänsebraten moralisch unverantwortlich sei, dann ist Feuer am Baum. Und das Schlimmste dabei: In noch viel mehr Familien finden solche Auseinandersetzungen nicht einmal statt, sondern sie werden leider nur gedacht.

Und ich frage mich noch einmal: Was ist da passiert? Wer hat diese Aggression in unsere Köpfe eingepflanzt?

Ein guter Freund, der seit vielen Jahren Selbstverteidigungskurse anbietet, erzählte mir vor Kurzem, dass er noch nie einen solchen Zulauf hatte wie in den letzten zwei Jahren. Es ist, als würden sich die Menschen auf kommende Kämpfe vorbereiten.

Und dann lese ich in der Presse, dass der Hersteller eines Pfeffersprays im vergangenen Jahr eine Absatzsteigerung um 60 Prozent vermeldete – nachdem sich sein Umsatz im Jahr davor schon verzwölffacht hatte. Im selben Jahr stieg auch noch die Zahl der kleinen Waffenscheine, die zum Mitführen von Schreckschuss-, Reizstoff- und Signalwaffen berechtigen, um 49 Prozent. Es ist nicht mehr zu übersehen: Deutschland rüstet auf! Und zwar nicht bei der Bundeswehr – dort wird eher in Kindergärten investiert –, sondern in der Hand- und Manteltasche!

Klar, das sind lauter Einzelbeobachtungen. Und natürlich ist es ein Leichtes, Gegenbeispiele voller Harmonie, Freundschaft und Verständigung aufzufahren. Doch wenn ich nüchtern und ehrlich auf die Gesamtentwicklung schaue, dann zeichnet sich für mich ein alarmierendes Bild ab. Ein Bild von einer Gesellschaft, der die Einigkeit abhandengekommen ist und deren Zersplitterung in allen Bereichen immer weiter voranschreitet.

Ich sehe Gemeinschaften, die in kleinere Einzelgrüppchen zerfallen, die sich an die Ränder zurückziehen, die sich drohend gegenüberstehen. Ich sehe beunruhigt, wie die politischen Lager sich immer heftiger aufheizen.

Ich sehe, wie rechtsextreme und autoritäre Politiker überall in Europa Aufwind bekommen. Ich sehe brennende Polizeiautos und Flüchtlingsunterkünfte. Ich sehe, wie Zäune mitten in Europa gezogen werden und wie die überflüssig geglaubten innereuropäischen Grenzanlagen reaktiviert werden. Ich sehe, wie ein linksradikaler „schwarzer Block" anlässlich des G20-Gipfels in Hamburg einen ganzen Stadtteil aus Hass auf den Kapitalismus mit bürgerkriegsähnlichem Chaos überzieht und wie schwer sich viele Menschen damit tun, diese Aktionen ohne Wenn und Aber zu verurteilen.

In großen Teilen der westlichen Welt scheint mir die Stimmung im Kippen zu sein. Nicht mit einem lauten Knall. Nein, unmerklich, schleichend, anschwellend. Mir kommt es vor, als wäre unsere Gesellschaft zum Pulverfass geworden.

Und ich frage mich immer wieder: Was ist da passiert?

Optimisten würden sagen: Na ja, unsere westlichen Gesellschaften sind halt endlich offen und bunt. Da sind unterschiedliche Meinungen und Positionen doch ganz normal. Wo ist das Problem?

Der in Deutschland geborene amerikanische Politikwissenschaftler Yascha Mounk von der Harvard University in Boston formulierte es am 21. Februar 2018 in einem Interview in den „Tagesthemen" so: „… dass wir hier ein historisch einzigartiges Experiment wagen, und zwar eine monoethnische, monokulturelle Demokratie in eine multiethnische zu verwandeln. Das kann klappen. Das wird, glaube ich, auch klappen, aber dabei kommt es natürlich auch zu vielen Verwerfungen."

Ein Experiment also. Verwerfungen, aha. Ich frage mich, wen er meint mit „wir" – ich jedenfalls nehme an diesem Experiment nicht freiwillig teil, weder auf der Seite der Experimentatoren noch auf der Seite der Versuchskarnickel. Und ich habe auch irgendwelchen Verwerfungen nicht zugestimmt.

Andere wiederum sind begeistert von der schönen neuen Welt, die gerade in Europa geschaffen wird, weil sie darin den Untergang der europäischen Nationalstaaten und Kulturnationen sehen und das begrüßen, insbesondere den Untergang der deutschen Nation. „Deutschland, verrecke!" und „Deutschland, du mieses Stück Scheiße!" skandierten im November 2015 bei einer Demonstration in Hannover Linksradikale. Und wer lief in derseben Demo mit? Niemand Geringeres als Claudia Roth, Grünen-Politikerin und immerhin derzeit Vizepräsidentin des deutschen Bundestags.

All diese Ansichten und Interpretationen der Wirklichkeit allerdings, die unterschiedlicher nicht sein könnten, sind miteinander unvereinbar.

Das Problem ist nach meiner Beobachtung: In den Gesellschaften bilden sich Klumpen. Anstatt sich gleichmäßig zu mischen wie Wasser und Fett in der Milch, gerinnen die Gesellschaften. Die willkürlich zusammengemixten Bestandteile setzen sich voneinander ab. Und dieser Vorgang hat mit Offenheit, Individualität und Toleranz herzlich wenig zu tun. Diese Klumpen sind nichts anderes als politische, weltanschauliche, demografische, kulturelle und ökonomische Lager, die anderen Lagern gegenüber feindlich eingestellt sind. Und die Gräben dazwischen werden täglich tiefer.

Der Emulgator, der Grundkonsens, die gemeinsamen, verbindenden Werte haben sich verflüchtigt. Die Einigkeit über bestimmte Dinge, die nicht in Ordnung sind, die man einfach nicht macht, die auf keinen Fall gehen, ist verschwunden. Und nun zerbrechen die Gemeinschaften in viele Einzelteile, die jedoch nicht friedlich koexistieren, sondern sich gegenseitig fertigmachen. Sich gegenseitig das Existenzrecht absprechen.

Der Hass ist in der Mitte der Gesellschaft angekommen. Gewalt ist hoffähig geworden. Die Ablehnung von Menschen, die die „falsche" Meinung haben, wird achselzuckend als legitim angesehen. Ja, mit wachsender Dynamik und ungewissem Ausgang gehen wir uns gegenseitig verbal ans Leder, zerstören wir die gesellschaftliche Reputation unserer Gegner, unterminieren wir ihre wirtschaftliche Existenz und machen am Ende auch nicht Halt vor der körperlichen Unversehrtheit oder den Freiheitsrechten der Andersdenkenden.

Und keineswegs findet diese Radikalisierung nur im Politischen statt. Es geht auch nicht um ein reines Rechts-Links-Problem. Es geht um etwas, das ich in der ganzen Gesellschaft beobachte.

Vorsicht, Falle!

Ein untrügliches Zeichen für die Zersplitterung ist zum Beispiel die unkontrollierte Vermehrung der Tretminen, die in Gesprächen lauern: „Das sagt man so nicht!", „Das ist rassistisch!", „Das ist frauenfeindlich!" – jedes Mal mit Ausrufezeichen und Entrüstung versehen.

Sagen Sie besser nicht „Asylant"! Ein Wort, das noch vor Kurzem als neutral galt, macht Sie heute verdächtig. Und „Einwanderer" sollten Sie diese Menschen auch nicht nennen, denn das ist zu nüchtern, da schwingt zu wenig Willkommenskultur mit. Oh, und „Flüchtling" sagt man neuerdings auch schon nicht mehr! Ich habe keine Ahnung, ob der politisch korrekte Begriff gerade „Flüchtender", „Schutzsuchender" oder was auch immer ist. Es ist gar nicht so einfach, jede Umdrehung des politisch korrekten Sprachroulettes mitzubekommen ...

Und immer weiter geht es: Das Wort „Studenten" bezeichnet nur noch die männlichen Besucher von Universitäten und ist daher frauenfeindlich, habe ich gelernt. Korrekt heißt es nun „Studierende"! „Eskimo" dürfen Sie nicht sagen, weil es „Inuit" heißen würde. Was mich übrigens wundert, weil ich weiß, dass es Eskimos gibt, die gar keine Inuit sind, und weil sich viele Eskimos selbst Eskimos nennen. Polizisten dürfen Ladendiebe zwar derzeit noch „Ladis" nennen, aber auf gar keinen Fall nordafrikanische Intensivtäter als „Nafris" bezeichnen, sonst bekommen sie es mit der Sprachpolizei zu tun! Und kulinarische Klassiker wie „Mohrenkopf" oder „Zigeunerschnitzel" können Sie heute gefahrlos nur noch in der Provinz bestellen, in den Metropolen handeln Sie sich strafende Blicke Ihrer Mitbürger ein.

Es geht mir gar nicht darum, wie sinnvoll oder sinnlos diese Sprachbereinigungen sind. Darüber können wir gerne diskutieren. Aber es ist alles so verbissen und kompliziert geworden. Wer unter solchen Bedingungen unfallfrei durch Diskussionen kommen will, muss jedes seiner Worte auf die Goldwaage legen. Oder – und das ist wirklich schlimm – hält lieber gleich die Klappe.

Klappehalten ist das wichtige Stichwort hier. Denn meine Beobachtung ist, dass es einen ganz merkwürdigen, aber aufschlussreichen Kontrast gibt: Auf der einen Seite ereignen sich überall in unseren Gesellschaften wie beschrieben in zunehmender Frequenz immer heftigere Gewaltausbrüche und völlig unangemessene Aggressionen. Auf der anderen Seite wird allerorten Friede, Freude, Eierkuchen beschworen, es herrscht strenge Harmoniepflicht und hässliche Sprache bzw. sogenannte Hassrede – „Hate-Speech" – wird verboten. Politisch inkorrekte Ausdrücke und „falsche" Diskussionen werden gezielt unterdrückt. Streit darf nicht sein!

An Schulen werden renitente Kinder oft gar nicht mehr zurechtgewiesen, sondern stattdessen zum Schulpsychologen geschickt. Und der hat dann schon eine Diagnose parat. Am besten eine, die medikamentös behandelt wird, damit das Kind ruhiggestellt werden kann. Ritalin statt Auseinandersetzung. Für die Lehrer vielleicht eine bequeme Wahl, für die Schüler und die Gesellschaft insgesamt aber ein sehr bedenklicher Weg.

Analog dazu wird auch „Frieden" in den Betrieben erzwungen: Da trauen sich Chefs nicht mehr, ihren Mitarbeitern ein offenes, direktes, unverblümtes Feedback zu geben, sondern vermeiden den Klartext und flüchten sich in allgemeine Formulierungen. Warum? Weil sie aufpassen müssen, dass sie nicht gegen Antidiskriminierungsregeln verstoßen, nicht eine Beschwerde des Betriebsrats auf den Tisch bekommen, nicht gegen das Leitbild der Firma verstoßen oder sich schlechte Ratings auf den Arbeitgeberbewertungsportalen einhandeln.

Wenn die Ventile verstopft sind

Neulich stehe ich in einer Runde mit Geschäftsleuten, wir unterhalten uns angeregt und entspannt. Doch dann kommt die Sprache auf Donald Trump … Wumm! Mit einem Schlag verändert sich der Ton, er wird härter und rauer. Auch die Körpersprache wird anders. Der Tonus steigt, der Kopf geht nach oben, der Stand wird gefestigt. Alle wirken verkrampft und auf der Hut, alle werden wortkarger. Ganz offensichtlich sind sie bemüht, jetzt nur ja nichts Falsches zu sagen. Die einen verkrampfen, weil sie Trump als Teufel in Person *sehen*, die anderen verkrampfen, weil sie Trump als Teufel in Person *zu sehen haben*. Das Ergebnis: Es kommt kein Gespräch zustande, nicht einmal ein kleiner Streit über irgendein Detail. Wie schade! Noch vor wenigen Jahren war in solchen Runden kein Thema zu brisant, als dass wir uns nicht offen und ohne Scheu darüber austauschen konnten.

Haben wir uns verändert oder haben die Themen sich verändert? Jedenfalls wächst die Zahl der Themen, bei denen die Diskussion gefährlich scheint. Also unterbleibt sie lieber ganz und von vorneherein. Wer will schon gerne in die „falsche" Schublade gesteckt werden. Die Gefahr, gesellschaftlich geächtet zu werden, und der Schaden, der daraus erwüchse, sind viel zu groß.

Es müssen nicht immer nur die großen politischen Themen sein. Zerfleischen kann man sich schon über Alltagsregelungen. Da diskutieren Eltern an Berliner Schulen nicht mehr über Schulausflüge, Nachhilfeangebote und Klassenfeste, sondern führen erbitterte Auseinandersetzungen über Dinge, die in ländlicheren Regionen Deutschlands auf völliges Unverständnis stoßen. Sie gehen sich an die Gurgel darüber, ob es einen Anspruch auf veganes Mittagessen in der Schulkantine gibt und schalten dabei sogar die Justiz ein. Sie streiten sich bis aufs Messer darüber, ob es für Kinder aus Migrantenfamilien diskriminierend ist, dass auf dem Schulhof Deutsch gesprochen werden muss – so wie es die Mehrheit der Schüler dieser Schule beschlossen hat. Oder sie entzweien sich darüber, ob es okay ist, dass eine wachsende Zahl von Eltern aus Angst vor Impfschäden ihre Kinder nicht mehr zur Masernimpfung schickt – wodurch sich die Zahl der Erkrankungen bereits wieder gefährlich erhöht hat.

Aber nicht nur die Zahl der Reizthemen steigt. Auch die Themen selbst werden immer unübersichtlicher. Wer vor einer Generation bereitwillig über die Gleichberechtigung von Mann und Frau mitdiskutierte und danach auch für die Rechte von Homosexuellen einzutreten lernte, ist schon lange nicht mehr auf der Höhe der Zeit. Heute wird er von strengen Zeitgenossen ermahnt, mindestens 60 Geschlechteridentitäten wie Transsexuelle, Intersexuelle, Pansexuelle, Genderqueere, Bigender und noch viele andere mehr auseinanderzuhalten.

Eben noch war ein Diesel-Pkw okay, weil er weniger verbraucht als ein vergleichbarer Benziner. Jetzt plötzlich ist er ökologisch indiskutabel und soll schnellstmöglich mindestens aus dem innerstädtischen Verkehr gezogen werden, weil er Feinstaub ausstößt. Und demnächst sollen dann nur noch Elektroautos in die Städte dürfen und Sie mit Ihrem altmodischen und unmoralischen „Verbrenner" werden ausgestoßen.

Das ist alles im Einzelnen wahnsinnig gut gemeint und vielleicht auch berechtigt, aber es wird gar nicht wirklich diskutiert. Es findet darüber gar keine richtige Auseinandersetzung statt. Sondern es wird so hektisch und fanatisch verabsolutiert, dass keiner mehr mitkommt. Und ich frage mich: Kann man es überhaupt noch richtig machen?

Oh ja, es ist ungemütlich geworden mit den vielen Tretminen überall. Das gegenseitige Misstrauen steigt. Alle sind verunsichert und belauern sich: Chefs und Mitarbeiter, Lehrer und Schüler, Lehrer und Eltern, Parteien und Wähler, Frauen und Männer, Kirchen und Gläubige, selbst Familienmitglieder und Ehepartner! Die Offenheit füreinander und die Toleranz im Umgang miteinander schwinden im gleichen Maß, in dem Offenheit und Toleranz zur gesellschaftlichen Doktrin geworden sind: Sie MÜSSEN tolerant sein – und darum tun alle wenigstens so, als wären sie immer und jederzeit gegenüber allem tolerant. Nur gegenüber ganz bestimmten Gruppen, auf die sich die Toleranten als Feindbild geeinigt haben, dürfen Sie auf gar keinen Fall tolerant sein! Nein, da wird von Ihnen sogar erwartet, dass Sie laut und deutlich intolerant sind und dieser Gruppe Ihrerseits Intoleranz vorwerfen! Anderen Gruppen aber, die sich sehr wohl durch ausgesprochene Intoleranz auszeichnen, dürfen Sie auf gar keinen Fall intolerant gegenüber treten! Das ist alles streng codiert. Machen Sie ja keinen Fehler, sonst bekommen Sie die geballte Intoleranz der Toleranten zu spüren!

Die Stimmung wird immer gereizter. Und diese gereizte Stimmung schlägt immer öfter und immer heftiger um in Ausbrüche offener Intoleranz. Nur dann eben völlig übertrieben. Wenn Sie bei einem Dampfkessel alle Überdruckventile verstopfen, kommt es irgendwann zur Explosion.

Wäre es da nicht viel sinnvoller, die Ventile wieder freizulegen und funktionstüchtig zu machen? Also: Die Auseinandersetzung, die Meinungsverschiedenheit wieder zu fördern und zu kultivieren? Denn wir verlernen ja die Streitkultur! Wir werden unfähig, unterschiedliche Meinungen auszuhalten. In vielen amerikanischen Universitäten gibt es heute sogenannte Safe Spaces – das sind Räume, in denen die Studenten sich zurückziehen können, um vor Meinungen, von denen sie sich angegriffen fühlen, geschützt zu sein.

Was für ein Irrsinn! Diese armen „Schneeflöckchen" werden doch geradezu ermuntert, emotional und mental zu Kleinkindern zu regredieren, wenn sie von jedem intellektuellen Reiz und jeder fremden und störenden Information ferngehalten werden. Gerade Universitäten sollten doch Orte sein, wo junge Menschen etwas von der Welt erfahren und lernen, mit ihr zurechtzukommen.

Die Frage ist nur: Wird die zwischenmenschliche Auseinandersetzung unterdrückt, weil sie so unerträglich aggressiv ist, oder ist sie so unerträglich aggressiv geworden, weil sie unterdrückt wird? Also: Müssen wir politisch und gesellschaftlich die Meinungsverschiedenheiten noch mehr unterdrücken und sanktionieren oder müssen wir endlich damit aufhören und wieder lernen zu streiten?

Die Bundesregierung und fast alle Politiker sowie der Großteil der Journalisten plädiert ganz klar für die erste Variante: noch mehr Unterdrückung von Auseinandersetzungen. Nur keinen Streit. Widerspruch wird als „Hass“ bezeichnet und aus der Öffentlichkeit verbannt.

Ich glaube aber: Das wird nicht gut enden! Denn so, fürchte ich, wird unsere Gesellschaft nur weiter zersplittern.

Wie aber können wir diese Entwicklung stoppen? Wo ist die Wurzel dieses Prozesses, von wo geht er aus? Sind es die globalen Umstände, die politische Großwetterlage, die globalen Migrationsbewegungen, die Globalisierung, die unseren Alltag so stark verändert haben? Oder ist es genau andersrum: Wirkt die auseinandertreibende Kraft von innen nach außen?

Auf der Suche nach einer Antwort könnte ich in der Politik nachforschen, in den großen Strukturen der westlichen Welt. Ich glaube aber, am ehesten finde ich die Lösung, wenn ich mir die Beziehungen zwischen den Menschen anschaue.

Unfriend

„Wir haben nix mehr zu reden!“, sagt er, dreht sich um und geht. Er und ich sind seit Jahren gute Freunde. Darum denke ich: Alles gut. Er wird gleich zurückkommen und mir sagen, was los ist. Aber dann stellt sich heraus, er ist nicht nur genervt. Er kommt auch nicht zurück. Nein, er hat unsere Freundschaft beendet!

Ich konnte es nicht glauben. Wir hatten uns vorher nicht etwa gestritten. Nein, der Anlass war ganz banal. Und um ehrlich zu sein, weiß ich bis heute nicht, was genau ihn so hat hochgehen lassen. Ein Missverständnis? Ein unbedachtes Wort von meiner Seite? Das Einzige, was ich mitbekommen habe, war die beleidigte Reaktion. Und zack! Aus war's mit der Freundschaft.

Ich habe noch versucht, mit ihm zu sprechen. Ich wollte erfahren, was passiert ist, was ich falsch gemacht habe, was er falsch verstanden hat. Aber er hatte das schon wörtlich so gemeint: „Wir haben nix mehr zu reden!" Kurz: Er hat den Kommunikationsstecker gezogen. Und ich war völlig vor den Kopf gestoßen.

Mein Bild von Freundschaft war das von zwei Kerlen, die durch dick und dünn miteinander gehen. Die zusammen lachen, weinen, feiern, schimpfen, streiten, sich wieder vertragen, sich helfen, sich aufbauen, sich die Hand reichen, zusammen älter werden und glücklich und dankbar sind, dass sie sich gegenseitig haben. Freunde sind Menschen, die durch gute und durch schlechte Zeiten gehen, die Höhen und Tiefen zusammen durchstehen. Oder wie hat Franz Beckenbauer mal gesungen: „Gute Freunde kann niemand trennen ..." Aber ich stelle fest, dass es solche Freundschaften kaum mehr gibt. Das Beenden von Freundschaften sobald sich ein Problem abzeichnet, ist schwer in Mode gekommen. Im Neudeutschen gibt es sogar ein Wort dafür: „Entfreundung!"

Der Begriff klingt etwas fremd, den Vorgang kennt aber jeder, der einen Facebook-Account hat. Sie wissen schon, in Facebook schickt Ihnen jemand eine Freundschaftsanfrage und mit einem Mausklick können Sie sie annehmen. Jetzt sind Sie also „befreundet"; egal, wie gut und wie lange Sie sich kennen. Und genauso schnell können Sie sich auch wieder „entfreunden"; egal, wie lange und wie gut Sie schon befreundet waren. Klick auf „unfriend" – und die Verbindung ist gekappt. Keine Nachrichten mehr, keine geteilten Bilder und News. Funkstille. Das ist praktisch und unkompliziert. Sie können sich von jemandem trennen und sich sogar das Trennungsgespräch sparen. Kein langes Rumgeeiere, keine peinlichen Erklärungen, keine nervigen Diskussionen. Was für ein zeitgemäßes Tool!

Entfreundung scheint heute die Lösung zu sein, um unangenehme Gespräche, nervige Diskussionen und Meinungen, die uns gegen den Strich gehen, aus unserem Leben zu verbannen. Und das gilt nicht nur in der virtuellen Welt der Social Media. Wir entfreunden uns auch in der wahren Welt immer schneller. Es ist zwar nicht so, dass es heute weniger Freundschaften gibt als früher. Aber die Geschwindigkeit und Geräuschlosigkeit, mit der Freundschaften geschlossen und auch wieder beendet werden – die haben eine neue Dimension erreicht.

Ganz schnell ist eine Beziehung angebahnt und wieder beendet, bevor sie sich überhaupt verfestigen konnte. Wenn ich mir diese Entwicklung anschaue, dann wundert es mich nicht, dass auch in langjährigen Beziehungen die Toleranzgrenze so gering geworden ist. Praktisch unterscheiden wir nicht mehr zwischen Facebook- und analogen Freunden. Und weil bei Facebook die Kontakte-Pipeline so gut gefüllt ist, haben wir den Eindruck, dass uns die Freunde niemals ausgehen.

Es gibt allerdings einen Unterschied zwischen Facebook-Freunden und echten Freunden. Auf Facebook können Sie beliebig viele Kontakte in einer Sekunde zu Ihren Freunden machen. Der Anthropologe Robin Dunbar sagt aber, dass der Mensch nicht in der Lage ist, mehr als 150 stabile soziale Beziehungen auf einmal zu handeln. Das heißt auch, dass Sie Ihren Freundeskreis gar nicht beliebig vergrößern *können*, so sehr die Technik suggeriert „Du kannst" und so sehr der soziale Druck auch sagt: Mehr Freunde heißt mehr Liebe, also befreunde dich, was das Zeug hält. Für jeden, der vorne reinkommt, muss hinten einer raus.

Das Bewusstsein darüber ist aber nicht mehr vorhanden. Und so werden auch Real-Time-Freundschaften und -Beziehungen zu temporären Angelegenheiten. Die sind da, um Spaß miteinander zu haben. Wenn es keinen Spaß mehr macht und aus irgendeinem Grund kompliziert wird, dann wird halt Schluss gemacht.

Wissen Sie, woran mich das erinnert? An das, was in meiner Grundschulklasse ablief. Da waren die Mädchen auch mit Entfreundungen schnell bei der Hand. Ein entrissenes Spielzeug, ein ungelenk geworfener Ball, ein falsches Wort und schon riefen sie sich zu: „Du bist nicht mehr meine Freundin!" Und liefen weg. Eine andere Reaktion haben sie damals nicht hingekriegt, weil sie mit einem solchen Konflikt in diesem Alter erst mal überfordert waren. Normal. Wir Jungen waren auch überfordert, doch das äußerte sich anders: Wir kloppten uns heftig.

Der Unterschied zwischen Kindern und Erwachsenen? Die Kinder, Mädchen wie Jungs, finden nach einer Stunde oder nach einem Tag wieder zusammen. Die Erwachsenen nicht: Keine Zeit, keine Lust, andere Termine, andere Gesichter – und wenn wir den Namen dann aus unserem Telefonverzeichnis gelöscht haben, ist das schon endgültig. Und doch haben die Reaktionen etwas gemeinsam: Sie entstehen aus einem Gefühl der Überforderung heraus. Bei Kindern sagen wir, dass sie die Konfliktbewältigung in Beziehungen noch lernen werden auf ihrem Weg ins Erwachsenenalter. Doch tun sie das wirklich? Haben wir Erwachsenen wirklich gelernt, Freundschaften zu halten, auch wenn es schwierig wird?

Au weia, ein Problem

Wenn Sie heute die befragen, die gerade eine Freundschaft gekappt haben, dann sagen sie: „Unser Problem war, dass wir total verschiedener Meinung waren."

Und ich frage mich: Hallo? Wo ist das Problem? Nur weil wir *verschiedene Meinungen* haben, sollen wir keine Freunde mehr sein? Soll Freundschaft jetzt bedeuten, dass alle dasselbe denken und sagen müssen? Was für ein Blödsinn!

Wenn Sie mich fragen, fängt mit einer Meinungsverschiedenheit eine Freundschaft erst an, interessant zu werden. Eine Beziehung zweier Menschen, die immer dasselbe denken, immer die gleiche Meinung haben, immer die gleichen Interessen, die halten Sie gar nicht aus! Die ist so langweilig und fad wie eine Suppe, in der die Gewürze fehlen.

Tatsache aber ist, dass immer mehr Menschen vor diesem Gewürz Angst haben. Riesenangst sogar. Weil sie nicht mehr wissen, wie sie damit umgehen sollen. Wie auch. Das, was wir uns früher zu diesen Gelegenheiten an den Kopf geworfen haben, dürfen wir ja alles nicht mehr sagen. Ich bin am Rande des Schwarzwalds aufgewachsen und da gehörten Wörter wie: „Du Seggl!" oder gar: „Du

Schoofseggl!!!" zu einer verbalen Auseinandersetzung einfach dazu. Wie der Donner zum Gewitter. Und wenn das Gewitter sich entladen hatte, sind wir wieder friedlich ein Bier miteinander trinken gegangen.

Aber heute? Wir zügeln uns bis zur Wortlosigkeit. Ich habe mich gefragt: Warum eigentlich? Und zwei Gründe gefunden.

Den ersten Grund habe ich schon im letzten Kapitel aus einem anderen Winkel beleuchtet: Es ist das schwere Erbe der 68er, das auf uns Nachfahren lastet. Die Love-and-Peace-Generation hat uns geprägt, indem wir in eine Welt von Brüdern und Schwestern und gewaltfreier Kommunikation und Solidarität gezwungen wurden. Die uns beibrachte, uns an den Händen zu fassen und im Chor zu skandieren: „Piep, piep, piep, wir haben uns alle lieb!" Die bei jedem Konflikt unter uns Kindern gleich ausriefen: „Hört auf, euch zu streiten! Vertragt euch! Sofort!"

Damit haben wir in Wahrheit brav gelernt, Konflikte unter den Teppich zu kehren. Das hat eine ganze Generation, meine Generation, tief geprägt. Und deswegen kann es diese Generation bis heute nicht ertragen, wenn es Meinungsverschiedenheiten gibt. Denen gehen wir lieber aus dem Weg. Deswegen entfreunden wir uns lieber, bevor es so weit kommt.

Es gibt aus meiner Sicht noch einen weiteren Grund, warum wir konsequent vor dem Konflikt abtauchen. Warum wir lieber die Kommunikation kappen, als auch nur einen Fuß auf das unsichere Terrain der ergebnisoffenen Auseinandersetzung zu setzen. Und dieser Grund ist eine Folge aus dem ersten: Weil wir nie Konflikt gelernt haben, haben wir uns selbst nie kennengelernt. Denn erst in der Auseinandersetzung mit anderen formt sich unser eigenes Bild von uns. So als wären wir unsichtbar, und erst durch die Farbbeutel, die die anderen auf uns in Form ihrer Meinung werfen, werden unsere eigenen Konturen sichtbar.

Heißt aber auch: keine Farbbeutel, keine Kontur. Und wo wir keine Kontur sehen, da formt sich auch kein Weg. Und dann haben wir Angst vor allem, was von außen auf uns einströmt. Denn die Gefahr ist groß, dass wir geflutet werden. Je komplizierter diese Welt wird, je differenzierter und kontrollierter wir uns zwischen den immer zahlreicher werdenden Tretminen bewegen sollen, umso stärker wird unsere Angst, überrollt zu werden. Von den politisch korrekten Verhaltensmaßregeln. Von den aktuell politisch korrekten Begriffen. Von der Notwendigkeit einer detaillierten Auseinandersetzung mit dem Wahlprogramm der Rechten, der Linken oder der Liberalen.

Wie sollen wir all das bewerten? Nehmen Sie nur eine der drängendsten Fragen unserer Zeit: Ist es ein Problem oder nicht, dass in kurzer Zeit so viele Menschen mit anderen religiösen und kulturellen Prägungen ohne Passkontrolle in unser Land geströmt sind? Jetzt diskutieren Sie mal! Kaum machen Sie zu dieser Frage den Mund auf, sind Sie entweder ein Nazi oder ein Vaterlandsverräter. Dazwischen scheint nichts mehr handelbar zu sein. Na, das ist ja eine schöne Wahl!

Also, was tun gegen das drohende Ungemach? Ganz einfach: Schotten dicht. Klappe halten. Und wenn eine Unstimmigkeit aufkommt: Kommunikation kappen. Freundschaft entziehen.

Einmal abtauchen in die eigene Soße, bitte. Nur keine Auseinandersetzungen, denn wer weiß, was die mit Ihnen machen.

Ich glaube also, dass die Zersplitterung unserer Gesellschaft ihren Anfang in uns selbst nimmt und sich direkt auf unsere Freundschaften und Beziehungen auswirkt. Da macht sie aber nicht halt, denn das Phänomen der Entfreundung dehnen wir aus: Wir machen das in der ganzen Gesellschaft. Wir hassen Meinungsverschiedenheiten, und deshalb glauben wir ernsthaft, wir müssten alle einer Meinung sein. Wir denken, wir müssten über Europa und Flüchtlinge, über Verschleierung und Abtreibung, über soziale Gerechtigkeit und Sexualität, über Rauchen und Fleischessen alle dasselbe denken. Und wehe dem, der das nicht tut, dem ein *falsches Wort* rausrutscht und der etwas *Falsches* denkt: Den entfreunden wir als Gemeinschaft gnadenlos. Auf gesellschaftlicher Ebene kommt es nur etwas anders daher, aber es ist derselbe Mechanismus: Die Gesellschaft ächtet und verbannt.

Ist das ein guter Mensch oder kann der weg?

Nur falls es Ihnen noch nicht aufgefallen ist: „Derrick“, der Krimidauerbrenner der 1970er, 1980er und 1990er Jahre ist von der Bildfläche verschwunden. Es gibt keine Wiederholungen mehr. Und warum? Weil die Serie nicht mehr ankommt? Weil sie zu brutal war? Weil es lizenzrechtliche Probleme gab?

Nein, nichts von alledem. Der Grund ist banal: Horst Tappert, der als Oberinspektor Stephan Derrick die Hauptrolle gespielt hatte, war – wie sich vor einigen Jahren herausgestellt hat – als junger Mann Mitglied bei der Waffen-SS. Und deswegen hat das ZDF die Serie aus dem Verkehr gezogen. Die Serie musste in den Giftschrank, damit nur ja kein Zuschauer beim Anschauen der Folgen noch nachträglich auf politische Abwege geführt wird.

Wenn das ZDF eine kritische Biografie Horst Tapperts gesendet hätte, fände ich das völlig okay. Aber ein Werk des Künstlers und damit den Künstler als Person aus dem Verkehr zu ziehen, das ist eine Methode, mit der eigentlich nur Diktaturen arbeiten. Das ist Stalinismus light. Damals wurden in der Sowjetunion Menschen, die politisch nicht mehr erwünscht waren, umgebracht oder nach Sibirien ins Gulag verbannt und nachträglich aus Fotografien wegretuschiert. Die Methode des ZDF ist weniger brutal, bewirkt aber dasselbe: Die Existenz der Person wird ausradiert. Sie wird aus dem kollektiven Bewusstsein verdrängt, als wäre sie nie da gewesen.

Auch ich bin schon einmal verbannt worden und weiß, wie sich das anfühlt. Mein Verbannungsgrund: ein offenes Feedback. Das kam so: Vor Jahren arbeitete ich parallel zu meiner selbstständigen Tätigkeit für ein Beratungsinstitut. Ich war auf der Webseite mit Foto und Kurzbiografie als einer der Berater vertreten und hatte einen eigenen Account für deren Datenbank. Eines Tages bekam ich von einem Kunden ein negatives Feedback über eine der anderen Beraterinnen des Instituts. Leider konnte ich das der Beraterin nicht persönlich sagen, denn ich wusste ja gar nicht, wer sie ist. Also griff ich zum Telefonhörer und übermittelte dieses Feedback an den

Geschäftsführer des Instituts. Der bedankte sich für die Rückmeldung und legte auf.

So weit, so gut. Ein paar Tage später wollte ich mich zur Vorbereitung eines Kundentermins in die Datenbank des Instituts einloggen. Doch ich kam nicht hinein mit dem Hinweis: Zugriff verweigert. Ich scrollte die Webseite hoch und runter und bekam noch größere Augen: Mein Foto und meine Vita waren verschwunden. Mich gab es nicht mehr! Ich war perplex. Das konnte doch nur ein Versehen sein.

Also griff ich wieder zum Telefonhörer, um den Geschäftsführer um Aufklärung zu bitten. Was ich dann erlebte, verwandelte meine Verwunderung in Ärger: Ich wurde nicht durchgestellt. Stattdessen bot mir die Assistentin einen Telefontermin in einigen Monaten an.

Können Sie sich das vorstellen? Weil ich eine Kritik weitergegeben hatte, die dem Institutsleiter nicht passte, wurde ich aus dem Institutsleben ausradiert und mir wurde noch nicht einmal ein Gespräch gewährt. Verbannt! Geächtet!

Verbannung oder Ächtung sind Strafen, die einer Demokratie nicht gut zu Gesicht stehen. Und doch werden sie ständig verhängt. Dabei geht es mir nicht darum, warum manche Leute heute kritischer gesehen werden als früher. Es geht um die Art, wie wir damit umgehen. Denn Sie müssen nicht bei mörderischen Organisationen wie der SS oder der Stasi gewesen sein, um in dieser Gesellschaft zur Unperson zu werden. Es reicht, wenn gegen Sie Ermittlungen aufgenommen werden – Schuld oder Unschuld noch gar nicht erwiesen. Verurteilen ohne Urteil!

Im Alltag reichen sogar noch viel einfachere Gründe aus, um geächtet zu werden. Nehmen wir zum Beispiel nur mal an, Sie sagen und schreiben Dinge, die nicht zum Mainstream passen. Vor einigen Jahren musste die „Tagesschau"-Sprecherin Eva Hermann wegen ihrer Ansichten zur Rolle der Frau in Familie und Gesellschaft ihren Job aufgeben. Der SPD-Politiker Thilo Sarrazin vertrat steile Thesen in puncto Sozialausgaben und Einwanderungspolitik und verlor nach der Veröffentlichung seines zweiten Buchs seinen Job im Direktorium der Deutschen Bundesbank. In seiner Partei wurde immer wieder sein Ausschluss diskutiert. Keiner der so Geächteten hat sich kriminell oder asozial verhalten, sie haben gesittet ihre – allerdings quer zum Mainstream stehende – Meinung vorgebracht. Doch der Reflex ist immer derselbe: Es gibt nix mehr zu reden, du bist nicht mehr unser Freund!

Ächtung und Verbannung als Ausdruck der Entfreundung sind in unserer Gesellschaft schon lange kein Einzelfall mehr, sondern Ausdruck einer in der ganzen Gesellschaft grassierenden Feigheit, Auseinandersetzungen zu führen. Konflikte sind bäh, Friede ist gut. Deshalb sind zum Erhalt des Friedens alle Mittel recht. Auch Mittel, die mit Frieden so wenig zu tun haben wie Senf mit Schokoladenpudding. Aber was passiert mit einer Gesellschaft, die der Austragung von Konflikten derart konsequent aus dem Weg geht?

Wenn es knallt und stinkt

Manchmal schaue ich mir im Fernsehen Talkshows an. Nicht, weil ich glaube, inhaltlich viel Neues zu erfahren. Oder weil ich so gerne den Diskussionen folge. Nein, das, was mich fasziniert, sind die Gesichter der Teilnehmer, die gerade nicht das Wort haben. Machen Sie sich mal den Spaß und Sie werden schlagartig verstehen, warum es in den Talkshows nie zu einer echten Diskussion kommt und es immer bei der Abfolge von Statements bleibt: Sie hören einander nicht zu! Das sehen Sie den „Gesprächspartnern“ an. Mit ungeduldigem, oft genervtem Gesichtsausdruck lauern sie auf den Moment, wenn der andere Luft holt oder ein Stichwort liefert, bei dem sie einhaken können. Sie sind nicht interessiert an einem Meinungsaustausch, sie wollen ihre Themen und Positionen prominent platzieren und fertig. Sie wollen nicht überzeugen oder überzeugt werden. Sie wollen gewinnen und ihren Gegner niedermachen.

Und deshalb gibt es am Ende der Talkshow auch keine neuen Erkenntnisse. Weder beim Zuschauer noch bei den Teilnehmern. Das erwartet und will auch keiner. Stellen Sie sich nur mal vor, Wolfgang Schäuble würde im Interview auf die Frage nach seiner Position zu einem bestimmten Thema antworten: „Das kann ich noch gar nicht sagen. Ich will erst mal die Talkshow bei Frau Will heute Abend und dann morgen die Bundestagsdebatte abwarten. Vielleicht liefern mir die Kollegen Oppermann und Hofreiter ja noch Argumente, die mich überzeugen und dazu bringen, meine bisherige Meinung zu revidieren ..." Was für eine hübsche Vorstellung – aber leider völlig undenkbar!

Nein, die Minuten und Stunden an Redezeit bei Fernsehdiskussionen bringen keine neuen Erkenntnisse. Niemandem. Und damit auch keine Lösungen.

Und wohlgemerkt: Mit „Lösung" meine ich nicht etwa „Kompromiss"! So, wie ihn die große Regierungskoalition häufig schließt: Die SPD stimmt einer von der CSU gewollten Pkw-Maut zu. Obwohl sie die für grundfalsch hält. Aber dafür stimmt dann die CDU/CSU dem von der SPD geforderten Rentenpaket zu. Obwohl sie überzeugt ist, dass das unverantwortlich ist. So etwas nennt sich dann Kompromiss. Eigentlich ist es ein Kuhhandel, der in der Ergebnissumme den Steuerzahler meistens einfach noch stärker belastet als vorher.

Was ich mit Lösung meine, ist eine Synthese. Das ist etwas ganz anderes als ein Kompromiss. Bei der Synthese treffen sich nicht zwei irgendwo in der Mitte der direkten Linie zwischen ihren beiden Standpunkten, sie tauschen auch nicht eine Zustimmung gegen eine andere ein. Die Synthese verbindet zwei verschiedene Denkansätze oder Meinungen auf einer neuen Ebene zu einer höheren Einheit – zu etwas wirklich Neuem, das anders ist als die Ursprungsideen. An solchen Synthesen fehlt es uns. Wie sollen sie auch zustande kommen, wenn ihnen der Nährboden fehlt? – Die offene, einander zugewandte Diskussion.

Überall in der Politik fehlt es an Ergebnissen echter, offener Auseinandersetzungen. An Lösungen. An Synthesen. Und weil es uns daran fehlt, haben wir Stillstand an allen Fronten: bei der Rentendiskussion, bei der Finanzierung des Gesundheitswesens, bei der Bewältigung der Flüchtlingskrise, bei der Krise der Euro-Währungsunion, bei den Freihandelsabkommen …

Liegt das an den verkommenen Politikern? Dass die einfach keinen Austausch mehr zustande kriegen? Dass die sich aus Angst um ihre Wiederwahl zwischen all den Tretminen unserer Zeit einfach nicht mehr zu rühren trauen? Ich glaube, das wäre zu kurz gegriffen. Mit Politiker-Bashing alleine kommen wir nicht weiter. Denn die fehlende Diskussionsbereitschaft wurzelt viel tiefer und ist weiter verbreitet als nur in der Politikerkaste. Und deshalb wirkt sie auch deutlich tiefer.

Auf oder zu?

Mein Arbeitsfeld ist die zwischenmenschliche Kommunikation. Für die Muster, die sich darin abzeichnen, bin ich durch jahrzehntelanges Hinhören sensibilisiert. Das kritische Muster, das ich auf allen Ebenen der Gesellschaft finde – in der Öffentlichkeit, der Politik und den Medien, in den Unternehmen und Institutionen, in den sozialen Medien, in den Familien und Beziehungen –, ist ganz simpel und lässt sich an einem einfachen Beispiel demonstrieren.

Stellen Sie sich ein Paar vor, das seit wenigen Wochen zusammenlebt und nun, nach etlichen schönen gemeinsamen Stunden den ersten großen Konflikt erlebt: Es geht um den Klodeckel! Oder besser gesagt: um die Handhabung desselben.

Er lässt ihn immer offen stehen. Sie will ihn dringend immer geschlossen haben. Das Paar hat nun genau zwei Möglichkeiten, um mit diesem Dissens umzugehen.

Hier die Variante Nummer eins: Ihr ist es peinlich, das Thema anzuschneiden. So eine Banalität soll doch die Harmonie nun wirklich nicht stören! Das ist ja lächerlich. Außerdem darf doch jeder die Toilette so benutzen, wie er will! Sie ist doch schließlich tolerant. Aber andererseits stört es sie nun mal.

Nach einigen Wochen, in denen sie ungezählte Male den Klodeckel wieder geschlossen hat, ohne etwas zu sagen, entfährt ihr beim Frühstück ein scharfes Wort über etwas ganz anderes: „Du könntest ruhig auch mal morgens den Tisch decken!" Der Ärger hat sich ein Ventil gesucht.

Nun ist der Vorwurf aber unangemessen, weil er öfter kocht als sie und er sich immer um den Tisch beim Abendessen kümmert. Aber weil er ja tolerant ist und die Harmonie nicht stören will, hält er die Klappe und bemüht sich, am nächsten Morgen beim Tischdecken mehr Einsatz zu zeigen. Aber der Stachel sitzt. Und darum macht er morgens ein muffiges Gesicht. Das wiederum stört sie …

Sie können sich vorstellen, wie es weitergeht. Wir brauchen nur einen Schnitt machen und zwei Monate später wieder in die gemeinsame Wohnung des jungen Paares zu schauen, um zwei Menschen zu sehen, die sich völlig unangemessene Beleidigungen an den Kopf werfen. Die zwei haben einen großen Krach. Mit Schreien, Türenschlagen, Beleidigungen, Unterstellungen.

Ja, nach zwei Stunden in verschiedenen Zimmern vertragen sie sich wieder, ohne das auslösende und übrigens austauschbare Thema überhaupt zu erwähnen. Weil ein Krach keinen Spaß macht und Harmonie viel schöner ist. Aber nach ein paar Tagen gibt es wieder Krach. Zwei Stunden Funkstille. Versöhnung. Und so geht das immer weiter. Nur die Frequenz der Kräche wird langsam höher.

Zum Klodeckel gesellen sich weitere Themen, die auf die gleiche Art und Weise „beigelegt" werden. Es entstehen Gräben, in denen jeder sich seine Munition für den nächsten Krach bereit legt. Aus gelegentlichen Scharmützeln wird ein fortwährender Grabenkrieg. Bis die beiden sich dann endlich trennen, bevor sie sich noch ernsthaft gegenseitig verletzen.

Variante Nummer zwei sieht so aus: Der Klodeckel ist oben. Sie sagt es ihm sofort: Sie möchte, dass er den Klodeckel immer schließt. Das ist für ihn okay, aber er vergisst es auch mal. Und dann … streiten die beiden!

Streit? Moment mal – ist das nicht dasselbe wie oben? Wenn Sie dem streitenden Paar so zuhören, klingt das tatsächlich am Anfang ähnlich. Auch bei einem Streit kann es laut werden. Aber im Ergebnis ist ein Streit etwas ganz anderes als ein Krach. Bei einem Streit geht es nämlich darum, die unterschiedlichen Meinungen und Empfindungen auszutauschen und zu einer Lösung zu kommen. Einer Lösung, die sicherstellt, dass der Klodeckel nie wieder Anlass für eine Meinungsverschiedenheit sein kann.

In diesem speziellen Fall lassen die beiden einfach ein Pissoir einbauen. Er pinkelt ohnehin viel lieber im Stehen. Und da gibt es kein Problem mit einem Deckel. Wie haben sie die Lösung gefunden? Indem sie sich ehrlich und aufrichtig miteinander auseinandergesetzt haben. Mit Emotionen und allem Drum und Dran. Sicher. Aber eben auch lösungsorientiert. Ehrlich. Und einander zugewandt. Am anderen interessiert. Ergebnisoffen. Wenn sie eben nun mal diese Marotte hat, dass sie den Deckel unten haben will, dann muss sie eben auch dazu stehen und diesen Standpunkt vertreten. Und wenn daraus ein Konflikt wird, dann ist es egal, wie banal der Anlass sein mag: Er muss ausgetragen werden!

So, und wenn wir jetzt auf die gesamte Gesellschaft schauen, auf die Familien, die Unternehmen, die Schulen, die Vereine, die Parteien, die Redaktionen, die Parlamente: Krach oder Streit? Welche der beiden Varianten wählen wir bevorzugt? Ja, wir reden viel. Aneinander vorbei. Ja, wir haben viel Krach. Ohne Ergebnisse. Ja, wir vermeiden Streit, wo es nur geht. Ohne Spaß zu haben dabei. Und ja: Am Ende gehen wir uns an die Gurgel, weil wir uns gegenseitig nicht mehr ertragen können!

Den Krach sehen wir. Aber wir ziehen nicht die richtigen Schlüsse daraus: An der Harmonie kann es nicht liegen, denn wir haben ja gelernt, dass Harmonie gut ist. Am Reden kann es auch nicht liegen, denn schließlich reden viele unendlich viel in unserer Gesellschaft. Wo ist also der Böse?

Aha, denken wir, eigentlich klar: Wir haben immer noch zu viele Auseinandersetzungen. Weil es zu viele verschiedene Meinungen gibt. Deshalb gibt es so viel Streit und deshalb haben wir keinen Spaß. Wir müssen uns noch mehr anstrengen, die Meinungen zu vereinheitlichen und Auseinandersetzungen zu verhindern.

Und so kommt ein Aktionsbündnis aus Caritas, Die Linke, Amadeu Antonio Stiftung und anderen Gruppierungen auf die gut gemeinte Idee, mit der Aktion „Ich bin kein Kostüm" an Karneval alle Kostüme ächten zu wollen, die irgendjemanden beleidigen könnten. Indianer? Schwarze Schminke im Gesicht? Burka? Palästinensertuch? Alles diskriminierend, alles rassistisch, alles „Unterdrückung von Menschengruppen"!

Aber ist das denn wirklich so? Haben wir zu viele Kostüme und diskriminieren wir damit Menschen? Oder setzen wir uns nur im Rahmen des Karnevals mit andersartigen Menschen und Kulturen spielerisch auseinander? Wenn wir Indianer mit einem Kostüm romantisieren, wenn wir einen Scheich spielen oder einen Wikinger, dann wird dadurch doch niemand herabgewürdigt. Persiflage, Provokation, Satire, Frechheiten, Sticheleien, Spott, das alles gehört an Fasching, Fasnacht und Karneval auch dazu. Wann, wenn nicht in der fünften Jahreszeit, dürfen wir mal aus der Uniformität des Alltags schlüpfen und Blödsinn treiben? Darüber möchte ich bitte schön reden, streiten – und nicht gleich Verhaltensmaßregeln diktiert bekommen.

Und haben wir zu viele verschiedene Meinungen und deshalb zu viel Streit? Wenn Sie mich fragen, ist das Gegenteil der Fall. Wir streiten nicht zu viel. Wir streiten zu wenig. Viel zu wenig!

Denn es gibt in Wahrheit kaum mehr echte Auseinandersetzung. Das, was täglich stattfindet und wie Streit daherkommt, ist kein Streit, sondern Kampf. Da kämpfen monolithische Meinungen um die Vormacht, die Gegenseite wird niedergebügelt – und zumindest für den, der gerade siegt, fühlt sich das gut an. Echter Streit aber, echte Auseinandersetzung mit der Meinung des anderen, die Suche nach einer Synthese – das findet nicht statt.

Im Ergebnis sitzen wir überall vor einem riesigen Haufen ungelöster Probleme – zuhause, in der Firma und in der Gesellschaft.

Aber das ist nicht der einzige Effekt, den unsere fehlende Streitkultur hat. Es gibt noch eine viel verhängnisvollere Wirkung.

Im Land des Lächelns

„Entschuldigung, ist bei Ihnen noch frei?", frage ich. Das Hotelrestaurant ist gut gefüllt, nur an dem Tisch, an dem bereits ein Paar isst, sind noch Stühle frei.

Beide nicken, er macht eine einladende Handbewegung.

Ich setze mich und nehme die Karte zur Hand.

„Entschuldigung." Der Kellner tritt an den Tisch und sagt: „Leider sind wir fast voll besetzt. Dürfte ich den Herrn hier noch zu Ihnen an den Tisch setzen?" Er weist auf den Mann neben ihm.

„Aber sicher", sagen wir im Chor und er setzt sich.

Bei der Vorspeise kommen wir beide ins Gespräch. Es stellt sich heraus, dass er auch Unternehmer ist, und wir plaudern angeregt. Das Paar neben uns konzentriert sich auf sein Essen, aber ich merke, wie die Frau sich immer weiter zu uns beugt, um unserem Gespräch zu folgen.

Auf einmal schaltet sie sich ins Gespräch ein: „Ich höre, Sie sind beide Unternehmer. Das heißt, Sie sind beide Vorgesetzte von Mitarbeitern. Das heißt, Ihre Mitarbeiter arbeiten für Sie mit und Sie bekommen auch noch das höhere Gehalt. Finden Sie das eigentlich in Ordnung?" Sie lächelt dabei, aber ich sehe erstaunt in ihren Augen Angriffslust aufblitzen. Sie sitzt gespannt wie zum Sprung bereit auf ihrem Stuhl.

Mein Tischnachbar aber reagiert souverän und antwortet ihr freundlich: „Na ja, das würde ja bedeuten, dass mein Kollege hier und ich keine Wertschöpfung erbringen würden. Und das wäre unfair zu behaupten. Im Übrigen wandeln sich gerade in vielen Unternehmen die Führungsstrukturen und Mitarbeiter erhalten deutlich mehr Freiheit. Und natürlich tragen sie im gleichen Maß auch mehr Verantwortung als vorher."

„Ist das nicht eher ein Vorwand, um die Leute besser ausbeuten zu können?“, fragt sie darauf, immer noch mit einem zuckersüßen Lächeln auf den Lippen und dem Blitzen in den Augen.

Darauf sage ich ruhig: „Ich denke nicht, dass es das vorrangige Ziel irgendeines Unternehmens ist, seine Mitarbeiter auszubeuten. Ich meine sogar, dass sich das heute kein Unternehmen mehr leisten kann. Oder sind Sie da anderer Meinung?“

„Nein, nein“, sagt sie schnell. „Aber ist es nicht Tatsache, dass die Mitarbeiter immer mehr Druck aushalten müssen, während gleichzeitig die Managergehälter astronomisch hoch sind?“ Ihr Körper bebt vor Empörung, aber ihr Mund lächelt weiter.

Und so geht das Gespräch eine ganze Weile weiter, die Fragen der Frau werden immer bohrender. Sie greift uns nicht direkt an, ihr Lächeln ist weiter in ihr Gesicht gekrallt. Mein Tischnachbar und ich verlieren langsam die Lust an diesem merkwürdigen Schaukampf, und wir schielen schon nach freien Plätzen an anderen Tischen. Doch der Partner der Frau kommt uns zuvor: Er winkt nach dem Kellner und drängt zum Aufbruch.

Die Frau verabschiedet sich von uns mit einem letzten Zähnefletschen und den spitzen Worten: „Na, dann wünsche ich Ihnen noch einen schönen Abend auf Geschäftskosten!“

Ich weiß noch, dass ich mir damals dachte: „Schade. Wenn sie offen ihre Meinung gesagt hätte, anstatt sie über mühsam mit einem Lächeln verpackte Fragen abzuschießen, wäre das vielleicht sogar ein interessantes Streitgespräch geworden.“ Aber so ist das nicht gesund, was die Frau da mit sich macht. Früher oder später wird sie platzen. Und nicht mehr nur mühsam freundlich verpackte Fragen stellen, sondern ihrem Gegenüber aus heiterem Himmel die Suppe ins Gesicht schütten. Oder auf andere Art handgreiflich werden. Denn ihre angestaute Wut wird durch diese verklausulierten Äußerungen nicht kleiner. Dafür fehlt ihr der Austausch, der den Druck rausnimmt, neue Erkenntnisse und die Akzeptanz anderer Meinungen erlaubt.

In der Psychologie nennt man das, was in dieser Frau vor sich geht, passive Aggression. Die Aggression ist da, aber sie richtet sich nicht nach außen. Sie bleibt in Lauerposition und versteckt sich in indirekter Kommunikation. Die Frau ballt die Faust, aber nur in der Tasche. Sie haut damit nicht auf den Tisch. Sie bebt vor Wut, aber lässt sie nicht raus. Noch nicht.

In diesem Status passiver Aggression befinden sich in unserer Gesellschaft sehr viele Menschen. Ich spüre das, wenn ich unterwegs bin: in der U-Bahn, in Fußgängerzonen, in Geschäften, im Fußballstadion, im Amt, im Verkehr. Ich sehe es ihnen an, wie sie sich bemühen, freundlich zu lächeln. Und wie sie sofort aus der Haut fahren, wenn sie mit etwas konfrontiert werden, womit sie nicht gerechnet haben: eine Verspätung, ein Stau, ein plötzlich auftretendes Problem, ein unerwarteter Einwand.

Wenn Sie sich einmal auf dieses Phänomen der passiven Aggression konzentrieren, werden Sie in Ihrer Umgebung erstaunlich viele Menschen finden, die auf diese wenig nachhaltige Weise versuchen, Streit und Auseinandersetzungen aus dem Weg zu gehen. Weil sie lieber Freundschaften, Jobs und Vereinsmitgliedschaften kündigen, als sich auf komplizierte Diskussionen einzulassen. Weil sie lieber andere Menschen schneiden, ignorieren und aus ihrem Leben verbannen, als mit ihnen zu streiten. Weil sie lieber mit Provokationen Gegenreaktionen produzieren, wodurch sie in die Opferrolle gehen können, aus der heraus sich die „Täter“ bequem abwerten lassen. Weil sie mit Unterstellungen ihre Gegner in der Öffentlichkeit bloßstellen, ohne dass diese sich leicht dagegen wehren können. Weil sie Frieden mit kriegerischen Mitteln erzwingen. Weil sie jeden ausschließen und ächten, der die Harmonie stört. Weil sie offen ausgetragene Konflikte verhindern, wo und wie es nur irgendwie geht.

Gut, das ist ja nun erst einmal nur das Problem des Einzelnen, der in seiner Wut feststeckt. Aber was macht das mit der Gesellschaft als Ganzem?

Ist ja alles so schön gleich hier

Was machen Menschen, die Angst vor Auseinandersetzungen haben und ihnen um jeden Preis aus dem Weg gehen wollen? Sie meiden Menschen, bei denen sie das Gefühl haben, es könnte mit ihnen zu einer Auseinandersetzung kommen. Und suchen die Nähe zu Menschen, von denen sie glauben, es werde keine Probleme mit ihnen geben. Weil sie ähnliche Meinungen haben und ähnlich leben. Deshalb bedeuten sie keine Gefahr.

Und genauso verhalten sich die meisten Menschen in unserer Gesellschaft. Sie orientieren sich in zunehmendem Maß an Gleichgesinnten. Im Fußballfanclub, in der Partei, in der Facebook- und der Whatsapp-Gruppe, im Verein, auf der Demo.

Die Homogenität der Menschen, mit denen sie sich umgeben, macht sie sicher. Das gibt ihnen ein Gefühl von Stabilität und Harmonie. Es macht sie stark. Die Aggression wird nicht weniger, aber sie lässt sich so schön kanalisieren: hin zu denen mit der anderen Meinung, zu denen, von denen sie sich schon lange entfreundet haben, zu den Verbannten und Geächteten.

Angesichts ihrer ganzen unterdrückten Aggressionen wird ihnen die Harmonie des gleichgeschalteten Denkens zunehmend wichtiger. Sie brauchen sie wie die Luft zum Atmen, bei Entzug droht gefühlt Lebensgefahr.

Kein Wunder, dass sie zunehmend misstrauisch und aggressiv auf alles reagieren, was diese Idylle der übereinstimmenden Meinungen stört. Also auf die, die eine andere Meinung haben. Das führt zum Beispiel zu dem Unsinn, dass Menschen gegen demonstrierende Menschen demonstrieren. Nur weil sie demonstrieren. Weil sie nicht ertragen können, dass die eine andere Meinung vertreten. Oder andere Vereinsfarben tragen, andere Berufe ausüben, in anderen Gehaltsklassen eingeordnet sind, andere sexuelle Orientierungen aufweisen, andere Essgewohnheiten praktizieren, andere Hautfarben haben, andere Kleidung tragen, andere Haarschnitte gut finden …

Die immer stärker werdende Abschottung gegen die „anderen" führt dazu, dass die Gesellschaft sich sortiert. Nach Meinungen und Überzeugungen und Milieus. Es entstehen Lager, in die sich jeder einsortiert. Ein Lager bietet Schutz, schließlich will keiner alleine dastehen.

Und damit ja keiner die Lager verwechselt, positionieren sich die Anhänger möglichst weit voneinander entfernt. Die Zugehörigkeit wird durch „Haltung" signalisiert: Man greift einen Gegner aus einem anderen Lager lautstark und sichtbar an, wodurch jeder merkt, zu welchem Lager man gehört.

Dieses sogenannte Virtue Signalling vermindert auch die Gefahr, aus Versehen einem vom anderen Lager über den Weg zu laufen. Auch das Überlaufen von einem zum anderen Lager wird schwieriger, denn schließlich gibt es da eine Menge ungedecktes Gebiet zu überqueren. Die einen sind die Guten, die anderen sind die Bösen, dazwischen gibt es keine Grautöne. Ganz abgesehen davon, dass einer, der aus dem anderen Lager kommt, erst einmal auf tiefes Misstrauen stößt: Womöglich hat er Reste der Meinung von drüben mitgebracht und will jetzt Zwietracht im Lager der Eintracht säen.

So entstehen zwischen diesen Lagern tiefe Gräben. Die Gesellschaft, die in der Summe eigentlich eine bunte Mischung aus unterschiedlichen Lebensweisen und Gedanken sein könnte, entmischt sich. Es entwickelt sich genau das Gegenteil der bunten, offenen Gesellschaft, von der so viele Menschen träumen. Und das Paradoxe ist: Je größer die Vielfalt in der Gesellschaft durch die Entwicklung neuer Lebensweisen in den Metropolen, durch Einwanderung und Globalisierung wird, desto größer wird die Tendenz zu dieser Entmischung. Je komplizierter und vielfältiger die Welt wird, desto einfacher versuchen die Menschen, sie sich zu machen.

Wenn Sie auf diese Dynamik in der Gesellschaftsstruktur wie durch ein Rasterelektronenmikroskop schauen könnten, dann würden Sie sehen, wie sich die heterogenen Molekülverbindungen in der Mitte nach und nach auflösen. Sie würden beobachten, wie sich die Atome an die Ränder drängen und sich dort an andere Atome, und zwar ausschließlich solche ihrer eigenen Art, anlagern. Wie sie sich zu neuen Molekülen zusammenschließen. Es findet eine Elektrolyse statt, die die Mitte auflöst und die Ränder stärkt.

Die Gesellschaft entmischt sich und das ist gefährlich. Das ist genau die Lagerbildung, die ich Ihnen am Anfang dieses Kapitels geschildert habe. Das ist die Zersplitterung, die unsere Gesellschaft zunehmend belastet und gefährdet. Die aus Konfliktvermeidung und Einigelung entsteht, tatsächlich aber immer neue Konfliktherde und Aggression entstehen und wachsen lässt.

Die immer neuen Konflikte werden jedoch nicht ausgetragen, sondern gären im Inneren. Und wie im Gärkessel steigt der Druck. Er steigt so lange, bis die schwächste Stelle im Kessel nachgibt und sich der Druck explosionsartig entlädt: in einem Bürgerkrieg, der niemanden von uns verschont und uns alle in den Abgrund zieht. In den USA sind in der Verhärtung der Lager schon konkrete Anzeichen eines solchen Bürgerkriegs zu sehen, in Vororten von Paris und Brüssel ebenso. Und auch die Exzesse von linksradikalen Chaoten und rechtsradikalen Ausländerfeinden in Deutschland sind, so fürchte ich, nur Vorboten dieses großen Kampfs.

Ist diese Entwicklung unausweichlich? Gibt es denn nichts, was wir dagegen tun können?

Ohne Einigkeit kein Recht und keine Freiheit

„Ich gehe nicht in Fernsehsendungen mit Vertretern der AfD", sagte die frühere nordrhein-westfälische Ministerpräsidentin Hannelore Kraft. Und sie wurde dafür von vielen heftig beklatscht. Auch die rheinland-pfälzische Ministerpräsidentin Malu Dreyer hatte sich im Wahlkampf ähnlich geäußert. Die Haltung, die daraus spricht, ist: Das sind schlechte Menschen, die sollen draußen bleiben.

Ja, der bereinigende Streit hat es schwer in diesem Land, das sich immer mehr für den großen Kampf auflädt. Die Politiker spüren, dass die Positionen sich verhärten und sie wirken dabei kräftig mit. Ihr Wahlvolk – so glauben sie – sieht es nicht gerne, wenn sie die Positionen aufweichen, indem sie die Auseinandersetzung mit den „Andersgläubigen" suchen. Es bildet sich eine breite Abwehrfront gegen die „rechte Gefahr", gegen die „undemokratischen Bewegungen".

Endlich sind sie sich einig, die in den letzten Jahren im Bundestag vertretenen Parteien. Im Bestreben, die Gruppenbildung am rechten Rand zu verhindern, gleichen sich die anderen Parteien immer mehr an, beschwören die Offenheit, die Globalisierung, die Demokratie – und merken nicht, dass sie damit die Polarisierung nur befeuern, ihren gemeinsamen Gegner mästen und die Demokratie in Wahrheit immer weiter gefährden, weil es auf diese Weise eine funktionierende Opposition gar nicht mehr gibt. So entsteht ein Teufelskreis aus Abwehr und zunehmender Bedrohung in einer Dynamik, die immer weniger beherrschbar wird.

Ich bin keineswegs dafür, alle extremen Positionen unbesehen zu umarmen, ihnen eine Bühne zu geben und den dreistesten Demagogen die Show zu überlassen. Ich bin weder für die einen noch für die anderen. Sondern dafür, dass die einen mit den anderen endlich anfangen zu streiten wie Erwachsene! Anstatt ständig nur Krach zu machen und zu versuchen, sich gegenseitig zu denunzieren und zu diskreditieren.

Ich bin überzeugt davon, dass nur die inhaltliche Auseinandersetzung, der offen ausgetragene Streit zwischen den Meinungen zu einer Auflösung der Polarisierung und zu neuen Erkenntnissen und Lösungen führen kann. Dass die Selbstreinigungskräfte der Demokratie nur funktionieren, wenn Auseinandersetzung wieder zum Tagesgeschäft wird.

Unser Land würde heilen, wenn ein Politiker der Linken oder der Grünen mit einem AfD-Politiker im Bundestag streiten würde, dass die Fetzen fliegen, aber die Beteiligten anschließend im Café Einstein Unter den Linden miteinander ein Bier trinken gingen, weil sie zwar in der Sache weit auseinanderliegen, aber sich als Personen und Demokraten schätzen. Leider ist eine solche Vorstellung derzeit vollkommen unrealistisch.

So lange wir alle nur aus Furcht vor Streit unsere eigenen Reihen schließen und die Menschen aus den anderen Lagern ausgrenzen, entfreunden, ächten, verbannen – so lange wird die Entmischung der Gesellschaft immer weiter fortschreiten. Aber wir haben die Chance, dies zu verhindern.

Aus diesem Grund will ich Streit, richtige, sinnvolle Auseinandersetzung in diese Gesellschaft tragen. Ich will offene und lautstarke Debatten hören über die Themen, die uns alle beschäftigen, beängstigen und beunruhigen. Meine Botschaft ist:

Hört auf, den Konflikten aus dem Weg zu gehen!

Hört auf, Menschen, die anderer Meinung sind, die Freundschaft aufzukündigen!

Hört auf, Angst vor Meinungsverschiedenheiten zu haben!

Streitet endlich!

Tun wir es endlich, denn sonst sind wir die Erschaffer gewaltsamer Konflikte, die dieses zersplitterte Häufchen unserer Gesellschaft überrollen.

KOLLAPS

UND DASS SOWAS VON SOWAS KOMMT

Zum Frieden gezwungen, dabei aber mit der geballten Faust in der Tasche, zersplittert und entfreundet. So steht unser wankender Gesellschaftskörper da. Er ist schon fast k. o. Und mit jedem erneuten Nichtausfechten und Nichtansprechen von Konflikten verliert unsere Gesellschaft weiter an Gemeinschaftskraft und Zusammenhalt.

Ich weiß, es klingt paradox – aber ich glaube, dass die gemeinsame Basis verloren geht, wenn wir uns weigern, uns wirklich miteinander auseinanderzusetzen. Mit dem Friedensdiktat haben wir uns in eine verkrampfte, unfreie Gesellschaft hineinmanövriert. Es macht keinen Spaß, so miteinander zu leben. Aber das ist nicht das Schlimmste. Denn mit dem Verlust der gemeinsamen Basis droht uns eine schwere Gefahr.

Schwach sind wir geworden. Anfällig gegen Bedrohungen von innen und außen. Dadurch, dass die Menschen einander immer fremder werden und sich misstrauen, hat unsere Gesellschaft Risse bekommen.

Aus den Rissen können schon sehr bald Spalten werden. Und aus den Spalten Gräben. Dann stehen wir am Rande eines Abgrunds – und es geht nur noch bergab.

Sind wir schon so weit?

Die umgekippte Konsenssoße

Ich stelle mir den Zustand unserer Gesellschaft vor mit dem Bild der faul gewordenen, üblen Konsenssoße. Die hat seit unzähligen Jahren keiner mehr umgerührt. Dieser zuckersüße Brei steht unangetastet an einem warmen Ort, bekommt keine Frische ab, keinen Luftzug. Ein perfekter Nährboden für Bakterien und Keime. Weil niemand sich traut, frische Gedanken und Meinungen hineinzugeben, oder sie mit Impulsen durchmischt, findet kein Austausch statt. Da hat die Soße zu stocken begonnen. Und so ist unsere klebrige, zähe Konsenssoße, in der wir so brav und unbeweglich stecken, umgekippt!

Auf einmal fühlen wir uns nicht mehr wohl. Hat da nicht eben der Bauch laut gegrummelt? Ist da nicht dieses flaue Gefühl im Magen – diese leichte Übelkeit? Ich habe eine Vermutung – wir haben uns durch den fauligen Harmoniepudding eine Vergiftung zugezogen und erleben gerade die ersten Krankheitssymptome. Schmerzen, Übelkeit, Abgeschlagenheit. Wir wollen lieber ignorieren, dass unser Körper angegriffen wird. Verdrängen die Symptome. Wollen nicht wahrhaben, wie sich die Giftstoffe in unserem Körper breitmachen. Dass wir krank werden. Aber die Wahrheit ist: Wir sind bereits ein ausgelaugter Gesellschaftskorpus.

Und in so einem geschwächten Zustand prasseln nun jede Menge Angriffe auf unser soziales Immunsystem, auf unsere innere Sicherheit, auf unseren gelähmten Selbsterhaltungstrieb ein. Wir werden immer wieder attackiert. In unserer Mitte. Amokläufe, Attentate, Terroranschläge, Vergewaltigungen, Messerattacken. Und davon jedes Jahr mehr. Die Angst vor neuen Gewalttaten wächst immer weiter. Wie sicher fühlen Sie sich heute auf Massenveranstaltungen?

Ich sehe auf Weihnachtsmärkten Menschen, die an den Glühweinständen keinen Glanz in den Augen haben, sondern Angst. Die sich an ihren heißen Tassen festklammern und mit skeptischen Blicken die Absperrgitter prüfen. Und das nicht nur am Berliner Breitscheidplatz oder in Nizza an der Promenade. Keine Fußgängerzone kommt mehr ohne Betonbarrieren aus. Kein Popkonzert in einer großen Arena ist nach den Anschlägen in Paris oder Manchester so entspannt wie vorher. Checken die Fahrgäste im Zug nicht unbewusst ihre Mitfahrer darauf ab, ob jemand ein Beil oder Messer in greifbarer Nähe hat? Und feiern die Kölner noch genauso ausgelassen Silvester auf der Domplatte wie früher?

Eine Studie des Instituts für Demoskopie Allensbach hat 2016 diese wachsende Unsicherheit nachgewiesen. Der Umfrage zufolge fühlt sich nur noch die Hälfte aller Menschen auf Massenveranstaltungen sicher. Die andere Hälfte ist verunsichert, hat Angst oder zumindest ein ungutes Gefühl.

Das Fieber

Das ungute Gefühl ist ein Fieberschub, der nach jedem neuen Gewaltakt den Gesellschaftskörper aufs Neue durchrüttelt – und schwächt. Jedes Mal werden wir verunsicherter, ängstlicher, ziehen uns ein bisschen mehr in uns zurück. Werden vorsichtiger, unglücklicher, bekümmerter. Kränker.

Wir, als Kollektiv, wir verändern uns.

Und wie der vergiftete Patient, der stark sein und bloß keine Schwäche zeigen will, so machen es auch die Deutschen. Sie tun so, als sei eigentlich alles in Ordnung. Behaupten, eigentlich gehe es ihnen gut. Aber da machen sich alle was vor.

In München hat es am 22. Juni 2016 einen grauenhaften Anschlag gegeben. Am Olympia-Einkaufszentrum hatte ein 18-Jähriger am Frühabend begonnen, gezielt auf Menschen in einem Restaurant, auf der Straße und in der Shoppingmall zu schießen. Die

Erkenntnislage zur Anzahl der Täter und zu ihrem Aufenthaltsort war bis spät in die Nacht hinein unklar. Die Stadt war verunsichert, die Straßen waren wie leergefegt, weil die Bewohner die Warnung der Polizei befolgten, öffentliche Plätze zu meiden. Wer konnte, beeilte sich, von der Straße zu kommen, begab sich nach Hause. In Sicherheit. Insgesamt zehn Menschen starben, zahlreiche wurden verletzt, und die Münchner waren traumatisiert von der Brutalität des Amoklaufs. Nachdem sie sich aus der Schockstarre und Trauer, die noch ein paar Tage und Wochen anhielt, gelöst hatten, formierte sich eine trotzige Haltung gegenüber der Gewalt. Die Münchner haben das getan, wozu in solchen Situationen üblicherweise Bundesinnenminister aufrufen: Sie wollten sich vom Terror nicht einschüchtern lassen. Und um dieser Haltung Ausdruck zu verleihen, gingen die Münchner wieder auf öffentliche Plätze und Veranstaltungen, Konzerte und Sportevents. Und auch auf das Oktoberfest.

Das politische und mediale Mantra, mit dem wir beruhigt werden sollen, lautet: Wir lassen uns nicht einschüchtern. Der Terror darf nicht erreichen, dass Angst und Schrecken einen Keil in unsere Gesellschaft treiben. Ein gut gemeinter Hinweis. Aber in Wahrheit ist längst schon das Gegenteil passiert und dieses Mantra bleibt eine hohle Sprechblase. Der Keil ist längst in der Gesellschaft und wird mit jeder Schreckensnachricht tiefer hineingetrieben. Wir behaupten trotzig, dass es uns eigentlich gut geht. Dass wir immer noch dieselben sind. Und wir uns das Feiern nicht verbieten lassen. Aber wir schaffen es nicht, diesen Satz zu leben. Höchstens oberflächlich. Weil wir eben doch verunsichert sind. Und ängstlich. Weil das Feiern sich nicht mehr wie Feiern anfühlt.

Das unverbotene Feiern

Meine Frau geht jedes Jahr mit ihren Freundinnen aufs Oktoberfest. Die Mädels bereiten den Besuch immer schon Monate vor und hübschen ihre Festtagsdirndl auf. Und dann fahren sie nach München und freuen sich auf die gute, ausgelassene Stimmung. Aber 2016 war es einfach anders. Klar, nach dem Anschlag im Juni gab es ein neues Sicherheitskonzept, neben dem Sicherheitsdienst hatte auch die Polizei ihre Präsenz deutlich aufgestockt. Davon hatten wir schon in der Zeitung gelesen. Das begann bereits im Wirtshaus unweit vom Marienplatz. Während meine Frau mit ihren drei Freundinnen beim traditionellen Weißwurstfrühstück saß, marschierten zweimal bewaffnete Bereitschaftspolizisten durch die Wirtsstube.

Rund ums Festgelände gab es zudem neu installierte Kameras und einen festen Zaun. Rucksäcke waren grundsätzlich verboten und die Einlasskontrollen waren viel genauer. So haben sich Schlangen an den Eingängen gebildet. Die Ladys haben sich angestellt und gewartet, bis schließlich ihre Täschlein von bewaffneten Ordnern untersucht worden waren. Als sie dann endlich durchgelassen wurden, war von der leichten und lockeren Feierstimmung, mit der sie angereist waren, nichts mehr übrig.

„Weißt du", sagte meine Frau später zu mir, „ich würde das ja gerne so machen. Mich nicht einschüchtern lassen von der Angst. Und mich nicht anstecken lassen von dem mulmigen Gefühl, das da über die Wiesn gewabert ist. Aber es hat sich einfach alles anders angefühlt als vorher. Überall siehst du diese schwerbewaffneten Polizisten, die ernst dreingucken. Gelacht wird kaum. Ich fand es ja gut, dass die Polizisten für Sicherheit sorgen, aber es bleibt ein Gefühl der Unsicherheit."

Das ging nicht nur meiner Frau so. Das Oktoberfest verzeichnete in der Gesamtbilanz 2016 einen Besucherrückgang. Nur noch 5,6 Millionen Besucher, der Durchschnittswert der letzten zehn Jahre lag bei 6,3 Millionen. 2017 waren es zwar wieder mehr, aber die Stimmung war nicht mehr die gleiche. Immerhin findet das größte Volksfest der Welt immer noch statt. Die Bamberger Sandkerwa 2017 wurde von den privaten Betreibern abgesagt – mit dem Hinweis auf die „aktuelle Sicherheitslage" und die „finanziellen Risiken".

Wenn das Sicherheitsgefühlt futsch ist, löst das bei uns einen uralten Reflex aus. In der Hoffnung, die Sicherheit wieder herstellen zu können, muss die Freiheit Federn lassen. Denn die Politik reagiert reflexartig – mit dem Ruf nach mehr Überwachung und mehr Einschränkungen für die Bevölkerung. Dann werden wieder mehr Polizisten eingestellt, es wird darüber debattiert, mehr Geld für die innere Sicherheit bereitzustellen. Es werden mehr Kameras aufgestellt. Und wieder reichlich Daten gesammelt und gespeichert. Die Politik rüstet auf. Und meint, damit das probate Mittel gegen die Unsicherheit gefunden zu haben. Denn fast jeder zweite Deutsche glaubt, dass die Polizei ihn derzeit nicht effektiv schützen kann, und wünscht sich deshalb eine Personalaufstockung.

Aber ich bezweifle, dass mit mehr Polizisten oder besserer Waffenausrüstung unser Wohlgefühl steigt. Dass wuchtige Betonpoller in Fußgängerzonen gegen Beklommenheit helfen. Stellen Sie sich mal vor, das Grundgesetz wird dahingehend gelockert, dass die Bundeswehr im Inneren eingesetzt werden kann – so wie es immer wieder diskutiert wird: Dann würden Panzer zu unserem Schutz vor Kirchplätzen auf- und abrollen. Nimmt die Angst vor Angriffen dann wirklich ab? Wenn ich mich daran gewöhnen soll, morgens auf dem Weg zum Bäcker Schwerbewaffnete mit Sturmgewehren an jeder Straßenecke zu sehen, die zu unserem Schutz personenkontrollierend durch die Innenstädte ziehen, dann muss ich Ihnen sagen: Mich würde das nicht beruhigen! Mich würde es in meinem Argwohn bestärken, dass Deutschland nicht mehr sicher ist.

Deshalb werden die Bürger selbst aufmerksamer. Rüsten innerlich auf. Wenn die Polizei sie schon nicht beschützen kann, tun sie jetzt ihr Bestes, sich selbst zu beschützen. Versuchen, ihr inneres Sicherheitsimmunsystem selbst zu stärken. Ich bemerke, wie meine Mitmenschen heute genauer hinschauen, wenn sich in der U-Bahn ihnen gegenüber jemand mit Rauschebart und dunkler Hautfarbe hinsetzt. Könnte der ein Terrorist sein? Sie machen einen Bogen um die „Little-Istanbul"-Viertel unserer Städte. Beäugen misstrauisch das Geschehen rund um die Moscheen und Treffpunkte islamischer Gemeinden. Checken an Flughäfen ab, ob dieser schwarze Rucksack da an der Tür auch einen Besitzer hat. Alles, was nicht aussieht wie der bundesdeutsche Durchschnittsnormalo und sich anders verhält, wird überwacht, belauert, beaufsichtigt.

Vor lauter fleißigem Beobachten und genauem Hinschauen auf die Oberflächlichkeiten kommen wir aber nicht mehr dazu, einander wirklich in die Augen zu blicken. Uns einander anzuvertrauen, einander zuzuhören, sich füreinander zu interessieren. Das ist zu anstrengend und zu zeitaufwendig, wenn wir gleichzeitig noch damit beschäftigt sind, unsere Gesellschaft zu sichern. Und schließlich müssen wir ja auch noch an uns selbst denken. Aber, liebe Leute, können wir in so einem Zustand wirklich und ernsthaft behaupten, dass wir noch eine intakte Gemeinschaft sind?

Die Ohnmacht

Ich finde, dass der Zusammenhalt in unserer Gesellschaft immer mehr schwindet. Und ich sehe, wie Menschen aufhören, sich füreinander zu interessieren und nicht mehr offen und freundlich aufeinander zugehen und sich füreinander stark machen. Deshalb fühle ich mich zunehmend heimatlos in meiner Heimat. Ich fühle mich hier nicht mehr aufgehoben. Heimat und Kultur, gegenseitiges Vertrauen, Interesse füreinander, diese ganzen identitätsstiftenden Elemente, die uns Sicherheit und Stärke verleihen, sind futsch.

Mitbürger begegnen einander mit Vorbehalten und Misstrauen und schotten sich ängstlich und argwöhnisch voneinander ab. ALLES ist anders. Da geht nicht nur eine gemeinsame Feierkultur den Bach runter. Wo ist denn überhaupt noch echte, vielgestaltige und offene Gemeinschaft, die neue, fremde Mitglieder freundlich willkommen heißt? Das große Problem unserer Gegenwart ist, dass wir einander nicht mehr trauen. Das ist dramatisch, weil Vertrauen der Kitt einer Gesellschaft ist. Stattdessen können wir einander ganz besonders kunstvoll etwas vormachen. Weil aber jeder merkt, dass das Vorgemachte nicht echt, nicht ernst gemeint ist, wächst das gegenseitige Misstrauen.

Doch Misstrauen ist der Anfang vom Ende eines jeden sozialen Systems: Eine Familie, eine Fußballmannschaft, ein Unternehmen, ein Land, eine Gesellschaft, deren Mitglieder einander misstrauen, hat keine Zukunft. Und dass wir aus der jüngeren Geschichte nicht genug gelernt haben, erschreckt und frustriert mich. In der Misstrauensgesellschaft der DDR waren Verlogenheit und Hintenrum an der Tagesordnung. Wie schockiert war ich, als Anfang der 1990er Jahre die Kausa „IM Donald" publik wurde. Da belegten Stasi-Akten, dass der Autor Knud Wollenberger seine eigene Familie, die drei Kinder und vor allem seine Frau Vera, eine in den späten 1980er Jahren bekannte DDR-Oppositionelle, ausgespitzelt hatte. Das müssen Sie sich mal vorstellen: Sie sind mit Ihrem Partner beim Bergwandern. Sie besprechen in ruhiger Zweisamkeit Dinge, die Ihnen am Herzen liegen, die Vertraute miteinander besprechen. Sie suchen Unterstützung und Rat. Und lesen später schwarz auf weiß, dass dieser Partner hintenrum Ihre Herzensangelegenheiten seinem Führungsoffizier in die Feder diktierte. Vera Lengsfeld, die nach Aktenöffnung den detaillierten Verrat ihres Mannes in den Akten nachlas, war fassungslos: „Wie kann das funktionieren, dass einer so ein liebevoller Vater ist und dann solche Berichte schreibt? Wie kann ein Mensch das? Ich begreife es einfach nicht."

Ich begreife es auch nicht. Und weiß nicht genau, was ich an so einem System am Furchtbarsten finden soll. Dass dieses Beispiel leider kein Einzelfall, sondern die Bespitzelung in Familien, Nachbarschaften, Büros alltäglich war? Dass es jedes Vertrauen zwischen Menschen unwiderruflich zerstört hat, niemand wirklich mehr wissen konnte, woran er beim anderen war? Dass die Menschen sich aus Angst vor ihren Nächsten in sich selbst zurückgezogen haben?

Ja, Sie haben recht, wir leben heute nicht in der DDR, und solche staatlich gesteuerten und verordneten Perversionen sind in dieser Dimension derzeit (noch) nicht wieder vorstellbar in Deutschland. Wir haben keine reinen Petzpolizei-Zustände wie damals. Aber an die Stelle der Instanz Stasi ist heute die Political Correctness getreten, die sagt, was geht und was nicht. Und in diesem Fahrwasser bilden sich bereits wieder Institutionen heraus, die genauso gut in der DDR hätten existieren können. Manchmal sogar mit identischem Personal!

Anetta Kahane lässt sich heute als „Menschenrechtsaktivistin“ bezeichnen. Aber zu DDR-Zeiten war sie „IM Victoria“, ein Stasi-Spitzel. Sie horchte Dutzende Bekannte aus ihrem nächsten privaten Umfeld für die DDR aus: auf Faschingsfeiern, einer Hochzeit, einem Konzert oder einem Stadtbummel. Heute ist sie Vorsitzende der Amadeu Antonio Stiftung, die zum Teil mit Millionensummen aus dem Bundeshaushalt, also mit Steuermitteln, finanziert wird. Diese Stiftung spielt eine zentrale Rolle bei der Säuberung der sozialen Medien von Meinungen, die zwar nicht strafbar, aber regierungsseitig nicht gewollt sind und darum als „Hass“ bezeichnet werden. Damit ist immer nur rechter „Hass“ gemeint, natürlich niemals linksradikale, antideutsche oder antikapitalistische Hetze. Mit anderen Worten: Der Job von Frau Kahane ist immer noch der gleiche: Menschen mit unbequemen Meinungen denunzieren, zensieren und aussortieren.

Genaugenommen haben wir also in unserer Demokratie, auf die wir immer so stolz sind, sehr wohl auch heute wieder Zwangselemente. An die Stelle der kommunistischen Diktatur ist im 21. Jahrhundert der Konformismuszwang getreten, der darüber entscheidet, was geht und was nicht. Ja, das hinterlässt diktatorische Züge auf unserem demokratischen Antlitz!

Kein Wunder, dass wir die Offenheit und das Selbstvertrauen verloren haben, uns mit unserer Meinung in die Öffentlichkeit zu wagen aus Angst, ausgelacht, ausgebuht, ignoriert oder angelogen zu werden. Oder wegen unseres Aussehens vielleicht für einen Feind gehalten zu werden. Das macht uns in unserem Inneren total unzufrieden und unausgeglichen. Wir werden empfindlicher. Sind leichter reizbar. Dann schnauzen Arbeitskollegen sich gegenseitig an, verstehen Partner einander einfach nicht mehr und Familien zerbrechen. Die ganze Zersplitterung der Gesellschaft ist offenbar: überall Entfreundete.

Die Eintracht geht verloren. Dabei bedeutet Eintracht eben genau nicht, dass alle derselben Meinung sein müssen. Sondern dass eine Gruppe, geeint durch einen echten Frieden, sich über die grundlegenden Spielregeln des Zusammenlebens einig ist. Dass wir uns einander zumuten können, wie wir sind. In aller Ehrlichkeit und in aller Offenheit. Aber das ist wohl nur noch eine Wunschvorstellung. Stattdessen leben wir in einer Gesellschaft, in der wir nicht mehr genau wissen, wem wir vertrauen können – deshalb lassen wir es bleiben. So eine Gesellschaft kann keine Gemeinschaftsvision entwickeln und streitet sich stattdessen lieber über den Begriff „Leitkultur". Das ist eine Zwangsgemeinschaft. Und ich möchte das nicht – auf unsere Gesellschaft blicken und feststellen, dass sich die Menschen nicht trauen, sich einander zuzumuten.

Dabei hat jeder seinen individuellen Ansatz, damit umzugehen. Mit der Verunsicherung, dem fundamentalen Misstrauen mitten unter uns. Unsere Biologie hat für Krankheitsfälle, bei denen der Körper nur noch im Basismodus funktioniert, ein Notprogramm in petto. Das wählt einen von drei Verhaltensreflexen fürs Überleben in solch einer Situation: Flucht, Angriff und Totstellen.

Flucht: der Rückzug

Eine Überlebensstrategie der Verunsicherten ist das Stillhalten, Klappehalten. Die Egolution. Früher haben diese Menschen durchaus mal versucht, ihre Ideen, ihre Meinungen zu äußern. Zaghaft, leise. Und kein Gehör dafür gefunden, wenn es nicht lupenreines Konsensgewäsch war. Sie sind überschrien oder einfach nicht bemerkt worden. Und weil sie nicht der Typ Missionar oder Marktschreier sind, haben sie resigniert und sich zurückgezogen. Wie Erdmännchen in ihre Löcher. Man findet sie kaum noch, sie haben sich weitgehend in die Isolation verabschiedet. Und es ist ihnen auch egal, wie es weitergeht. Sie haben den Glauben an die Gesellschaft verloren. Manche von ihnen wandern aus.

Angriff: der Konter

Wer sich nicht verkriechen will, geht in den Angriffsmodus über, geht nach außen – wo es dann richtig laut wird. Wie wenn einer explodiert. Aus dem schäumt die Wut heraus, der schreit laut seinen Ärger in die Welt. Manche meiner Freunde interpretieren das so: „Ist doch super – die Leute sagen wenigstens, was sie denken." Sie verweisen darauf, dass da doch immerhin Meinungsäußerung passiert. Es stimmt, die passiert. Aber die Menschen, die sich so mitteilen, haben oft jedes Maß und jede Mitte für eine normale, verdauliche Meinungsäußerung verloren, die angehäufte Missstimmung hat jede Vernunft ausgehebelt. Da entsteht keine respektvolle Umgangsform miteinander. Das ist schlicht das Niederbrüllen des Gegners. Ein verbaler Zornausbruch. Das hat mit einem ordentlichen, achtsamen gesellschaftlichen Diskurs nichts mehr zu tun, sondern ist reiner Ausdruck von Verdrossenheit. Ein pauschales und radikales Be- und Verurteilen von Geschehnissen und Mitmenschen. Im Internet dynamisiert sich die Hassrede so, dass voreilige Politiker sie schon wieder zu verbieten suchen. Und damit den Angriffsmodus nur noch anstacheln. So kommt solche Hetze und Gegenhetze immer öfter und radikaler vor. Social Media macht die nächste Rufmordkampagne ganz leicht – sie ist nur einen Klick weit entfernt. Ist ein Gerücht erst mal in der Welt, ist der Angeschwärzte auf unabsehbare Zeit stigmatisiert und vorverurteilt. Und die Netzanonymität breitet sich wie ein schützender Deckmantel über den Online-Hetzer. Die Opfer stehen nackt da, in der Öffentlichkeit. Sie verlieren ihre Freunde, ihre Familien, ihre Jobs, bevor die Vorwürfe überhaupt untersucht, geschweige denn vor einem Gericht geprüft werden konnten. Sie werden als Täter gebrandmarkt – ohne Belege, ohne Nachweise.

Wenn ordentliche Gerichte dann Urteile sprechen, stehen die Gehetzten oft schon längst vor den Trümmern ihrer Existenz. Der deutsche Meteorologe Jörg Kachelmann ist so ein prominentes Opfer einer Hetzkampagne. Der wurde von seiner Ex-Freundin denunziert und angeklagt. Er habe sie vergewaltigt und schwer verletzt, gibt sie an. Daraufhin wurde der Moderator von Stimmungsmachern mit Beschimpfungen und scharfen Kommentaren durch die Medien gehetzt, abgewertet. Ansehen, Karriere und Würde waren futsch. Als der Vorsitzende Richter des Landgerichts Mannheim Michael Seidling vor den versammelten Prozessbeteiligten und den flitzebogengespannten Journalisten den Freispruch verlas, stand Kachelmann privat und beruflich bereits vor einem Scherbenhaufen. Man hatte ihn seiner Existenz beraubt. Ein Unschuldiger, der zum Schluss eben doch ein Verurteilter war. Dabei sollte doch gelten: Bevor einer nicht verurteilt ist, gilt er als unschuldig. Eine Tugend, die heute zunehmend keine Rolle mehr spielt. Die Meute hat keinerlei Hemmungen, über jemanden herzufallen, ihn zu vernichten.

Ich frage mich: Wo ist da noch die Verhältnismäßigkeit? Immer mehr Menschen lassen sich zu immer brutaleren Äußerungen hinreißen. Dieses Verhalten vergiftet die Stimmung immer mehr. Denn hier sind Worte schon Taten. Jemand der verleumdet und denunziert wird und einer Rufmordkampagne zum Opfer fällt, der ist oft wirtschaftlich und sozial vernichtet. So auch durch die #MeeToo-Bewegung: Im berechtigten Versuch, männliche Gewalt gegen Frauen zu thematisieren, werden Schauspieler und Regisseure ohne Rechtsurteil stigmatisiert und in ihrer beruflichen Existenz vernichtet, ja teilweise aus Filmen und somit aus dem kollektiven Gedächtnis geradezu ausgelöscht.

Totstellen: die stille Revolution

Es gibt noch einen dritten Verhaltensreflex: die Flucht in die stille Revolution. Den immer mehr Leute wählen. Nämlich diejenigen verunsicherten Menschen, die ihren Ärger nicht so unkontrolliert in die Welt hinausschreien möchten. Die aber ihre eigenen festen Überzeugungen leben wollen, auch wenn sie nicht dem Mainstream entsprechen. Die zum Beispiel zur Flüchtlingskrise eine eigene, differenzierte Meinung haben und nicht nur einen einzigen Segen im unkontrollierten Zustrom von Migranten sehen, sondern auch Gefahren und Risiken thematisieren. Die immer wieder von den Konsenspolizisten aufgegriffen und bearbeitet wurden, bis sie sich nicht mehr trauten, etwas zu sagen. Die Angst haben, für ihre Haltung und Meinung diskreditiert zu werden. Sie arrangieren sich auf eine andere Weise mit der Zwangsgemeinschaft. Werden zu Anhängern einer Revolution. Einer stillen Revolution.

Zuerst suchen die Ausgestoßenen Gleichgesinnte. Unterstützer für ihre Positionen. Haben sie die gefunden, schließen sie sich zu Gruppen zusammen und bauen sich eine ganz eigene Welt mit ihren eigenen Gesetzen, an die sich alle halten müssen. Diese Gruppe ist mit einer selektiven Wahrnehmung ausgestattet – alle sehen durch die eine, die Gruppenbrille auf das Außen, in dem sie nur physisch, aber nicht mehr wirklich mit Seele und Geist leben. Für die Gedanken und Gefühle haben sie ja jetzt ein neues Zuhause gefunden: ihre Gruppe, die auf jeden Fall recht hat, in der einander nicht widersprochen wird.

In so einer Gruppe ist man sich wunderbar einig. Da wird nicht mehr groß diskutiert. Und deshalb wird die Gruppenmeinung auch immer fester, starrer. Und je weniger Widerworte kommen, umso mehr glaubt sich die Gruppe mit ihrer Meinung im Recht. Dann erscheint es gänzlich unsinnig, den anderen außerhalb der Gruppe überhaupt noch zuzuhören. Und noch härter: Die Gruppenmenschen in der stillen Revolution fangen an, sich zu freuen, wenn es den anderen schlecht geht, wenn sie Nachrichten hören, die ihnen in die Karten spielen. Und durch all diese Aktionen werden sie immer mehr bestärkt in ihrer Gruppenmeinung und werden immer verbitterter gegen die Konsensgesellschaft, gegen Andersartigkeit. Es gibt keinen neutralen Blick mehr – auf nichts. Und eine gesunde Mitte ist längst futsch.

An diesem Punkt können wir es nicht mehr leugnen: Wir haben einen Virus im Körper – und den Moment verpasst, an dem wir uns noch hätten kurieren können. Jetzt schlittern wir voll in die Krankheit hinein und auf den Abgrund zu. Die zersplitterte, misstrauische Gesellschaft redet entweder gar nicht oder sie schreit rum oder befindet sich in einer stillen Revolution.

Von einer stillen Revolution haben Sie noch nichts mitgekriegt? Stimmt. Das ist ja das Ziel. Am Anfang ist es ganz still. Die Gruppe gibt sich nicht zu erkennen, die Individuen bleiben zunächst in einem geschlossenen und unsichtbaren Kreis. Es ist die gefährliche Ruhe vor dem Sturm. Unzufrieden und resigniert, aus dem öffentlichen Raum ausgeschlossen, schleichen Menschen in die geschlossenen Gruppen. Wie das Gift, das sich in die Adern schleicht.

Warum die stille Revolution giftig ist

Solche geschlossenen Gruppen werden gebildet, weil sie Orte darstellen, an denen sich noch jeder Querdenker so offen mitteilen kann, wie es in der Gesellschaft oft nicht mehr möglich ist. An denen jeder, der politisch unkorrekte Sachen sagt, merkt, dass er gar nicht so alleine ist, wie es der Mainstream behauptet. Es gibt Gleichgesinnte im geschlossenen Kreis der Haltungsgleichen. Da kann sich auch der angeblich unkorrekt Denkende mit seiner Meinung sicher fühlen, da kann er sich Luft machen. Da sind seine Gedanken plötzlich wieder so frei, wie sie sein sollen, im öffentlichen Diskurs aber schon längst nicht mehr sind.

Er ist unter Leuten, die ähnlich denken wie er.

Ein gutes Gefühl.

Wow.

Alle in so einer Gruppe fühlen sich verbunden, verstanden. Da wird ihnen zugehört. Beigepflichtet. Dort teilt man ihre Bedürfnisse, die sie außerhalb der Gruppe nicht äußern dürfen. Da gibt es derzeit beispielsweise eine nicht geringe Anzahl an Deutschen, die vor einer Islamisierung des Abendlands Angst haben. Die also buchstäblich davon ausgehen, dass Deutschland in ein islamisches

Kalifat umgewandelt wird, in dem alle, die nicht zum Islam übertreten, versklavt oder getötet werden, so wie es in der Tat im Koran steht und in anderen islamischen Gottesstaaten bereits geschehen ist. Diese Angst können Sie jetzt für berechtigt oder unberechtigt halten, Fakt ist: Sie existiert! In den Köpfen vieler Menschen. Aber aus der Sicht dieser Besorgten gibt es keine Partei, die sich ausreichend wahrnehmbar und direkt mit diesen Befürchtungen auseinandersetzt und mit Maßnahmen, um sie vor dieser Entwicklung zu schützen. Diese Menschen sprechen an Stammtischen darüber und finden auch in den sozialen Medien weitere Anhänger.

Und so ist Pegida entstanden. Der Verein, der sich ausgeschrieben „Patrioten Europas gegen die Islamisierung des Abendlandes“ nennt, fühlte seine Interessen im deutschen Parlament nicht vertreten – was bis zum Einzug der AfD ins Parlament im Herbst 2017 unbestreitbar zutraf. Und so betrieb er seine Opposition gegen den aus seiner Sicht falschen Regierungskurs außerparlamentarisch.

Wie damals die APO ab 1966, die ihre Forderungen nicht in der Politik vertreten sah. Die eine deutlich kritischere Aufarbeitung der deutschen Kriegsgeschichte forderte und einen Rückfall in faschistische Strukturen befürchtete. Auch damals gab es keine institutionalisierte, laute Stimme im Parlament, die sich für diese Haltung stark gemacht hat.

APO und Pegida, das ist nicht dasselbe? Das stimmt natürlich. Inhaltlich sind sie so unterschiedlich wie Feuer und Wasser. Aber dennoch gleichen sie sich mehr, als viele in unserer Gesellschaft wahrhaben wollen. Beide entstanden in einer Zeit, in der sie ihre Haltungen von der etablierten Parlamentspolitik, aus ihrer Sicht ein haltungsschwaches Konsenssoßenparlament, nicht ausreichend vertreten sahen. Wie früher die APO fühlt sich Pegida vom „System“ ignoriert und entfremdet. Wiederholt sich da – bei allen inhaltlichen Unterschieden – gerade die deutsche Geschichte?

Raten Sie mal, von wem der Satz stammt: „Ich halte das bestehende parlamentarische System für unbrauchbar. Das heißt, wir haben in unserem Parlament keine Repräsentanten, die die Interessen unserer Bevölkerung, die wirklichen Interessen unserer Bevölkerung ausdrücken." Er stammt nicht von Lutz Bachmann von Pegida. Sondern von Rudi Dutschke, dem führenden Aktivisten der 68er-Studentenbewegung.

Und wer sprach zuerst von der „Lügenpresse"? Nicht die Pegida oder die AfD. Sondern die 68er-APO. Das macht diesen Ausdruck weder besser noch schlechter. Aber es zeigt, dass in konsensstarken Zeiten Gruppen entstehen, die die parlamentarische Opposition für zahnlos halten oder sich von deren Politik nicht überzeugen lassen. Diese nicht gewünschten Meinungen rutschen an die Ränder der Gesellschaft wie durch Fliehkraft von der Mitte abgestoßen. Der satte, träge Republikskörper übt auf die Gruppe von meinungsstarken, andersdenkenden Menschen keine Anziehungskraft mehr aus.

Durch eine Neigungsbewegung der CDU unter ihrer Vorsitzenden Angela Merkel weit hinein ins linke politische Spektrum hin zu Positionen, die zuvor SPD und Grüne besetzt haben, hat sich die Politik in den vergangenen Jahren auf das Themengebiet links der Mitte fokussiert. Merkel gelang es dadurch, die FDP, die SPD und die Grünen zu dezimieren bzw. kleinzuhalten und so ihre Machtbasis zu erhalten. Allerdings nahm sie dabei in Kauf, dass die CDU viele konservative Positionen räumte: Die Wehrpflicht fiel, der Mindestlohn und die Mietpreisbremse kamen, die Homo-Ehe wurde eingeführt, der Ausstieg aus der Kernkraft und die Energiewende beschlossen, die doppelte Staatsbürgerschaft, die Vergemeinschaftung von Schulden innerhalb Europas – um nur einige Positionen zu nennen. Der Effekt: Rechts von der Mitte öffnete sich ein großer Raum, ein politisches Vakuum.

Der CSU-Vorsitzende Franz Josef Strauß hatte einst gewarnt: Rechts von der Union darf es keine demokratisch legitimierte Partei geben! Aber Angela Merkel scherte sich darum nicht mehr.

Als 2015 über eine Million Migranten und Flüchtlinge nach Deutschland strömten und hier alles Mögliche suchten – Schutz vor Krieg oder Armut, ein gutes Auskommen und ein Dach über dem Kopf –, erklärte die deutsche Bundeskanzlerin: „Wir schaffen das.“ Das war großkoalitionärer Konsens. Ja, sogar die Opposition blies in das gleiche Horn. Die Parteivorsitzende der Grünen Katrin Göring-Eckardt ergänzte: „Unser Land wird sich ändern, und zwar drastisch. Und ich freue mich drauf!“ Auch im Fernsehen und in den Zeitungen wurde eine völlig unreflektierte Begeisterung zelebriert, alle berauschten sich an dem Gefühl, dass sich Deutschland in dieser Phase der Geschichte endlich mal weltoffener und menschlicher als der ganze Rest der Welt zeigte. Das war gesamtparlamentarischer und gesamtgesellschaftlicher politischer Konsens.

Aber die Menschen, die gedacht haben: „Wir schaffen das nicht?“ Die Angst hatten, dass sich ihr Heimatland verändern wird, dass durch die vielen Fremden sich die Atmosphäre im Land umkrempeln wird und dass es nicht mehr dasselbe sein wird? Die sich nicht auf die Veränderungen freuten? Die wurden mundtot gemacht. Für die gab es keine offenen Ohren und kein Verständnis. Und so haben sie sich eine neue Haltungsheimat bei Pegida gesucht, wo sie herzlich willkommen geheißen wurden. So wuchs und wuchs diese Bewegung ganz wesentlich als Reaktion auf die Diskussionsunfähigkeit und -unwilligkeit der berauschten Mehrheit.

Erst ist Stille – dann ist hinterher das Geschrei umso lauter

Die Menschen, die sich in der stillen Revolution befinden, werden kaum wahrgenommen. Das liegt nicht daran, dass sie sich nicht äußern. Wir kriegen deshalb nichts von ihnen mit, weil diejenigen, die nicht ins einheitsbunte Friedensbild passen, von uns abgeschirmt werden. Deshalb werden sie ignoriert, diffamiert, als rechte Spinner verunglimpft und abgetan.

Und dann passiert sowas: Kuschelkonsens-Deutschland war sprachlos, als am 24. September 2017 die ersten Hochrechnungen verkündet wurden. Der Bundestagswahlabend. Die Republik hält den Atem an, gespannt darauf, welche Mehrheiten und damit Bündnismöglichkeiten aus den Urnen herausgelesen werden können. Die Fernsehanstalten bringen die ersten Zahlen. Die SPD ist entsetzt über ihr schlechtes Ergebnis, die Union freut sich ein bisschen darüber, nicht der Oberverlierer zu sein. Die Gesichter der Grünen und Linken zeigen auch nicht unbedingt freudige Erregung – sie hatten sich mehr erhofft.

Gibt es denn gar keine Sieger? Doch! Christian Lindner hat mit seiner FDP den größten Stimmengewinn errungen, heißt es im Fernsehen. Moment mal. Das stimmt nicht! Denn auf dem Balkendiagramm hinter dem Moderator ist der blaue Balken größer als der gelbe. Das heißt im Klartext, dass die AfD der eigentliche Gewinner des Wahlabends ist. Das merkt der Moderator jetzt doch auch noch an. Durch zusammengepresste Zähne quetscht er die mit 12,6 beachtlich hohe Prozentzahl für die Alternative für Deutschland hervor – für eine, wie er meint, Partei außerhalb des demokratischen Spektrums.

Mir gefällt manches im Programm dieser Partei und vieles in den Äußerungen exponierter Mitglieder überhaupt nicht. Aber ich frage mich dennoch, was hier nicht demokratisch sein soll. Diese Partei hat keineswegs die Abschaffung der Demokratie in ihr Programm geschrieben. Sie steht eindeutig auf dem Boden des Grundgesetzes. Und sie ist gerade zweistellig von der deutschen Bevölkerung im urdemokratischsten aller Prozesse – der Wahl – in den Bundestag gewählt worden! Genau so, wie es das parlamentarische Prozedere der deutschen Politik vorsieht. Wenn das nicht demokratisch ist, was ist es dann?

Es wird an diesem Abend und in dieser Nacht noch viel darüber gesprochen, was der Einzug der AfD in den deutschen Bundestag für eine Zeitenwende markiert. Wie gefährlich das neue, starke Rechtsaußen für die Gesellschaft ist. Dann kommt wieder so ein Tortendiagramm, aus dem die Wählerwanderung hervorgeht. Der Moderator deutet die Grafik. Ich kann mich nicht mehr genau an den Wortlaut erinnern, der Tenor war aber klar: Dieses starke Ergebnis war nur möglich, weil die anderen Parteien „es nicht richtig gemacht haben“.

Weil die versagt haben. Und lang und breit wurde diskutiert, welche Parteien Stimmen an die Rechtskonservativen verloren haben.

Was unter den Tisch fällt, ist die Tatsache, dass die AfD gewählt wurde, weil sie aus Sicht ihrer Wähler die richtigen Inhalte hatte. Weil sie sich so positioniert hat, dass das deutsche Wahlvolk sie zur drittstärksten Partei gemacht hat. Diese Betrachtungsweise entspricht aber nicht dem Zeitgeist des Hauptstroms in Medien und Politik. Stattdessen wird über die Enttäuschten, Abgehängten, Irrigen und Antidemokraten – die AfD-Wähler – gesprochen, die es gilt, wieder in den Volksparteien-Konsenstopf zu holen.

Versetzen Sie sich für einen Moment mal in einen AfD-Wähler an diesem Wahlabend. Und überlegen Sie sich, wie der sich fühlen muss, wenn über ihn ständig geurteilt wird, er habe sich mit seiner Entscheidung einfach falsch und undemokratisch verhalten, er habe eine unverzeihliche Fehlentscheidung getroffen. Glauben Sie, dass der am nächsten Tag in der Kantine am Mittagstisch offen über seine Wahlentscheidung spricht? Wo jetzt in jeder Zeitung, in jeder Talkshow nach den Idioten – immerhin 12,6 Prozent – gefahndet wird, die die AfD gewählt haben? Wo die Öffentlichkeit, die Medien sie in Sippenhaft genommen haben und mitleidig als dumme verlorene Schafe ansehen, die ganz schnell wieder eingefangen und mit Einheitsbrei übergossen werden müssen? Oder die gar gejagt und ausgegrenzt werden sollen, wie es der Präsident von Eintracht Frankfurt oder der Intendant des Friedrichstadt-Palastes in Berlin forderten? Das AfD-Bashing ersetzt jede dringend notwendige inhaltliche Auseinandersetzung und ist mittlerweile ein äußerst beliebter Volkssport geworden. Peinlich und unreflektiert drischt der Mainstream auf die Partei ein. Anstatt sich mit ihr auseinanderzusetzen! Ein Armutszeugnis. Wie sagte es der SWR-Chefredakteur Fritz Frey in einem Kommentar zu dem Thema? „Was seid ihr eigentlich für Schönwetterdemokraten!"

Das ewige Weggucken und Ausgrenzen hat dazu geführt, dass wir diese Partei nicht ernst und auch nicht so wirklich wahrgenommen haben. Und damit eine Meinung nicht wahrhaben wollten, die, in

Zahlen ausgedrückt, mit 12,6 Prozent sehr wohl in unserer Gesellschaft herrscht und die wir aus lauter Unbehagen unterdrückt haben. Wäre es uns lieber gewesen, die wären nicht wählen gegangen?

Ja, so undemokratisch denken tatsächlich viele, die die AfD als undemokratisch bezeichnen. In vielen linksalternativen Denkzirkeln ist es seit der Wahl Trumps, seit der britischen Brexit-Entscheidung und seit dem Einzug der AfD chic geworden, darüber nachzudenken, ob man das Wählen nicht lieber nur den Menschen gestatten sollte, die gebildet und reflektiert genug sind, um die „richtige“ Wahlentscheidung zu treffen. „Gegen Wahlen: Warum Abstimmen nicht demokratisch ist“ oder „Gegen Demokratie: Warum wir die Politik nicht den Unvernünftigen überlassen dürfen“ – so heißen vieldiskutierte Bücher, die derart an der Demokratie zündeln. Und die jene daraus ausschließen wollen, die die in ihren Augen „falsche“ Wahlentscheidung treffen wollen.

Aber wie wir es auch drehen und wenden: Dass die AfD mit 93 Abgeordneten ins Parlament eingezogen ist, spiegelt auf urdemokratische Weise die Haltung, die Gesinnung von vielen Menschen wider. Die finden, dass diese Partei Antworten auf ihre Fragen und Sorgen hat. Und eine Demokratie, die das nicht aushält, hat schlicht ihren Namen nicht verdient!

Jetzt wird's unbequem – hurra!

Sicher werden die Debatten im Bundestag durch den Einzug der AfD nicht unbedingt kuscheliger, einträchtiger, leichter. Das liegt aber nicht nur an der AfD. Denn die anderen Parteien haben begonnen, sie mit allen möglichen Tricks zu behindern. Eigentlich hätte sie den Alterspräsidenten stellen müssen – schwups, hat man die Geschäftsordnung geändert. Albrecht Glaser, der laut über das – äußerst problematische – Verhältnis des Islam zur Religionsfreiheit nachgedacht hatte, wurde – schwups – deswegen der Sitz im Bundestagspräsidium verweigert. Und einem interessierten AfD-Abgeordneten wurde von den anderen Spielern sogar das Mitkicken im „FC Bundestag“ verwehrt. Wie kindisch ist das denn?

Kein Wunder, dass der Ton rauer wird. Aber abgesehen von solchen Kindereien: Ist es denn so schlimm, dass alle sich härter angehen? Dann wird es halt unbequemer. Und prompt ist man sich in der Konsenssoße wieder einig: Oje, wie schrecklich, die Parlamentarier sind sich nicht einig. Hilfe, es wird unbequem. Oh Gott, oh Gott, oh Gott.

Herrgott noch mal! Soll ich Ihnen was sagen: Ich finde das großartig für uns. Und rufe den Zweiflern und Zauderern zu: Hurra, wie schön, dass wir uns nicht einig sind!

Das sind wir uns auch bei der Wahl oft nicht. Seien wir doch mal ehrlich. So eine Bundestagswahl, Landtagswahl, Kommunalwahl – diese Artikulationsoptionen in unserer Demokratie sind für viele Menschen eine impulsive Sache, oft auch eine emotionale. Ich kenne NIEMANDEN, der zu 100 Prozent wirklich jeder Meinungsäußerung und jeder Einschätzung zujubelt, die aus der Partei kommt, die er gewählt hat. Ich kenne überzeugte Grüne, die die Idee vom Veggie-Day total dämlich fanden, und hartgesottene CSUler, die kein Problem mit dem Kruzifix-Urteil hatten. Banker, die die Linke wählen. Für viele Menschen gibt es nicht die richtige, die EINE Partei. Deshalb gehen manche gar nicht wählen, so wie 23,8 Prozent bei der letzten Bundestagswahl. Für manche ist es die Wahl zwischen Pest und Cholera.

Vor allem heißt es aber nicht, dass Menschen IMMER und bei JEDER neuen Wahl auch wieder genau derselben Meinung sein müssen wie beim letzten Mal. Viele sind einfach Wechselwähler und nutzen die Freiheit, ihr Kreuzchen frei und selbstverantwortlich jeweils da zu machen, wo sie es gerade für richtig halten. Vielleicht sind sie inzwischen Vegetarier geworden und können die Veggie-Day-Entscheidung nicht nur nachvollziehen, sondern finden sie supertoll. Vielleicht haben sie jetzt Kinder, finden die Suche nach einer flächendeckenden Kinderbetreuung aufreibend und fordern, wie die Linken, dass der Bund die Kommunen mit dieser Finanzierungsaufgabe nicht alleinlassen darf. Eine Wahl ist eine Momentaufnahme. Es ist wie mein Samstagmorgen in der Bäckerei: An diesem speziellen Samstagmorgen sehen Sie mich ein Vierkörnerbrot kaufen. Vielleicht tue ich das nächsten Samstag wieder. Vielleicht aber auch nicht. Und mein Kaufverhalten lässt sich nicht darauf schließen, dass ich nicht auch Schwarzbrot esse. Oder etwa Croissants verachte. Oder nicht hin und wieder mal ein Müsli zum Frühstück mag. Manchmal gar nicht frühstücke. Und es bedeutet auch nicht, dass ich jeden Samstagmorgen wiederkomme.

Dasselbe gilt für eine Wahl. Vielleicht sind Sie überzeugter Unionswähler. Vielleicht haben Sie Angela Merkel aus Mangel an überzeugenden Alternativen gewählt. Vielleicht haben Sie Ihre Wahlentscheidung gewürfelt – oder der Wahl-O-mat hat Ihnen die CDU ausgespuckt. Abgesehen davon, dass das ganz alleine Ihre Sache ist – es heißt vor allem nicht, dass Sie sich in vier Jahren wieder genauso entscheiden.

Gefahr in der Gruppe

Wenn ich auf unsere Gesellschaft blicke, stelle ich fest, dass die Grüppchen, die Klumpen sich so rasend schnell vermehren. Dadurch verliert die Gesellschaft an Zusammenhalt. An Eintracht. An Gemeinschaftskraft. Und trotzdem scheint sich der Trend zur Gruppenbildung fortzusetzen. Weil er attraktiv ist. Denn dort werden die Menschen auch mit ihrer nicht konsenskonformen Meinung anerkannt. Und sie haben Mitstreiter. Allerdings ist die Gruppe nicht nur für die Gesellschaft ein großes Problem, sondern auch für die Mitglieder. Denn die meisten Gruppen sind intolerant gegenüber anderen Meinungen außerhalb, aber auch innerhalb der Gruppe. Sie hat sich eine Ideologie, ein Ordnungsziel gegeben, gegen das keiner verstoßen darf.

Ich habe eine Geschichte über einen Mann gehört, der genau diese Erfahrung gemacht hat. In der Schulturnhalle in seiner Gemeinde wurden 2015 Migranten untergebracht. Zeitweise fanden bis zu 250 Menschen dort Obdach, schliefen in Stockbetten. Seine Kinder, die dort auf die Grundschule gingen, mussten erst übergangsweise, dann fast ein ganzes Jahr mit ihrem Sportunterricht auf andere Räume ausweichen. Im Sommer war das – außer an heftigen Regentagen – kein Problem. Das entstand erst im Winter, als es draußen klirrend kalt wurde und es geschneit hatte. Klar war Hampelmannhüpfen in Klassenzimmern erst mal lustig. Und auch durchs Schulhaus joggten die Kinder ausgelassen. Die Abwechslung vom Alltäglichen tat auch den Sportlehrern gut. Bis der Sohn dieses Mannes auf der Treppe ausrutschte und sich beim Sturz zwei Zähne ausschlug. Da untersagte die Schulleitung auch das Treppenhausjoggen aus Sicherheitsgründen. Das ewige Drinnenturnen wurde bald für alle nervig. Schüler wie Lehrer wollten wieder normalen Sportunterricht in ihrer Halle machen. Doch das war nicht möglich.

Der Mann, der als guter Jurist und vor allem ein sehr hilfsbereiter und empathischer Mensch beschrieben wurde, beriet die Migranten ehrenamtlich in juristischen Fragen. Er wollte helfen. Er fand, dass die ja nichts für ihre Lage konnten und sicher auch lieber woanders gewohnt hätten als zusammengepfercht in der Turnhalle. Er fand, dass im Zuge von Angela Merkels „Wir schaffen das“ seiner Gemeinde eine Aufgabe übergestülpt worden war, die sie eigentlich nicht so richtig bewältigen konnte. Er war richtig sauer auf die Kanzlerin.

Ein Freund hat ihn dann mal mitgenommen zu einem Pegida-Treffen. Da hat er sich angeschaut, was die Leute so machen, und hat mit ihnen geredet. Er war überrascht. Er fand: Das waren keine Faschisten oder Rassisten. Das waren ganz einfach Menschen wie er, die sich sorgten, dass das friedliche Zusammensein, wie sie es gewohnt waren, bedroht war. Durch die Zuwanderung. Und einmal lief er dann sogar mit. Und fand es krass, von den eifernden, empörten Gegendemonstranten „Volksverhetzer“ und „Nazi“ entgegengebrüllt zu bekommen – nur weil er und die anderen sich um die Zukunft sorgten. Er fühlte sich zu Unrecht so hart angegangen. Und er war froh, im Schutz der Gruppe unterwegs zu sein.

Ein paar Tage später sah er dann im Fernsehen, wie in Dresden Galgen durch die Stadt getragen wurden, die für Angela Merkel und Sigmar Gabriel vorgesehen waren. Auch wenn es Mini-Galgen waren. Ein Symbol. Er wusste zwar, dass solche Galgen auch von Stuttgart-21-Gegnern hochgehalten worden waren. Aber das machte es für ihn kein bisschen besser. Er war von diesem Symbol entsetzt. Bei dem nächsten Pegida-Treffen thematisierte er das. „Bist du jetzt auch schon derselben Hetzmeinung gegen uns wie die gesamte Lügenpresse?“, schnauzte ihn daraufhin jemand an. Seine Widerworte waren nicht willkommen. Und plötzlich fühlte er sich ausgestoßen aus der Gemeinschaft. Und stand zwischen allen Stühlen.

Das ist ein typisches Charakteristikum solcher Gruppen, egal ob rechts außen, linksextremistisch oder islamistisch: Sie sind nach innen intolerant und lassen keinen Diskurs über die Themen zu, die sie definieren. Wer es doch tut, dem drohen Anfeindungen und Ausschluss. Weil die wenigsten wagen, sich gegen die Gruppenmeinung zu stellen, werden sie zu Abnickern, zu Mitläufern. Wer mitläuft, wird auch in Mithaftung genommen, wenn die Gruppe radikalisierte Aktionen startet, wenn mit Steinen auf Mitmenschen geworfen wird, wenn Molotow-Cocktails durch die Luft fliegen, wenn weltanschauliche Gegner verprügelt werden, wenn Autos in Brand gesteckt werden. Das wollen anfangs die wenigsten, die einfach so mitlaufen, sich vom Gruppengefühl getragen und von der gruppeninternen Solidarität aufgefangen fühlen. Die Gänsehaut vom Gemeinschaftsgefühl in einem Lagerfeuermoment weicht, einer anderen Gänsehaut: wenn es wirklich brennt, wenn Sachen passieren, die sie moralisch nicht vertreten können, für die der Geist aber irgendwie aus der Flasche gekommen ist. Und sie wissen nicht, wie sie ihn wieder hineinkriegen sollen. Wie konnte das passieren, fragen sie sich dann ganz ratlos, wenn früher oder später doch brachial versucht wird, die Gruppenideologie umzusetzen. Und dann folgt auf die Wortgewalt die Tat.

Und die wenigsten bekommen mit, dass diese Gewalt etwas mit ihnen macht. Wenn sie die Versammlungen verlassen, von den Demos nach Hause kommen, dann ist der Hass-Geist gegenüber anderen immer noch aus der Flasche – und in ihnen. Die energiegeladene Anti-Atmosphäre begleitet sie. So ein hasserfüllter Mensch entfernt sich von seinem eigenen verletzlichen Kern und fühlt sich gestärkt, wenn er mit physischer und psychischer Stärke die Gruppenziele durchsetzen kann. Auch zuhause. Da wird dann nicht selten rumgeschrien. Mit Worten verletzt, verprügelt. Das zerreißt manche innerlich. Und das macht sie umso aggressiver.

Ich will in keine Gruppe!

Dem Konformitätszwang mit Gruppenbildung entgegenzutreten ist also nicht das richtige Mittel. Denn der Gruppenzwang ist genauso verkehrt und einschränkend wie der allgemeine, gesamtgesellschaftliche Konsenszwang. Wissen Sie was? Sowas ist nichts für Individualisten wie mich. Sowas mag ich nicht. Ich will von einer Gruppe einfach nicht vorgeschrieben bekommen, wie ich zu denken, zu handeln, zu leben habe. Was ich gut oder schlecht finden soll. Ich will mich nicht entscheiden müssen, ob ich zu Lager A oder B gehöre. Ich will frei meine Meinung äußern, ohne zu überlegen, ob es der Gruppenmeinung zuträglich ist. Ich habe keine Lust, mich für eine Gruppe zu entscheiden. Und frage mich, was es mit Menschen macht, die sich auf mehrere Gruppen aufteilen müssen, weil sie in ihrer gedanklichen Komplexität den Rahmen einer einzelnen Gruppe sprengen. Was ist denn los, wenn Sie Linkswählerin sind, aber ein Betreuungsgeld für Familien, die ihre Kinder zuhause betreuen wollen, ganz okay finden? Und immer mehr von den Kommunen bereitgestellte Kitas kritisch sehen, aber die Migrationspolitik der Bundesregierung gut finden? Diese Meinungen werden, weil sie gegensätzlich sind, nicht von einer einzigen Gruppe so angeboten. Das heißt es auszuweichen auf viele einzelne Gruppen, die je einen Bereich vertreten. Das ist aber praktisch gar nicht umsetzbar. Zu unterschiedlich sind die Kulturen und das Selbstverständnis der einzelnen Gruppen.

Die Guruisierung der Gruppen

Die Aufsplitterung der Gesellschaft in Einzelgruppen ist auch aus einem anderen Grund gefährlich: weil die Gruppen ihre Stärke oft aus der Kraft und Energie eines Gruppengurus, eines Führers beziehen. Diese superstarken Führungspersönlichkeiten stehen oft wie Sonnenkönige im Mittelpunkt der Gruppe und wollen sich anbeten lassen. Und das tut die Gruppe bereitwillig, oft ohne das zu hinterfragen. Weil sie aus lauter sozial ausgelaugten Individuen besteht, die den Spirit des Gurus und das Gemeinschaftsgefühl der Community nutzen, um sich mit Inspiration und Energie aufzutanken. Das ist ein Phänomen, das auf alle Gruppen zutrifft. Das gilt für Hooligans genauso wie für Pfadfinder. Und weil die Gruppendynamik für die Individuen eine wichtige Energiequelle darstellt, darf der Nachschub auf keinen Fall versiegen. Denn sie brauchen neuen Stoff, immer öfter Nachschub, eine immer höhere Dosis. So zweifeln sie vielleicht am Anfang noch ein wenig daran, was in der Gruppe so vor sich geht, was gemacht, was gefordert wird. Aber der Energieinput, den sie bekommen, tut einfach zu gut. Und schon benötigen sie wieder neue Kraft – also Augen zu und durch zur nächsten Aufladung. Und die Gurus, die als Führungsfiguren einer Gruppe eine große Verantwortung für die Mitglieder haben, berauschen sich oft genug an der Macht der Zustimmung, statt die Menge verständig und gut zu lenken. Ein guter Meister bringt seinem Schüler bei, wie er die Energie bei sich selber finden kann. Regt ihn dazu an, sich selbst als Inspirationsquelle zu begreifen. Am Ende der Lehre braucht der Schüler seinen Meister nicht mehr. Doch damit verlöre der Guru an Macht und Einfluss. Und das wollen die wenigsten – und bauen deshalb ihre Macht, die auf der Abhängigkeit der Jünger von der Energietankstelle beruht, immer weiter aus und versuchen, das Suchtpotenzial zu erhöhen.

Die Parallelgesellschaften

Wenn aus Gruppen geschlossene Gesellschaftsförmchen werden, entstehen Parallelgesellschaften, die eigene Regeln, eigene Gesetze haben. Die haben mit der deutschen Gesellschaft nicht mehr viel am Hut. Sei es, weil sie diese ablehnen, sei es, weil die deutsche Gesellschaft solche Menschen nicht integrieren kann oder will. In der deutschen Serie „Im Angesichts des Verbrechens" habe ich das wunderbar dargestellt gesehen. Da ermitteln zwei Polizisten in Berlin im Russenmafia-Milieu. Zwei verfeindete Clans bekämpfen sich und kommen sich bei ihren illegalen Geschäften immer wieder in die Quere. Aber mal abgesehen davon, dass beide Gruppen Drogen verticken, Mädchen zur Prostitution zwingen, Menschen und Zigaretten schmuggeln, gibt es noch etwas anderes, das sie vereint: Obwohl beide in Deutschlands Hauptstadt mitten unter uns leben, findet dieses Leben unendlich weit weg von uns statt – in einer Parallelgesellschaft. Die Mafia-Familien interessieren sich nicht für das, was in ihrem Kiez in Charlottenburg, ihrer Stadt Berlin oder ihrem Wohnort Deutschland wirklich vor sich geht – es sei denn, es betrifft die Polizei, die die Nase zu tief in ihre krummen Schmugglergeschäfte steckt.

Diese Parallelgesellschaften sind keineswegs nur Fiktion aus dem öffentlich-rechtlichen Krimiprogramm. Sondern ein echtes Problem der Gegenwart. Auch wenn wir in Deutschland noch keine Banlieus haben, wie in Paris oder Marseille, wo Familien, Clans, Banden ganze Straßenzüge beherrschen. Die einander bekämpfen oder sich zusammenschließen, sich selbst organisieren, ihre eigene Kultur, ihre eigene Moralvorstellung haben und nach eigenen Regeln leben. Wo kein Verwaltungsarm der Regierung mehr durchgreift und wo kein Polizist sich mehr hintraut. Da herrscht das Recht des Härteren, des Stärkeren. Unverbunden mit dem Rest des Landes, mit seinen Menschen und seiner Kultur. Jeder macht sein Ding, jeder in seiner Gruppe. Ist das eine Gesellschaft, wie wir sie uns wünschen? Nein. Das will keiner. Aber ich sehe dieses düstere Zukunftsszenario auf uns zukommen, wenn wir so weitermachen wie bisher. Wir sind auf unserem Weg zum Abgrund schon ganz schön weit gekommen. Von hier aus können wir schon über die Klippen in die Tiefe sehen. Letzte Stufe der Eskalationsskala.

Der österreichische Konfliktforscher Friedrich Glasl hat ein Modell der Eskalation von Konflikten entworfen. In drei Ebenen schaukeln sich da die gegnerischen Parteien hoch. Und es klingt ganz danach, als würden wir uns da schon auf der letzten befinden, der „Lose-Lose-Ebene". Die ist gekennzeichnet vom Aufbau eines Feindbilds: Der andere, der, der sich von mir unterscheidet, ist der Böse. Dem soll unbedingt geschadet werden mit allen möglichen, auch unmoralischen Mitteln und fiesen Tricks. Die Zerstörungsaktionen werden härter. Und bevor einer nachgibt, stürzt, so nah am Abgrund, lieber der eine mit dem anderen hinunter, als zu akzeptieren, dass der andere als Sieger aus dem Konflikt hervorgeht. Die verklumpte, zersplitterte, fragmentierte und unverbundene Gesellschaft, in der sich keiner mehr für den anderen interessiert, in der jeder dem anderen misstraut, sich niemand traut, sich dem anderen zuzumuten, und letztlich jeder gegen jeden kämpft – so eine Gesellschaft ist anfällig für Terror. Terror von innen, Terror von außen. Anfällig für charismatische Führungsfiguren mit diktatorischen Absichten und Unfreiheitsmechanismen. Leicht verführbar für zweifelhafte Ideologien – aus dem rechten wie dem linken Lager.

Der, der sich auf Dauer von der Gemeinschaft, in der er lebt, unverstanden, unverbunden, ungehört und unwillkommen fühlt, dem ist diese Gemeinschaft bald nichts mehr wert. Wenn er beginnt, diese Gemeinschaft zu verachten, zu hassen, zögert er vielleicht nicht mehr lange, bis er das Messer zückt, die Waffe durchlädt, die Bombe zündet. Stille Außenseiter, ausgegrenzte Gruppen werden zu Gewalttätern, Amokläufern, Terrorzellen. Von der deutschen RAF über die irische IRA bis hin zur baskischen ETA haben radikalen Aktionen vor allem eins ausgedrückt: ein gewaltvolles Ausrufezeichen hinter die Aussage, dass es so nicht mehr weitergehen kann. Und auch der Islamische Staat bezieht mittlerweile viele Aktivisten aus dem Kreise von Europäern, die ihrer eigenen Gesellschaft völlig entfremdet sind.

Sind wir schon da? Schon kurz vor der nächsten Bombe, dem nächsten Attentat, der nächsten Terrorwelle? Vor dem nächsten Großkonflikt? Dem nächsten Krieg? Gibt es für unseren kollabierten Gesellschaftskörper noch Hoffnung? Ganz ehrlich: Ich weiß nicht, woraus ich noch Hoffnung schöpfen soll. Kaputt durch Konsens, weil keine Ideen mehr kommen dürfen, das Gehirn nicht mit ausreichend Blut versorgt. Weil die Innovationen gebremst werden, Gefäße verengt sind, weil statt einem Neudenken die Frischluft ausbleibt. In so einem Moment nimmt der Arzt die Angehörigen des Patienten zur Seite raunt betroffen: „Es sieht schlecht aus." Weil die gesunde Mitte, das verbundene Miteinander fehlt, gedeiht die gefährliche Ausgrenzeritis, die zu tödlichem Extremismus führt. Dann flippen wir aus.

Unsere Welt sieht von außen so friedlich aus?

Kein Wunder.

Wir sind Meister der Täuschung. Wir verdrängen, dass wir schon ganz nah am Rande des Abgrunds stehen.

TEIL II

STREITKULTUR

DISSENS

WAS STREIT IST UND WAS NICHT

Jetzt stehe ich da, einigermaßen ratlos, in dieser aus den Fugen geratenen Gesellschaft. Und genauso wie ich fühlen sich viele und immer mehr Bürger verdammt unwohl und blicken ängstlich in den sich auftuenden Abgrund: Aggressivität im öffentlichen Raum, Gekeife und persönliche Angriffe im Bundestag, Messerstechereien, Terroranschläge, politisch gespaltene Familien, Jagd auf politisch Andersdenkende, Demonstrationen und Gegendemonstrationen, Bücher, die wegen ihres vom Hauptstrom abweichenden Inhalts von den Bestsellerlisten entfernt werden, erbitterte Gegnerschaft von Transferzahlern und Transferempfängern, Stadt und Land, links und rechts, Patrioten und Antideutschen, Arm und Reich. Wir spüren, dass unser Gesellschaftssystem und unsere Demokratie in einer Krise stecken und vieles, was sich eigentlich weiterentwickeln sollte, stagniert vor diesem Hintergrund. Die Konflikte fressen die gesellschaftliche Energie. Wir bekommen nichts mehr gebacken: keine einfachen Regierungsmehrheiten, keinen Großflughafen oder Tiefbahnhof, kein zukunftsfähiges Rentensystem, keine geregelte Einwanderung, kein flächendeckendes Breitbandinternet, keine Sanierung von Schulen, keinen Anschluss des Bildungssystems an die Weltbesten, keine funktionierende Bundeswehr, keine innere Sicherheit.

Alles Murks.

Nichts geht mehr.

Wer ist schuld?

Viele von uns meinen, den Grund für den gefährlichen Stillstand zu kennen: weil wir angeblich zu viel streiten und nicht ausreichend Harmonie und Konsens haben. Weil Spielverderber die Harmonie stören. Für die einen sind Störenfriede am rechten Rand mit unmöglichen, ewiggestrigen Meinungen die Spielverderber. Menschen, die die Zeichen der Zeit immer noch nicht verstanden haben. Für die anderen sind es die Flüchtlinge oder generell die Muslime, die sich einer harmonischen Integration verweigern und den Betriebsfrieden stören. Alles Leute, die nur Streit verursachen. Raus damit! Die einen rufen: „Rechte raus!" Aus dem Bundestag, aus Fernsehdiskussionen, am liebsten gleich ganz aus dem Land. Die anderen rufen: „Flüchtlinge raus!" Aus Cottbus, aus Deutschland, aus Europa. Alle sollen sie raus. Damit sich wieder harmonische Eintracht übers Land legen kann. Nach dem Motto: Schlafe in himmlischer Ruh! Wieder andere wollen die linken Spinner loswerden. Andere hetzen gegen die Reichen, die an allem schuld sein sollen. Die Nächsten pesten gegen die Sozialschmarotzer, die dem Land wie ein Klotz am Bein hängen. Und alle wollen die vermeintlich Schuldigen am liebsten loswerden, ausmerzen, vernichten: Ohne die ginge es uns allen besser! Dann wäre endlich Frieden!

Aber alle Seiten irren sich auf verhängnisvolle Weise. Sie machen den Bock zum Gärtner. Sie machen alles nur noch schlimmer. Denn nicht zu viele Menschen mit anderen Meinungen, nicht zu viele verschiedene Standpunkte, nicht zu viel Streit haben uns in diese

Situation hineinmanövriert. Sondern das genaue Gegenteil: Unser verdammter Wunsch nach Friede, Freude und Eierkuchen ist schuld. Wir ersticken nicht an zu viel Streit, sondern an der zu dicken und klebrigen Konsenssoße.

Wir streiten nämlich gar nicht richtig. Ja, wir zanken und schreien. Wir beleidigen und bekämpfen. Wir hauen uns Meinungen um die Ohren und würgen dem anderen eine rein. Wir führen uns schlecht auf und andere vor. Wir grenzen uns ab und andere aus.

Aber Streit? Offener, ehrlicher, fairer Streit? Wenn Sie mit mir diese Differenzierung wagen, werden Sie sich erstaunt umschauen und sehen: Echten Streit um die Sache, der zumindest das Potenzial hätte, am Ende konstruktiv zu wirken, den gibt es so gut wie gar nicht!

Dabei wäre das unsere Rettung. Blind vor Harmoniesehnsucht stehen wir am Abgrund und weigern uns, erstens unsere Gegner zu respektieren und zweitens uns mit ihnen auseinanderzusetzen. Uns mit ihnen inhaltlich auseinanderzusetzen! Uns um die Sache zu streiten. Der Streit aber könnte eine Brücke sein. Eine Brücke über den Abgrund.

Warum also, das frage ich mich und Sie, warum streiten wir nicht?

Zur Fahndung ausgeschrieben: der Streit

„Hallo, können Sie mir sagen, wo ich meine Tochter hier zum Streiten anmelden kann?"

Stellen Sie sich mal vor, ein Vater würde in einem Kindergartensekretariat diese Frage stellen. Wie fänden Sie das? Klingt schon etwas schräg im ersten Moment. Aber ich würde ihn glatt umarmen. Denn seine Frage ist goldrichtig. Sie drückt aus, was diesem Vater wichtig ist: dass sein Kind in der wertvollen, schwierigen Kunst des Streitens geschult wird, die für den heranwachsenden Menschen genauso wie für uns Erwachsene eine Lebensaufgabe und Tugend sein sollte. Und die am Ende für unsere Gesellschaft sehr viel wichtiger ist als das Frühenglisch, das saubere Flötespielen oder der Töpferkurs. Und damit meine ich keineswegs, dass Fremdsprachen, Musik oder Handwerk unwichtig wären.

Ein Streitkurs wäre deshalb wertvoll, weil unseren Kindern in fast allen Beschäftigungsfeldern, die ihnen sonst so angeboten werden, die Auseinandersetzung weitgehend abtrainiert wird. Wo dürfen Kinder sich denn heute noch unbefangen zanken, ohne Gefahr zu laufen, von Kuschelpädagogen Abmahnungen zu kassieren? Schon ein Wortgefecht zwischen zwei Mädchen im Sandkasten wird von den Kindergärtnern und Kindergärtnerinnen dieser Republik mit einem „Pscht" abgewiegelt und abgebogen. Und Raufereien zwischen Jungs sind gaaanz übel und im Zweifelsfall schon bedenkliches Resultat von überholten Rollenmustern in der Erziehung der Eltern: Der Junge hat sich gegen den Jungen, der ihn schubste, mit Zurückschubsen gewehrt. Sind die Eltern etwa rechts ...?

Nein, schon viele der heute Erwachsenen haben das Streiten erst gar nicht mehr von klein auf gelernt. Und den Kindern wird nun zwar früh schon etwas über sexuelle Vielfalt und Interkulturalität vermittelt – aber bloß nichts über Streit. Denn der hat ein „Bäh"-Geschmäckle. Wetten, dass alle, die so aufwachsen, auch später in ihrem Leben jedem Streit aus dem Weg gehen?

Wie schade! Und was für ein Fehler! Ich finde: In den Kitas, in den Regenbogengruppen der Kindergärten und von der 1c bis zum Hauptschulabschluss oder Abitur sollte endlich der Streit als fächerübergreifender Lehrgegenstand in unsere pädagogischen Institute einziehen. Das Streitgespräch in Deutsch: Wird Böll unterschätzt oder überschätzt? Das Disputieren in Fremdsprachen: We agree to disagree! Der Streit um Fakten und deren Interpretation in den Naturwissenschaften: Ist der Klimawandel menschengemacht, ja oder nein? Der Streit um politische Inhalte in Geschichte und Gemeinschaftskunde: Waren die Nazis Sozialisten oder nicht? Anstatt Strafarbeiten zu verteilen und Elterngespräche anzuberaumen, wenn ein Schüler einem Lehrer widerspricht, sollten die Pädagogen mit gutem Beispiel vorangehen und sich Diskussionen offen stellen und mit Argumenten überzeugen, anstatt ihre formale Macht durchzusetzen, sobald auch nur der kleinste Streit aufkeimt oder unkonventionelle Meinungen geäußert werden.

Zugegeben, ein paar Streitrefugien für Kinder gibt es noch. Fußball zum Beispiel. Da wird wie zu meiner Zeit gestritten. Da wird sogar gebrüllt und beleidigt, da herrscht heftigster Wettstreit. Die Emotionen kochen hoch, auf dem Spielfeld wie auf den Tribünen. Aber es gibt Regeln, an die sich alle halten müssen. Und am Ende vertragen sich die Kontrahenten wieder. Geben sich die Hand. Da ist Fairness. Da gibt es Sportsgeist, Zusammenhalt, Versöhnung – nicht trotz vorherigen Streits, sondern gerade deswegen!

Ich finde, wir sollten unsere Kinder weniger in Watte packen. Weniger oft „Pscht" sagen. Die Mädchen und die Jungen zu Fußball, Judo, Boxen und in Debattierclubs schicken. Den Streit und die Auseinandersetzung, das Kräftemessen, die Selbstbehauptung und den Wettbewerb fördern. Das ist der größte Dienst, den wir der kommenden Generation leisten können.

Aber von einem solchen selbstverständlichen Umgang mit Streit sind wir weit entfernt. Er spielt bei uns bestenfalls die Rolle des bösen Buben. Keiner nimmt ihn so richtig ernst. Und es beschäftigt sich auch keiner wirklich damit. Was glauben Sie zum Beispiel, wo das deutsche Institut für Streitforschung seinen Sitz hat? Ich sag's Ihnen: nirgendwo! Denn das gibt es nicht. Es gibt nicht nur kein Institut, sondern überhaupt kaum Forschung zum Thema Streit. Wenn ich bei Google „Streitforschung" eingebe, stellt mir die Suchmaschine die Rückfrage: „Meinten Sie *Stressforschung*?"

Der Streit hat keine Lobby. Der Konflikt schon. Bei dem werden nach kürzester Zeit Suchergebnisse im Hunderttausenderbereich ausgespuckt. Es gibt Studiengänge und wissenschaftliche Artikel rund um den Konflikt, Institute und Workshops dazu. Und wenn man genauer hinschaut, geht es da immer um die Konfliktlösung und die Konfliktverhinderung. Konflikt ist was Schlechtes, was Böses, erst wenn Konflikte irgendwie weggemacht werden, ist alles wieder gut. Also: „Pscht!"

Mit dem Streit als einem positiven, begrüßenswerten sozialen Element mag sich aber niemand beschäftigen. Den reden wir Deutsche immer und immer wieder schlecht. Der hat ein derart mieses Image, dass die besten PR- und Marketingexperten sich schwertäten, den wieder aufzumöbeln und salonfähig zu machen.

Kein Streit, nirgends

Wenn ich das, was ich so aus dem britischen Parlament kenne, von französischen Tischdiskussionen und von italienischer Familienkonversation, mit meinen Erfahrungen als Deutscher vergleiche, dann bin ich mir relativ sicher, dass gerade wir Deutschen uns sehr schwertun mit dem Streiten. Aber woran liegt das?

Ich vermute, dass das politische bzw. historische Gründe hat. Demokratischer Streit hat bei uns keine Tradition. Wir waren vergleichsweise spät dran mit der Demokratie, später als die Schweiz, die USA, Großbritannien oder Frankreich zum Beispiel. Und im 20. Jahrhundert haben wir uns dann mehr mit totalitären Systemen herumgeschlagen, als demokratische Traditionen zu begründen und zu pflegen. Das deutsche Volk hat ja noch nicht ein einziges Mal über eine Verfassung abgestimmt.

Hier wurde über Jahrhunderte eher den Landesfürsten, Diktatoren oder „der Partei“ gehorcht als gestritten. Eine parlamentarische Demokratie, wie es sie in England oder in den USA seit Mitte des 18. Jahrhunderts gab, entstand in Deutschland erst nach dem Ersten Weltkrieg mit der Weimarer Republik, die aber von linken wie rechten Demokratiegegnern nie richtig respektiert wurde. Der Reichstag als Ort des parlamentarischen Streits hatte schon seit Bismarcks Zeiten das Negativ-Image als „Schwatzbude“ und „Reichsaffentheater“. Und 1933 war mit der Machtergreifung Hitlers schon wieder alles vorbei. Da gab es keinen Streit mehr im Reichstag, weil alle, die hätten streiten können, in Gefängnisse gesteckt worden waren oder ängstlich die Klappe hielten. Und in den zwölf Jahren der nationalsozialistischen Gleichschaltung wurde das zarte deutsche Demokratie- und Streitpflänzchen nachhaltig niedergetrampelt, was in den Deutschen eine verständliche Sehnsucht nach Harmonie weckte, die uns bis heute so sehr in den Knochen steckt.

In den Zeiten nach dem Zweiten Weltkrieg, in denen unsere Demokratie in der heutigen Form entwickelt wurde, gab es zum einen die Scheindemokratie der sozialistischen DDR. Zum anderen wurden die Westdeutschen zu demokratischen Musterknaben. Und in der Bonner Republik galt Streit für kurze Zeit tatsächlich als unerlässlich für politisches und gesellschaftliches Vorankommen. Im Bundestag wurde gestritten, was das Zeug hielt. Denken Sie an Konrad Adenauer und Kurt Schumacher. Und später an Franz Josef Strauß und Herbert Wehner. Was für lautstarke, polternde und intensive Streits waren das. Was für Polemikfeuerwerke haben die Politiker aufeinander abgefeuert. Was gab es da für Beleidigungen im deutschen Bundestag, vor den Augen und Ohren aller Parlamentarier und der interessierten Öffentlichkeit. Der sonst oft gähnend leere Sitzungssaal füllte sich, wenn solche Streithähne aufeinander losgingen. Da fielen dann Schimpfwörter wie „Stinktier“, „feiger Hund“, „Berufsrandalierer“, „Schwachmatiker“, „Lackschuhpanter“ oder „Giftspritze“. Klar, wer so sprach, riskierte Ordnungsrufe durch den Sitzungspräsidenten. Oder gar, aus dem Plenarsaal verwiesen zu werden. Wie Joschka Fischer, der seinen Rausschmiss 1984 durch Bundestagsvizepräsident Richard Stücklen mit den legendären Worten kommentierte: „Mit Verlaub, Herr Präsident, Sie sind ein Arschloch!“

Das war deftig und nicht nach jedermanns Geschmack – und oft auch nur Theater. Aber die Streitlust war ja auch nur Garnitur des intensiven Austauschs von Argumenten und unterschiedlichen Politikkonzepten, mit dem die junge Bundesrepublik damals ihren Weg suchte. Die Streithähne entschuldigten sich anschließend und gingen oft hinterher ein Bier miteinander trinken. Und selbst wenn sie das nicht taten: Sie hielten sich gegenseitig immerhin für streitwürdig.

Aber dieser Streit-Enthusiasmus der ersten Jahrzehnte der Bundesrepublik ist uns spätestens seit der Wiedervereinigung wieder verloren gegangen. Auch die Grünen und die Linken, anfangs im Bundestag ähnlich ausgegrenzt und ausgetrickst wie heute die AfD, sind längst in einen parteiübergreifenden, mehr und mehr nach links gewanderten Konsens integriert, in dem kein Platz mehr ist für substanziellen Streit. Es herrscht gähnende Langeweile. Die einzige Partei, die diese Grabesruhe wirklich stört, ist neuerdings die AfD. Aber die wird als gar nicht streitwürdig angesehen, sondern als Schmuddelkind so weit wie möglich ignoriert, ansonsten mit persönlichen Angriffen desavouiert. Wirklich auf der inhaltlichen Ebene auseinandersetzen will sich niemand mit ihnen. Stattdessen spricht man ihr den vermeintlichen Ehrentitel „demokratisch" ab. Aber wie demokratisch ist es, den demokratisch gewählten Abgeordneten einer demokratischen Partei das Demokratische abzusprechen, um jeder sachlichen, demokratischen Debatte aus dem Weg zu gehen?

Kein echter Streit, nicht im Bundestag oder sonst wo. Nicht im Einheitsbrei der Zeitungen, nicht im immer staatstragender auftretenden Fernsehen. Nicht mal an den Hochschulen. Da stellte der „Focus" 2016 im Zusammenhang mit Tweets des Leipziger Jura-Professors Thomas Rauscher die Frage: „Darf sich ein Universitätsprofessor überhaupt offen rechtspopulistisch äußern?" Und kommt am Ende des Artikels zu dem Schluss: „Die Antwort auf diese Frage ist nicht eindeutig."

Kein Streit, nirgends.

Deutschland will auf Teufel komm raus das einige Konsensland bleiben.

Eine Kultur muss her!

Merkwürdig. Dabei hat die deutsche Sprache doch das Wort „Streit“ sogar mit einem Wertelabel versehen: mit der StreitKULTUR! Aber was heißt das eigentlich?

Wir Deutsche lieben solche Kulturwörter: Wir reden von Unternehmenskultur, Leitkultur, Tischkultur, nicht zu vergessen die Unkultur. Wahnsinn, wie viel Wert wir immer auf Kultur legen! Wenn Sie sich aber die Unternehmens- und die Leitkultur genauer anschauen, dann handelt es sich hier um Begriffe, die eher eine Zielsetzung als eine Realität beschreiben. Sie werden immer besonders dann verwendet, wenn jemand meint: Wir brauchen mehr von dieser XY-Kultur, es mangelt uns daran. Das passt auch durchaus zum ursprünglichen Wortsinn von Kultur, bei dem es darum ging, einen Acker zu bebauen und zu pflegen. Es erfordert harte Arbeit, bis da Pflänzchen aus dem Boden sprießen. Und ich habe den Eindruck, wir reden mehr über diese Arbeit, als dass sie uns gelingt. Kein Wunder, dass da nichts wächst!

Mit anderen Worten: Wir reden immer dann besonders gerne über eine Kultur, wenn wir sie NICHT haben. Weil wir ahnen, dass es besser wäre, wenn wir sie hätten. So hat auch der brillante deutsch-amerikanische Kulturwissenschaftler Hans Ulrich Gumbrecht in einem Interview mit der „Welt“ 2010 das Wort Leitkultur interpretiert: „Wenn etwas so programmatisch auf den Begriff gebracht wird, dann findet es meist schon nicht mehr statt.“

Aber warum um Himmels willen sind dann so viele Menschen der Meinung, in unserem Land gäbe es nicht zu wenig, sondern zu viel Streit? Ich sage es Ihnen: Es liegt eine verhängnisvolle Verwechslung vor.

Streit oder Duell? Das ist hier die Frage!

Überall, wo zwei Meinungen, zwei Thesen, zwei Sichtweisen aufeinandertreffen, kann sich eine Auseinandersetzung entwickeln. ABER: Ist es deswegen auch wirklich ein Streit? Oder ist es die üble, kleine, fiese Schwester des Streits, die überall für Ärger und für das schlechte Image des Streits sorgt: das Duell?

Streit oder Duell – wo genau soll denn da der Unterschied sein?

Sehr gute Frage! Denn der Unterschied ist entscheidend! Und er ist folgenschwer. Das, was die meisten Menschen in unserer Gesellschaft für Streit halten und gerne irgendwie weghaben möchten, ist eigentlich ein Duell. Und das geht so: Einer fängt mit einer Beleidigung an, einer Unverschämtheit, damit, einen anderen – oder eine Gruppe – zu schmähen. Der so Angegangene, der Beleidigte erwidert den Anwurf auf die gleiche beleidigende Art. In Kurzform: „Du Depp!" – „Du Idiot!" Mehr Gehalt haben auch viele Talkshow-Debatten nicht, auch wenn dort mehr Worte für das gleiche Ergebnis aufgewendet werden.

Die beiden Streithähne erheben ihre Stimmen, bis sie richtig laut werden. Wo zwei so aufeinander einhacken, sich beschimpfen, da schaut die Öffentlichkeit neugierig zu und denkt: „Wow, was für ein Streit!" Aber in Wahrheit ist es ein Duell. Ein Schlagabtausch. Ein kriegerischer Kampf, in dem es um die Vernichtung des anderen geht.

Wenn, wie in der Mehrzahl der deutschen Talkshows allabendlich zu sehen, im verbalen Duell zwei aufeinander einkloppen und mit Worten Schläge tauschen, dann bringt das außer Einschaltquoten und trashiger Unterhaltung niemandem etwas. Keine Erkenntnis, keine Veränderung, keine Einigung, keine Nähe. Nur Enttäuschung. Verletzung. Rachegefühle. Bei einem Duell gibt es nur Verlierer.

Na gut, wenigstens keine Toten. Die gab es in früheren Jahrhunderten. Wie Ende des 16. Jahrhunderts, als in Europa das Duell – damals noch mit Waffen – zu einem regelrechten Gesellschaftstrend wurde. Im Verlauf von nur knapp 25 Jahren sollen in dieser Zeit knapp 8.000 Adelige und Offiziere bei Duellen allein in Frankreich umgekommen sein. Bis zum Beginn des 20. Jahrhunderts hielt sich diese Unsitte. Der Dichter Alexander Puschkin und der Sozialdemokrat Ferdinand Lassalle fielen ihr zum Opfer, und der Onkel des Dichters Leo Tolstoi tötete noch im 19. Jahrhundert elf Gegner in Duellen. Das Prinzip war simpel: Einer fühlte sich durch den anderen in seiner Ehre verletzt und forderte Genugtuung, schon setzte er ein Duell an. An dessen Ende sich die beiden Duellanten gegenüberstanden und mit durchgeladenen Revolvern aufeinander zielten. Na, bravo. Was hatte der Einzelne, was hatte die Gesellschaft davon? Nichts als tote Mitbürger und gestillte Rachegelüste. Auch wenn wir heute keine Toten mehr beklagen müssen: Das Prinzip ist geblieben! Es geht im Duell immer noch darum, jemanden zu besiegen, außer Gefecht zu setzen, zum Schweigen zu bringen.

So weit, so schlimm. Aber: Was soll denn da bitte schön beim Streit so anders sein? Wenn ich auf Seminaren oder Vorträgen darüber spreche, schaue ich in viele zweifelnde Gesichter. Und das hat einen ganz einfachen Grund: Streit und Duell sind bei oberflächlicher Betrachtung gar nicht so einfach auseinanderzuhalten.

Ein Streitchen

Erinnern Sie sich noch an die TV-Diskussion zwischen Angela Merkel und Martin Schulz kurz vor der Bundestagswahl 2017? Die Zeitungen prophezeiten den Höhepunkt und finalen Showdown des Wahlkampfs. Einen Fight, in dem sich die beiden Spitzenkandidaten nichts schenken würden. Ein Event, das das Wahlergebnis noch entscheidend beeinflussen könne. Die Sendung war ausdrücklich als „Das Duell" betitelt worden: Kanzlerin gegen Kanzlerkandidat, ein Schlagabtausch, aus dem einer von beiden als Gewinner hervorgehen würde.

Hinterher waren Journalisten und Zuschauer enttäuscht, weil ihre hochgespannten Erwartungen nicht erfüllt worden waren. Auch ich rieb mir die Augen. Denn ich sah eine müde, langweilige Sendung, in der wichtige Themen überhaupt nicht angesprochen wurden. Aber ich war auf der anderen Seite auch überrascht – weil etwas passierte, womit ich nicht gerechnet hatte: Die beiden führten ein sehr sachliches Gespräch im moderatem Ton, sie hörten einander zu, jeder ließ den anderen ausreden, ging auch auf die Argumente des anderen ein. Ab und zu wurde sogar eingeräumt, dass der andere im Recht ist. Der SPD-Kanzlerkandidat lobte die Amtsinhaberin sogar mit seinem ernstgemeinten: „Finde ich toll. Frau Merkel, à la bonne heure."

Freilich konnte ich auch die verstehen, die das nicht befriedigte. Ich fand, sie waren zu Recht enttäuscht. Denn das war kein Duell wie vollmundig angekündigt. Das war eine ganz schlappe Form von Streit. Ein Streitchen. Für einen richtig interessanten, ausgewachsenen Streit gab es einfach zu wenige gegensätzliche Positionen. Aber immerhin: Zumindest vonseiten der beiden Politiker, weniger vonseiten der Moderatoren, wurde sehr gesittet, fair und achtsam miteinander gesprochen. Rein von der Grundstimmung ging es dabei schon wie in einem guten Streit zu und weniger wie in einem Duell.

Alles nur Show

Ja, aber warum hatten die Sender dann das Format ein „Duell" genannt? Weil das die Erwartung des Publikums war. Und weil die Gesetze des Mediums Fernsehen zu so einem Zeitpunkt und Anlass auch ein solches dramatisches Duell erfordern. Es geht bei solchen Formaten nämlich längst nicht mehr um die klassische Funktion einer politischen Fernsehdiskussion: einem großen Publikum die Möglichkeit zu geben, Politiker dabei zu beobachten, wie sie Meinungen austauschen. Nicht darum, Positionen anzunähern. Sondern sie zu zementieren. Das Ziel sind schlagkräftige Statements, die sich Politiker möglichst unterhaltsam gegenseitig um die Ohren hauen. Die Spin-Doktoren der beteiligten Politiker legen vorher schon die Sätze, Zitate und kleinen Geschichten, die sogenannten Talking Points fest, die an einer bestimmten Stelle losgelassen werden müssen, damit sie hinterher auch zitiert werden. Martin Schulz offenbarte das in der Sendung etwas ungeschickt und völlig unnötig, als er einen Philosophen zitierte und zugleich darauf hinwies, dass er sich dieses Zitat eigentlich für das Schlusswort zurechtgelegt habe. Was meinen Sie, wie sich die Berater im Backstagebereich da die Haare gerauft haben!

Lassen Sie sich nicht aufs Glatteis führen: Das, was Ihnen im Fernsehen vorgeblich zur Information angeboten wird, ist reine Show! Ein moderner Gladiatorenkampf. Begleitet von einer riesigen Öffentlichkeitsmaschinerie: vier (!) miteinander konkurrierende Moderatoren, die mehr mit der Profilierung ihrer eigenen Rolle und der ihres Haussenders beschäftigt waren als mit den Politikern. Dann im Nebenraum ein Journalistentross wie beim Weltwirtschaftsgipfel, der jedes Wort der beiden Duellanten sofort analysieren sollte. Dazu noch eine erlesene Schar von Politikern und Prominenten, die dazu da waren, das Geschehen im Anschluss aus ihrer Sicht zu kommentieren. Und im Hintergrund Demoskopen, die noch während der Sendung und dann hinterher im Kontakt mit den Zuschauern die Aufgabe hatten, den Sieger zu küren: Wer hat gewonnen, wer hat verloren?

Als ich da so saß und die beiden beobachtete, taten mir Merkel und Schulz ein wenig leid. Ich hatte den Eindruck, dass beide sich diesem Spektakel zu entziehen versuchten. Sie wirkten müde und angestrengt. Sie wirkten so, als ob sie keine Lust hätten: auf so ein Duell, auf diese Wahl, auf das spätere Regieren. Stattdessen bemühten sie sich tapfer, ihre Positionen so sachlich wie möglich auszutauschen. Von Angela Merkel war das gar nicht überraschend: Das entspricht ihrem unauffälligen, aber eben auch uninspirierten Politikstil, mit dem sie es Konkurrenten wahninnig schwermacht, mit ihr überhaupt in so ein Duell zu treten. Sich plakativ an ihr zu reiben. Aber bei Martin Schulz wunderte es doch. Es war ihm anzumerken, dass er nicht mehr an seinen Sieg glaubte. Und deswegen schien er sich – eher unbewusst – den Gesetzen des medialen Schaukampfs zu entziehen und konzentrierte sich mit spürbarem Respekt und großer Aufmerksamkeit auf das Gespräch mit Frau Merkel.

Inszeniertes Entertainment

Nicht dass Sie mich missverstehen: Ich halte diese Fernsehdiskussion nun keineswegs für ein besonders gutes Beispiel dafür, wie ich mir Streit in der Politik und in der ganzen Gesellschaft wieder verstärkt wünsche. Dafür war er viel zu matt. Aber ich erzähle Ihnen davon, weil die – tatsächlich missglückte – Inszenierung der Sendung etwas aufdeckt: Wie sehr wir uns alle schon daran gewöhnt haben, Auseinandersetzungen als etwas Öffentliches zu inszenieren und zu betrachten. Etwas, das nicht primär ZWISCHEN Menschen stattfindet, sondern VOR Menschen. Etwas, das nicht so sehr informieren, sondern *entertainen* soll. Etwas, das die Positionen der Beteiligten nicht annähern, sondern profilieren, festigen und verhärten soll. Kein Wunder, wenn dann die Zuschauer angesichts eines lauen Beinahe-Streits irritiert und verwirrt sind.

Wenn Sie eine Talkshow wie Frank Plasbergs „Hart aber fair" anschauen, dann gibt es viele äußerliche Anzeichen dafür, dass hier ein Streitgespräch stattfinden soll. Da sitzen Menschen mit verschiedenen Meinungen zu einem vorgegebenen Thema, ein unparteiischer Moderator sorgt dafür, dass jeder zu Wort kommt, jeder hört dem anderen zu (oder tut zumindest so). Und am Ende lachen alle und scheinen sich vorherige Tiefschläge oder Entgleisungen nicht weiter übel zu nehmen.

Von wegen. Wenn Sie genauer hinschauen, merken Sie, wie wenig die Beteiligten einander wirklich zuhören und auf die Meinungen des anderen eingehen. Jeder ist damit beschäftigt, die Position, für die er eingeladen wurde, ins rechte Scheinwerferlicht zu rücken. Und ja keine Schwäche zu zeigen und Zweifel an der eigenen Meinung erkennen zu lassen. Denn jeder will sich ja durchsetzen. Recht behalten. Wieder eingeladen werden. Und er will die Menschen nicht enttäuschen, für die er hier sitzt: die Parteifreunde, die Kollegen, die Wähler, die Fans, die ihn siegen sehen wollen. Die erleben wollen, wie er mit seiner Position alle anderen vom Platz fegt. Deswegen ist die Auseinandersetzung in dieser Sendung eben nicht das, was ich unter Streit verstehe.

Aber ist es dann ein Duell? Wie soll das gehen, wo doch immer mehrere Diskutanten beieinander sind? Der Begriff scheint aber nur auf den ersten Blick nicht ganz zu passen. Es empfiehlt sich, genauer hinzuschauen: In Wahrheit besteht eine solche Talkrunde nämlich immer aus vielen kleinen Duellen, in denen sich einer an einem anderen abkämpft. Dabei reden die Beteiligten zwar sowieso zumeist gar nicht miteinander, sondern mit dem Moderator. Aber sie versuchen bei diesen indirekten Duellen, die Position ihres Vorredners oder Vorvorredners zu entwerten, wegzuwischen, vergessen zu machen. Was nun wirklich gar nicht stattfindet: so etwas wie eine alle Positionen und Teilnehmer umfassende Gruppendiskussion. Dafür ist die Zeit auch viel zu kurz, dazu gibt es viel zu viele Filmchen und andere Kinkerlitzchen zwischendurch.

Aus purer Gewohnheit

Wir haben uns an diese Form von Fernsehdiskussion so sehr gewöhnt, dass es uns gar nicht mehr auffällt, wie sehr das alles nur noch inszeniertes Entertainment ist. Wobei die „Show“ doch auf dem Etikett steht: Die meisten politischen Fernsehdiskussionen werden heutzutage als *Talkshow* angekündigt. Eine Bezeichnung, die ursprünglich mal lockeren Runden vorbehalten war, in denen sich mehr oder weniger Prominente, mehr oder weniger locker über ihr Leben, ihren neuesten Film oder ihr gerade erschienenes Buch austauschen.

Heute aber ist alles Show, auch die Politik! Und wenn Show draufsteht, ist halt auch Show drin. Ausnahmen bestätigen die Regel.

Wer mehr für ein Publikum redet als mit seinem Gegenüber, dessen Sprache verändert sich. Sie wird lauter und härter. Und er kann dem anderen gar nicht mehr mit der eigentlich gebotenen Aufmerksamkeit zuhören, weil er überwiegend damit beschäftigt ist, oft genug zu Wort zu kommen, die entscheidenden Punkte zu machen und die vorher zurechtgelegten Sätze möglichst komplett und fehlerfrei aufzusagen.

Wer hat etwas davon? Die Kontrahenten selten, denn ihre Talking Points löschen sich zum größten Teil gegenseitig aus. Die Zuschauer sind hinterher auch nicht schlauer als vorher, denn sie werden auf der Seite desjenigen Streithahns sein, der ihre bisherige Meinung bestätigt. Am ehesten haben die Moderatoren etwas davon: Je mehr die Fetzen fliegen, desto höhere Einschaltquoten, desto sicherer ihr Job.

Aber na ja, wenn wir ehrlich sind: Einen sichereren und besser bezahlten Job als beim öffentlich-rechtlichen Rundfunk gibt es ja so gut wie gar nicht. Der Staat sorgt zur Not mit der Androhung von Gefängnis dafür, dass die Rundfunkgebühren eingetrieben werden, ein Marktrisiko existiert somit nicht. Ob also eine Talkshow mehr oder weniger gut gelingt, ist für alle Beteiligten also gar nicht so wichtig.

Warum tun wir uns das an? Warum schalten wir da nicht längst kollektiv ab? Ich glaube, das liegt zum einen daran, dass es viel bequemer ist, sich von so einer Show entertainen zu lassen, als ein inhaltlich anspruchsvolles Gespräch zu verfolgen, in dem von Beitrag zu Beitrag bei allen Beteiligten ein schrittweiser Erkenntnisgewinn eintritt. Und zum anderen sind wir Menschen halt immer wieder von der ganz archaischen Neugier getrieben, Menschen siegen oder verlieren, triumphieren oder leiden zu sehen. Bequemlichkeit und Neugier – und ein Stück Gewohnheit – treiben uns immer wieder vor den Fernseher. Und damit halten wir die klassischen Fernsehformate weiter am Leben, obwohl sie doch eigentlich von gestern sind. Wer sich wirklich informieren will, geht längst ins Internet und sucht sich unabhängigere und sachlich-informativere Quellen.

Wenn es öffentlich wird

An diesen Fernsehduellen, Schaukämpfen und Profilierungsritualen finde ich vor allem so faszinierend, wie sehr sie das Bild geprägt haben, das unsere Gesellschaft von Auseinandersetzungen hat. Wir halten das schon für normal. Und denken: So muss Streit wohl sein. Wir finden solchen vermeintlichen Streit zwar nervig und peinlich und peinigend, aber wir können uns eine Alternative gar nicht mehr so richtig vorstellen. Haben immer weniger Ahnung davon, was guter Streit eigentlich sein könnte.

Dabei erlebe ich außerhalb der Öffentlichkeit, dass es im Stillen, im privaten Alltagsleben durchaus noch viel vernünftigen und fruchtbaren Streit gibt. Denn vor allem, wenn zwei Menschen sich ganz ohne weitere Zuschauer und Zuhörer im Gespräch auseinandersetzen, dann klappt das nach meiner Beobachtung in unserer Gesellschaft immer noch ganz gut. Nicht gerade in Beziehungsgesprächen, da besteht immer die Gefahr, dass die beiden Partner schneller in ein Duell verfallen, als ihnen bewusst ist – und als sie es in anderen Konstellationen tun würden. Aber in Familien, unter Freunden und unter Kollegen erlebe ich nicht selten Streits, die auf eine respektvolle und faire Art geführt werden.

Aber das bröckelt bedrohlich in dem Maße, in dem unsere Kommunikation immer öffentlicher wird. Sie kennen das ja auch: Immer mehr Menschen telefonieren heute zum Beispiel völlig ungeniert öffentlich. Was für eine Landplage! Ich werde heute auf einer Bahnfahrt ungewollt und ungefragt Zeuge von Gesprächen, die ich lieber nicht hören würde und die früher selbstverständlich unter Ausschluss der Öffentlichkeit geführt wurden. Abgesehen davon, dass das meistens eine Zumutung für die Mitmenschen ist: Es verändert die Kommunikation.

Überall da, wo wir uns nicht nur an einen Adressaten, sondern gleich an ein ganzes Publikum wenden, reden oder schreiben wir anders. Wir kommunizieren unmerklich plakativer, härter. So ist das auch in den sozialen Medien. Als ich neulich einen kleinen Text für die „Huffington Post" platzierte, bekam ich im Forum als Kommentar ein großherziges Angebot: „Bitte Adresse, biete Intelligenz!" Ich war zunächst sprachlos über diese Respektlosigkeit! Wie groß muss die innere Not eines Menschen sein, der mich auf diese Art angeht? Abgesehen davon verstand ich aber auch, dass ich ja eigentlich nur am Rande angesprochen war – und er sich eigentlich an andere richtete. Sein Kommentar war von der im Hintergrund ständig anwesenden Öffentlichkeit geprägt, für sie geschrieben. Oder was glauben Sie: Wie würde sich der Absender dieses Kommentars wohl ausdrücken, wenn wir uns ganz alleine ohne jedes Publikum gegenüberstünden? Ich bin sicher, wir kämen viel schneller und viel leichter in eine inhaltliche Diskussion.

Freunde hinter den Kameras

Das geht übrigens Politikern nicht anders. Denn wenn die Kameras und die Mikrofone ausgeschaltet sind, gehen sie ganz manierlich miteinander um. Und zwar desto lockerer und ungezwungener, je ferner sie sich in ihren politischen Standpunkten sind. Mir hat mal ein Bundestagsabgeordneter erzählt, dass er sich in Berlin vor allem vor seinen Parteifreunden in Acht nehmen muss, weil da Intrigen an der Tagesordnung sind. Mit Politikern anderer Parteien könne er dagegen viel offener und freundschaftlicher umgehen. Das ist auch kein neues Phänomen. Ob früher bei Brandt und Wehner oder heute bei Schulz und Gabriel: Immer gilt der Satz, dass Parteifreundschaft ein Nährboden für persönliche Feindschaften sein kann. Aber wussten Sie, dass zwischen Claudia Roth von den Grünen und Günther Beckstein von der CSU eine langjährige Freundschaft besteht? Oder zwischen Oskar Lafontaine und Rainer Brüderle? Und dass Andrea Nahles zu dem „blöden Dobrindt", über den sie auf einem SPD-Parteitag herzog, einen sehr guten persönlichen Draht hat? Was glauben Sie, von wem einer der persönlichsten Nachrufe auf den an Leukämie verstorbenen früheren FDP-Vorsitzenden Guido

Westerwelle kam: von Angela Merkel oder Christian Lindner? Nein, der kam von Gregor Gysi, der 2016 im „Spiegel" seinen politischen Gegner posthum als „lebensbejahenden, optimistischen, humorvollen und fröhlichen Politiker" rühmte und bekannte: „Vielen wird er fehlen, mir auf jeden Fall." Aus solchen Beispielen wissen wir, dass auch Politiker hinter den Kulissen viel mehr miteinander als übereinander reden und auf diesem Weg Auseinandersetzungen stattfinden, die viel fairer und offener sind als das, was sie in Talkshows und der „Tagesschau" für die Öffentlichkeit inszenieren.

Aber auch außerhalb der Politik eskalieren die Auseinandersetzungen erst dann so richtig, wenn ein oder zwei Zuschauer oder Zuhörer dazukommen und so schlagartig eine Form von Öffentlichkeit ins Spiel kommt. Dann geht es nicht mehr nur ums Thema, sondern wie in den Waffenduellen früherer Jahrhunderte um die Ehre. Und damit wird plötzlich das heftig, was vorher noch moderat war.

Zum Beispiel im Autoverkehr: Den anderen nicht in die Fahrspur reinlassen, wütend hupen, den Vogel zeigen, das hat es immer schon gegeben. Aber ich habe in letzter Zeit häufiger von Situationen gelesen, in denen Fahrer im Stau oder an der Ampel aus ihrem Auto stürmten und dem Fahrer eines anderen Autos durch die Beifahrerscheibe drohten, handgreiflich zu werden – und es teilweise auch wurden. Die Deutsche Bahn berichtet davon, dass ihre Zugbegleiter immer öfter bei Meinungsverschiedenheiten angegriffen wurden. Wenn ich das lese, habe ich den Eindruck, wir sind dabei, ein Land von Rüpeln zu werden.

Und im Business werden Auseinandersetzungen zwar eher selten in offener Auseinandersetzung ausgetragen, dafür entwickeln sich aber hintenrum – und dennoch für alle sichtbar – Duelle vom Feinsten. Mit Verleumdungen, Beschimpfungen und Mobbing. Oder vielleicht auch nur mit ganz subtilen, kleinen Nadelstichen.

Die Pfeile werden angespitzt

Vor einiger Zeit hatte ich zum Beispiel in einem Seminar einen Teilnehmer, der sich superskeptisch und -kritisch gab. Schon beim Reinkommen registrierte ich, wie er mich musterte und von der Körpersprache und Mimik her auftrat nach dem Motto: „Mal gucken, was du da vorne so drauf hast." In der anschließenden Vorstellungsrunde sagte er mit mahnender Stimme: „Ich hoffe, dass dieses Seminar nicht bei der Theorie bleibt, sondern dass das, was Sie uns erzählen, in der Praxis wirklich umsetzbar ist." Als er das sagte, lag in seinem Gesicht wenig Freundlichkeit, dafür umso mehr Bestimmtheit.

Ich war ein wenig gewarnt, doch ich habe gelernt, mit schwierigen Teilnehmern umzugehen. Mich interessierte allerdings, wie die anderen Teilnehmer mit ihm und seiner negativen, kritischen Ausstrahlung umgehen würden. Denn es ist mir wichtig, dass die ganze Gruppe miteinander in einen Zustand guten Lernens kommt und nicht durch Störfeuer belastet wird. Links von ihm saß eine Frau, die sich vor ihm in der Vorstellungsrunde sehr wertschätzend und freundlich geäußert hatte. Ich merkte ihr an, dass sie etwas erschrocken von diesem Statement war und danach zu ihrem Nachbarn unmerklich eine gewisse Distanz aufbaute. Und ich beobachtete, wie sie Blickkontakt mit zwei anderen Frauen in der Gruppe suchte und alle drei immer mal wieder genervt mit den Augen rollten, wenn der Mann etwas sagte.

Eine der Frauen schloss, den Blick auf ihn gerichtet, einen Beitrag mit den Worten: „Na ja, man muss ja auch offen sein", und die anderen zwinkerten sich dabei zu. Oha – ich merkte, wie die drei Frauen sich ganz im Hintergrund gegen den Mann zu verbünden begannen. Und je mehr Zeit sie jetzt bei diesem zweitägigen Seminar miteinander verbrachten, desto offensiver wurden die drei. Als der Mann zwischen seinen überwiegend kritischen Kommentaren auch mal was Positives sagte, drehte sich die Frau neben ihm zu ihm hin und quittierte das mit ironischem Blick und den spitzen

Worten: „Das ist jetzt das erste Mal, dass du etwas Positives gesagt hast!"

Der Treffer saß, mehrere Teilnehmer im Seminarraum lachten da laut auf. Anscheinend dachten viele so, hatten es bisher aber nicht artikuliert. Es hatte sich bei ihnen offensichtlich eine innere Gegnerschaft zu diesem Mann aufgebaut, die aber nicht offen ausgesprochen wurde.

Wenn Sie sich jetzt auf eine richtig krachige Zoffgeschichte freuen, muss ich Sie allerdings enttäuschen. Denn weiter passierte nichts, die Auseinandersetzung entwickelte sich weder zum offenen Streit noch zum explosiven Duell. Aber ich glaube, wenn das Seminar länger gedauert hätte, wären die Pfeile der Frauen spitzer, sichtbarer geworden. Es hätte sich ein verbissener stiller Kampf aufgebaut, der das Seminar sehr belastet hätte und im Rahmen der Gruppe auch nur sehr schwer zu befrieden gewesen wäre.

Gift und Galle

Der entscheidende Punkt in dieser Geschichte ist für mich: Menschen in Gruppen spüren sehr sensibel, wenn die Harmonie in Gefahr ist. Wie durch diesen Teilnehmer. Alle merken: Da liegt was in der Luft! Aber was? Die gängige Etikettierung in unserer Gesellschaft ist dann eben: Der ist auf Streit aus, der sorgt für Unfrieden.

Peng, und schon ist er wieder da, der negativ besetzte Streitbegriff. Dabei war dieser Mann, so wie ich ihn erlebte, gar nicht auf Streit aus, also auf offene und faire Auseinandersetzung, sondern auf versteckte Duelle und verdeckte Kämpfe. Und die bekam er dann auch, weil die anderen sich unwillkürlich auf seine Art der Kommunikation einstellten und darauf ebenso verdeckt reagierten. Ich bin überzeugt: In einer Zweierkonstellation zwischen dem Mann und seiner Platznachbarin, zum Beispiel einer kleinen Gemeinschaftsarbeit, wäre dem Mann diese Provokation viel schwerer gefallen und er hätte ganz anders kommuniziert oder die Frau hätte darauf viel direkter, offener und konstruktiver reagiert. Viel eher als in der Öffentlichkeit der Gruppe hätte so die Chance bestanden, zu einer offeneren und konstruktiveren Auseinandersetzung zu kommen. Eben zu einem wirklichen Streit.

Mein Problem mit solchen Duellen ist, dass sie nicht nur ein bisschen härter und destruktiver sind als es ein guter Streit wäre, sondern dass sie Gift sind für unsere Gesellschaft. Denn sie führen nicht zu Lösungen. Sie sind Sackgassen. Duelle ziehen von allen Beteiligten ungeheuer viele Energien ab und schaffen auf gesellschaftlicher, politischer und individueller Ebene nur Missverständnisse und dauerhafte Konflikte. Sie sorgen dafür, dass Gespräche ersterben. Dass wir zu einer sprachlos sich gegenseitig belauernden Gesellschaft werden. Und deswegen werde ich nicht müde zu sagen, dass unsere Gesellschaft so wahnsinnig dringend weniger Duelle und mehr Streit braucht.

Das Problem dabei ist: Duelle sind ja viel bequemer. Sie sind einfacher zu inszenieren und zu kommunizieren als Streits. Weder die Duellanten noch die Zuschauer müssen sich mit so anstrengenden Dingen quälen wie Nachdenken, Zuhören oder Konzentrieren. Müssen nicht offen für den anderen und dessen Perspektive sein, nicht bereit und in der Lage sein, sich offen und verletzlich zu zeigen. Sie können sich einfach abreagieren, ohne weitere Anstrengung. Die Bequemlichkeit macht die Duelle so attraktiv und gefährlich. Und sie ist zugleich der Grund dafür, dass der Streit so ein furchtbar schlechtes Image hat, denn er gilt als kompliziert und anstrengend.

Dabei macht der Streit unser Leben erst so richtig spannend.

Wenn einer mit der Gesamtsituation unzufrieden ist …

Keine einzige spannende Geschichte, kein guter Krimi, kein Drama, kein Actionfilm kommt ohne Streit aus. Ohne, dass in irgendeiner Form zwei Welten aufeinanderprallen. Alle brauchen sie widerstreitende Werte, gegensätzliche Interessen und starke Figuren, die diese vertreten: Held und Antiheld. These und Gegenthese. Und im Humorfach ist es nicht anders: Keine Komödie ist ohne einen witzig aufbereiteten Streit vorstellbar.

„Ich bin mit der Gesamtsituation unzufrieden", das ist eine der schönsten Streiteröffnungen des deutschen Kinos. In der Winnetou-Persiflage „Der Schuh des Manitu" sind Michael „Bully" Herbig in Indianerklamotten als der Apache Abahachi und Christian Tramitz als sein Cowboy-Blutsbruder Ranger zu sehen. Die beiden besten Freunde sind in einer misslichen Lage: festgebunden am Marterpfahl. Sehr peinlich für die beiden. Sie frotzeln ein bisschen, bis Ranger diesen legendären Satz über die Gesamtsituation sagt. Abahachi ist erst mal verdutzt. Und fragt, was Ranger damit genau meint. Da sprudelt die Kritik nur so aus dem wütenden Südstaatler heraus. Und schon sind die beiden in einer heftigen Auseinandersetzung. Ranger echauffiert sich über das lächerliche Indianergehabe, die sinnfreien Anschleich-Übungen, das konzeptlose Spurenlesen und das tagelange, fade Nebeneinanderherreiten. Der Apache ist davon sichtlich getroffen. Wo er doch so stolz ist auf seine edle indianische Herkunft. Er ist verletzt. Der Puls steigt. Dass er sich von seinem besten Freund sowas anhören muss …

Und genau hier ist etwas Entscheidendes passiert. In diesem Moment nämlich trennen sich die Wege von Streit und Duell. Wenn einer verletzt ist, wenn die Emotionen hochsteigen, kann die Situation schnell eskalieren. Dann ist jede Auseinandersetzung wie ein Pulverfass, das sofort explodieren kann.

Aha! Alles klar. Das heißt also, die Emotionen sind das Problem? Sie sind demnach das vergiftende Kraut, das die Suppe jeder Auseinandersetzung zum Überkochen bringt? Emotionen raus und schon wird aus jedem Duell wieder ein friedlicher Streit?

Neiiiin! Bitte bloß das nicht! Emotionsfreie Dialoge braucht kein Mensch. Und dieses Land erst recht nicht. Das ist fern jeder menschlichen Realität. Denn ein Leben ohne Emotionen ist zum einen monoton und langweilig und funktioniert zum anderen auch gar nicht.

Ich halte es für einen Fehler, wenn Sie versuchen, die Emotionen im Gespräch mit anderen völlig flachzuhalten oder gar zu unterdrücken. Das ist für den Gesprächspartner ungefähr so frustrierend, wie es für Sie wäre, wenn Sie auf eine enthusiastisch vorgetragene Liebeserklärung nur die Rückmeldung bekommen: „Das ist eine sehr interessante Aussage, die du da über deine Gefühle gemacht hast, ich werde in aller Ruhe für mich Pro und Kontra abchecken und dir dann das Ergebnis meiner Abwägung mitteilen …"

Entsetzlich! Da können Sie auch gleich mit einem Gefrierschrank reden. Gefühle sind in jeder Auseinandersetzung völlig normal. Ich werde auch emotional, wenn mich mein bester Freund an meiner sensiblen Stelle piekt. Und das ist auch total in Ordnung so. Die Frage ist nur: Was mache ich jetzt mit den Gefühlen? Um darüber nachdenken zu können, muss ich erst einmal spüren, dass sie in mir hochgekrochen sind. Und ich muss sie identifizieren können. Das Schwierige daran ist aber, dass wir Menschen uns oft so schwertun, die Emotionen in uns bewusst wahrzunehmen. Auch ich merke manchmal erst mit ein paar Stunden Abstand, wie wütend ich in einem Gespräch geworden bin. Diese Wahrnehmung unserer eigenen Gefühle fällt uns schwer. Dabei ist das viel einfacher, als wir meinen, denn wir müssen gar nicht in unserer Psyche wühlen. Wir müssen nur auf die Reaktionen unseres Körpers achten.

Typisch!

Wissenschaftler an der finnischen Aalto University haben 2013 in einem Versuch mit 700 Probanden aus Taiwan und Skandinavien die Körperwahrnehmung von Emotionen untersucht. Also von Menschen mit sehr unterschiedlichen kulturellen Hintergründen. Und das faszinierende Ergebnis war: Die haben die Emotionen alle auf eine gleiche oder ähnliche Weise körperlich wahrgenommen. Nachdem bei ihnen die verschiedenen Basisemotionen wie Hass, Liebe, Wut ausgelöst wurden, sollten sie in einen Blanko-Umriss des menschlichen Körpers eintragen, wo und wie sie die Emotion körperlich empfanden. Und alle konnten sie tatsächlich verorten: Wut macht sich vom Bauchnabel aufwärts in der oberen Körperhälfte breit. Fröhlichkeit dagegen flutet den ganzen Körper, Neid wird im Kopfbereich empfunden. Und das gilt, so das Ergebnis der Studie, für jeden Menschen, völlig unabhängig von seiner Herkunft oder Sozialisation.

Es passiert also jede Menge, wenn meine Emotionen in einem Streit mit einem Freund hochkommen. Und ich kann das gar nicht verhindern, weil ein körperlicher Automatismus in Gang kommt. Aber mithilfe der körperlichen Reaktionen kann ich lernen, mich genauer zu beobachten und zu erkennen, was mich eigentlich genau in Wallung bringt.

Vor einiger Zeit hatte ich mal auf einer Familienfeier ein interessantes Gespräch mit meinem Onkel. Anlass war eine TV-Reportage über Steuerhinterziehung. Da sagt er plötzlich: „Ja, das ist typisch für alle Chefs. Die beuten ihre Mitarbeiter aus und verdienen selbst immer mehr."

Ich spürte schlagartig einen Druck in der Magengrube. Denn ich hörte das Muster „arme Arbeiter, böse Unternehmer" heraus. Und das ärgerte mich. Warum? Weil ich selbst Unternehmer bin. Ich fühlte mich angegriffen. Und deshalb ging ich gleich zum Gegenangriff über: „Es sind ja nicht alle gleich. Es gibt sowohl reiche als auch arme Mistkerle."

Das Gespräch ging so weiter und schaukelte sich langsam hoch. Weil ich angefressen war, versuchte ich mich zu verteidigen und rief irgendwann: „Weißt du eigentlich, wie viel so ein Unternehmer täglich arbeitet?"

Viel fehlte nicht mehr, und ich hätte ihn vielleicht persönlich angegriffen, nur um meine Emotion abzureagieren.

Auf einmal dachte ich: „Was läuft hier gerade eigentlich ab? Warum bin ich so wütend?" Ich fing an, darüber nachzudenken, wie seine Meinung wohl zustande gekommen war. Was er im Leben erlebt haben musste, um so über Unternehmer zu denken. Was es mit ihm machte, wenn er so dachte. Je mehr ich mir solche Fragen stellte, desto mehr kam ich von meiner eigenen Beklommenheit los und konnte im Gespräch auf ihn eingehen. Und auf einmal entwickelte sich eine gute Diskussion über unterschiedliche Lebensentwürfe, über Selbstvertrauen, über Ziele im Leben. Nach einer Weile sagte er: „Jeder soll sein Ding machen. Aber er soll zufrieden sein mit dem, was er hat."

Und ich erwiderte: „Es ist gut, wenn jemand das so für sich entscheidet. Aber ich finde es nicht gut, anderen Vorwürfe dafür zu machen, wenn sie sich weiterentwickeln und mehr haben wollen."

Er nickte. Darauf konnten wir uns einigen. Und anschließend konnten wir entspannt und mit einem Gefühl gegenseitigen Einverständnisses dazu übergehen, Anekdoten aus alten Familienzeiten auszutauschen.

Meine Onkel hat Streitkultur. Alle Achtung!

Warum guckt der so ernst?

Was in diesem Streitgespräch im Moment kurz vor einer Eskalation in mir passierte, das funktioniert immer. Es ist die Alternative zu den zwei Standardreaktionen, zu denen wir Menschen sonst gerne greifen.

Bei der einen kann ich versuchen, meine Gefühle zu unterdrücken. Ich sage nichts, breche das Gespräch ab. Aber das macht was in meinem Körper, ich speichere die Emotion, mein Zustand wird nicht besser, sondern es zieht mich immer weiter runter. Bei der anderen Reaktion kann ich dem Reiz-Reaktions-Muster folgen und mich von meiner Emotion so weit führen lassen, bis ich im handfesten Duell bin und keine Kontrolle mehr über das Geschehen habe.

In dem Moment aber, wo ich das Reiz-Reaktions-Muster unterbreche, kann ich aus der Passivität in die Aktivität kommen und Kontrolle über das weitere Geschehen und mein Verhalten gewinnen. Ich beobachte mich und den anderen genauer. Zuerst mich, indem ich mein Gefühl in der drückenden Magengrube, im zugeschnürten Hals oder im schmerzenden Kopf wahrnehme und zulasse. Und dann auf den anderen schaue. Und nicht denke: „Ich bin gegen das, was er sagt, denn es tut mir weh." Sondern ich denke: „Interessant. Hey, was will er mir damit sagen? Warum macht er das? Warum guckt er denn so ernst?"

Wenn ich einen kurzen Moment so bei meinem Gegenüber bleibe und ihn beobachte, lerne ich jemanden von einer anderen Seite kennen. Dann entsteht Neugierde. Und das bringt wieder mehr Energie in meine Bude. Mehr Licht. Und dadurch kann ich auf andere Art und Weise mit dem anderen reden.

Wenn ich mich im Reich der Emotionen und dem, was sie mit meinem Körper anstellen, besser auskenne, und wenn ich mein Gegenüber beobachte und das, was ich da sehe, akzeptiere – dann kann ich besser positiv streiten.

Dafür muss ich den anderen nicht lieben und nicht völlig emotionslos durch die Gegend laufen. Und ich muss auch nicht anstreben, in grenzenloser Friedenssehnsucht vor jedem Gespräch alle Waffen aus der Hand zu legen und bereit sein, alles mit mir machen zu lassen. Nein, viel besser ist es, wenn ich mir bewusst mache, dass ich immer Waffen in der Hand habe, die ich jederzeit abfeuern kann. Wenn ich dann aber versuche, dem anderen nicht immer nur etwas ENTGEGENzusetzen, entscheide ich bewusst, diese Waffe jetzt nicht zu benutzen.

Der Kern des großen Missverständnisses über Streitvermeidung in unserer Gesellschaft ist: Es geht eben nicht darum, zu einem kalten Fisch zu werden und sich nicht mehr zu rühren. Noch darum, sich durch einen Wut-, Trauer- oder Enttäuschungsschleier den Verstand völlig vernebeln zu lassen. Sondern es geht darum, sich selbst zu regulieren.

Im „Schuh des Manitu“ ist das schön zu sehen. Weil Abahachi den Ranger schon so lange kennt, weil sie viel Zeit miteinander verbringen, weil sie einander wirklich gern haben, trifft ihn dessen harsche Grundsatzmanöverkritik unverhofft und sehr hart. Der Indianer ist traurig, dass die Dinge, die er so liebt, offenbar für Ranger Lächerlichkeiten sind. Der Cowboy aber hat all das gar nicht auf dem Schirm, weil er einfach genervt ist von der unmännlichen Lage, in der die beiden gerade stecken. Die Mischung aus Wut und Enttäuschung setzt bei Abahachi den Sympathikus in Bewegung. Dieser Teil des Nervensystems flutet den Körper mit Hormonen. Die Erregung steigt. Die Freunde fangen an, gemeinsam über die Probleme zu reden. Zu streiten. Und der Dissens am Anfang und der Streit im Anschluss stärkt am Ende die Freundschaft der beiden. Und so, wie das im Film für diese beiden funktioniert, wünsche ich mir das auch für unsere Gesellschaft: dass wir eine Art der Auseinandersetzung lernen, die uns nicht länger schwächt, sondern stärkt!

Ich bin davon überzeugt: Wer jammert, er sei den Streit so leid, wer endlich Frieden will, der will eigentlich, dass die Duelle aufhören! Das verstehe ich. Und ich bin derselben Meinung: Schluss mit den ewigen Duellen! Aber ich weiß auch: Stattdessen brauchen wir mehr Streit. Der ist nötig, damit die Duelle aufhören.

Im Bundestag zum Beispiel. Von 2013 bis 2017 war dort tote Hose. Streit war da schon deswegen gar nicht angesagt, weil über 15 Prozent der Wähler, die ihre Stimme abgegeben hatten, im Parlament wegen der Fünfprozenthürde gar nicht vertreten waren. Und wenn Sie noch die Nichtwähler dazurechnen, waren es sogar rund 40 Prozent der Wahlberechtigten, für deren Positionen es im Bundestag keine Vertretung gab. Seit der Wahl 2017 sind die nicht Vertretenen deutlich weniger geworden, jetzt liegt diese Zahl nur noch bei 28 Prozent. Immer noch zu viele, aber dennoch: Es ist mehr Meinungsvielfalt ins Parlament eingezogen. Und das ist eine Chance. Ich wünsche mir, dass sie auch genutzt wird: dass im Bundestag wirklich debattiert wird, dass es zwischen links und rechts zu fairen Diskussionen kommt, die auch den Menschen außerhalb des Parlaments wieder Mut macht, solche Diskussionen untereinander zu führen.

Die ersten Wochen der Debatten im neuen Parlament machen mich zwar nicht gerade optimistisch, aber gut, das mag sich noch entwickeln. Ab und zu gibt es im Bundestag tatsächlich schon Debatten, die diesen Namen wirklich verdienen. Und zwar immer bei Abstimmungen, für die der eigentlich offiziell verbotene, aber inoffiziell oft praktizierte Fraktionszwang aufgehoben wird. Und da entwickeln sich dann plötzlich freie, offene und ernsthafte Debatten, über die hinterher immer geschrieben wird, es habe sich um eine „Sternstunde des Parlaments" gehandelt. Zuletzt gab es das zum Beispiel beim Thema Ehe für alle. Die Hektik und die Tricksereien, mit der viele Abgeordnete da überrumpelt wurden und das Thema zur Abstimmung gezerrt wurde, fand ich zwar dieses wichtigen Themas unwürdig. Aber in der Debatte selbst gab es eine Meinungsvielfalt und eine Bereitschaft, einander zuzuhören, wie ich sie im Parlament sonst nur ganz selten erlebe.

Wenn auch die Öffentlichkeit im Fernsehen, in den Zeitungen und im Internet immer bedrohlicher auf Krawall gebürstet ist, es gibt überall Beispiele, dass es anders geht. Auch außerhalb des Parlaments können wichtige politische Diskussionen geführt werden. Vor ein paar Jahren moderierte der im Herbst 2017 verstorbene Heiner Geißler Diskussionen über das Bauprojekt „Stuttgart 21" mit bewundernswerter Souveränität und Gelassenheit und gab damit vielen Menschen ein beeindruckendes Beispiel für positive Streitkultur.

Und in der Zeit der heftigsten Auseinandersetzungen über unseren Umgang mit Flüchtlingen traute sich der Chef der Sächsischen Landeszentrale für politische Bildung Frank Richter Pegida-Anhänger und -Gegner an einen Tisch zu bringen und miteinander reden zu lassen. Er wurde dafür angefeindet und als „Pegida-Freund" beschimpft. Ihm ging es aber um notwendigen Streit. Über seine Motive sagte er: „Die Botschaft, die ich gerne aussenden möchte:

Führt offene kontroverse Debatten, habt keine Angst vor dem Streit, geht ihm nicht aus dem Wege, tut nicht so, als sei alles gut, lechzt nicht nur nach Zustimmung und Sympathie, sondern auch nach offener Auseinandersetzung."

Und ab und zu gibt es diese gute Form der Auseinandersetzung auch in den Medien. Erinnern Sie sich noch an die Debatten zwischen dem SPD-nahen Journalisten Ulrich Kienzle und seinem CDU-nahen Widerpart Bodo H. Hauser im ZDF in den 1990er Jahren? Da wurde der politische Streit bewusst kultiviert, und die Zuschauer liebten es. Und heute gibt es bei Phoenix Ähnliches zwischen dem links gerichteten Journalisten Jakob Augstein und dem konservativen früheren „Bild"-Chefredakteur Nikolaus Blome. Und im Online-Format „Spiegel daily" setzt sich Augstein in ähnlicher Form mit seinem konservativen „Spiegel"-Kollegen Jan Fleischhauer auseinander.

Nehmt euch wieder ernst!

Wir müssen auch gar nicht nur auf die Politik schauen. Das, was Gerhard Delling und Günter Netzer über viele Jahre erfolgreich und Bambi-gekrönt am Rande von Fußballspielen miteinander zelebrierten, war pointierte Streitkultur vom Allerfeinsten, in der bei aller Streitlust immer der gegenseitige Respekt vor dem anderen und seiner Meinung zu spüren war. Und es bewies: Die Zuschauer wollen gar nicht immer nur Krawall und Krach.

Neulich habe ich mit großer Freude gelesen, dass die Anzahl von Debattierclubs in Deutschland steigt: von Vereinen also, die sich regelmäßig versammeln, um Debatten in Form eines sportlichen Wettkampfs abzuhalten. Ich gebe die Hoffnung nicht auf, dass das Schule macht. Dass wir miteinander lernen, wieder richtig zu streiten.

Beim richtig geführten Streit gibt es nur Gewinner! Menschen, die sich ihre Probleme von der Seele reden und zu Lösungen kommen. Und für die Demokratie ist die Streitkultur so selbstverständlich und notwendig wie die Gleichschaltung und der Zwang zur Einheit für die autoritären Regime. Und weil ich ein echter Fan der Freiheit bin und ein überzeugter Anhänger unserer Demokratie, fordere ich für unser Land eine neue Streitkultur, die den Streit poliert, bis er wieder glänzt.

Es ist gar nicht schwer. Wir müssen nur das Reiz-Reaktions-Muster unterbrechen. Unser Gegenüber wieder mehr wahrnehmen. Vor allem aber uns selbst. Uns ernst nehmen. Unsere Meinungen und Gefühle. Uns selbst wieder mehr vertrauen. Uns wieder mit uns selbst befreunden.

SELBSTBEFREUNDUNG

WER SIND WIR ÜBERHAUPT?

Inzwischen kennen Sie mich. Mein Weltbild ist individualistisch. Das bedeutet, ich glaube, dass wenn sich in der Welt etwas ändern soll, dann muss ich selbst damit anfangen. Es hilft nichts, an andere Menschen oder „die da oben" Forderungen zu stellen. Die Kraft des Individuums kann Veränderungen bewirken. Im Gegensatz dazu habe ich auf die von oben verordneten Gesetze und Regeln keinen Einfluss – beziehungsweise nur in homöopathischen Dosen.

Deshalb bin ich der Meinung: Eine Streitkultur, also eine Kultur der offenen, tiefen und ehrlichen Auseinandersetzung, wird es in unserer Gesellschaft nur dann geben, wenn Sie und ich und viele weitere Menschen dazu in der Lage sind, uns mit anderen Menschen und anderen Meinungen auseinanderzusetzen. Je mehr Menschen aufhören, sich zu duellieren, desto peinlicher wird es für die übrig gebliebenen Kampfhähne und Zoffzicken. Wenn also Sie und ich und möglichst viele, die in diesem Land leben, streitfähig und streitbar sind und wir gleichzeitig aufhören, uns niederzumachen und uns persönlich anzugreifen.

Das Problem dabei: Streitfähig ist der Mensch nicht ab Werk. Indem wir nur auf die Welt kommen und irgendwann unsere Muttersprache sprechen können, beherrschen wir das zivilisierte Diskutieren noch lange nicht. Das Streiten und Sich-Auseinandersetzen gilt es genauso zu lernen wie Fahrradfahren, Zehnfingertippen oder eine Fremdsprache, denn es ist eine Kulturtechnik, eine zivilisatorische Errungenschaft. Aber es ist auch kein Hexenwerk.

Im Wesentlichen bedeutet streiten können, dass Sie offen und neugierig anderen Menschen begegnen und sich für sie und ihre Ansichten interessieren – statt sie beim ersten Wort, das nicht ins eigene Weltbild passt, in eine Schublade zu stecken, den Schlüssel herumzudrehen und wegzuwerfen. Und es bedeutet auch, dass Sie dabei den eigenen Standpunkt durchaus wahren, für Ihre Überzeugung kämpfen und Ihre Meinung ausdrücken – allerdings ohne dem Gesprächspartner etwas aufzuzwingen. Der Deal ist: Sie bekommen Raum für Ihre Punkte, der andere aber genauso. Was Sie zu sagen haben ist ein Angebot an den Gesprächspartner, sich Ihrer Meinung entweder anzuschließen oder erst recht auf seinem Standpunkt zu bestehen. Oder aber die Diskussion führt zu einem neuen dritten Standpunkt. Wie in einem guten Debattierclub eben.

In der Theorie klingt das wie ein Kinderspiel. Umso erstaunlicher ist, dass es in der Praxis so selten gelingt. Und da nehme ich mich überhaupt nicht aus: Manchmal geht mir der Gaul durch und ich rutsche ins Duell ab, ohne es zu merken, obwohl ich das überhaupt nicht will und obwohl ich mich für einen relativ bewussten und geübten Streiter halte. Ein Beispiel ist dieses Telefonat mit meinem Cousin, den ich übrigens supergern habe!

Schwarzwälder Sorte

Einmal lud ich meine ganze Sippschaft aus dem Schwarzwald zu einem Vortrag von mir bei einer offenen Veranstaltung ein. Ich dachte: „Das ist jetzt *die* Gelegenheit, deine Familie erleben zu lassen, was du tagaus, tagein in deinem Beruf so machst." Das klappte auch super: Meine Eltern, Tanten, Cousins und Cousinen setzten sich ins Auto und rückten an. Mein Vortrag lief gut, ich bekam saftigen Applaus, auch von meinem Clan. Nach der Veranstaltung klopften sie mir alle auf die Schulter und gratulierten mir. Und ich freute mich aufrichtig darüber. So weit, so gut. Aber das war noch nicht die eigentliche Geschichte.

Ungefähr zwei Wochen später rief mich mein Cousin an: Er habe ein paar Sachen rund um seinen Job, bei denen er einen Tipp von mir bräuchte. Na klar, gerne! – Irgendwann, nach einer halben Stunde Gespräch, als das Telefonat sich fast dem Ende näherte, spürte ich ihn immer angespannter werden. Dann hörte ich förmlich, wie er all seinen Mut zusammensammelte, als er mich fragte: „Übrigens, Stefan, was ich noch sagen wollte: Du, mit deinem Vortrag, also, na, das war ja schon ganz schön heftig. Ich meine, wieso hast du das alles so offen gesagt?"

Obwohl ich noch nicht kapierte, worauf er eigentlich hinauswollte, merkte ich, wie sich mein Magen zusammenkrampfte.

Ich fragte ihn, was er denn genau meine. Er druckste ein wenig herum, bis er endlich etwas konkreter wurde: „Na ja, deine Lebensgeschichte so offenzulegen …"

So langsam dämmerte mir, was ihn irritierte. Ich hatte in dem Vortrag von mir, über mich, von mir selbst geredet. Und ja, das macht man im Schwarzwald nicht. Wer da etwas Positives oder etwas Negatives von sich preisgibt, gilt wahlweise als Großkotz oder als Vollidiot. Und auf mich traf durch Schwarzwälder Augen betrachtet beides zu: der Großkotz, weil beim Vortrag auch die eine oder andere Erfolgsstory dabei war. Und der Vollidiot, weil viele Beispiele sich aus meinen eigenen Lebenskrisen speisten.

„Okay. Du fragst dich, warum ich in dem Vortrag dermaßen die Hosen runtergelassen habe?", entgegnete ich mit einer nicht überhörbaren Schärfe in der Stimme. Ich wollte nach dem Gedruckse hier mal Ross und Reiter nennen. Merkte aber in dem Moment nicht, dass neben Klarheit auch eine Portion Wut hinüberschwappte.

„Schon", sagte er vorsichtig. „Das haben wir uns auf der Heimfahrt, ehrlich gesagt, alle gefragt", sagte er im Rechtfertigungston. Durch die Leitung kam tiefstes Unverständnis rüber. Ja, sogar ein bisschen Fremdschämen. Und ich konnte mir bildhaft vorstellen, wie die Konversation im Auto gelaufen sein muss. „Wie kann der Stefan nur sein Leben sooo auf der Bühne ausbreiten? Das hat doch die Welt nicht zu interessieren, wie es ihm in all diesen schweren Situationen ging …"

Jetzt erst registrierte ich, dass ich wütend war.

Ich schwankte zwischen dem Drang, meinem Cousin zu sagen, dass ich diese Schwarzwälder Einstellung total hinterwäldlerisch finde, und dem Wunsch, offen auf seine Frage einzugehen. Es war eine echte Herausforderung für mich, nicht zurückzuschießen, nicht die beleidigte Leberwurst zu geben oder meine Familie zu beschimpfen. Kurz: Ich arbeitete innerlich hart daran, nicht in ein offenes Duell einzusteigen. Denn innerlich kämpfte ich längst.

Ich holte einmal tief Luft, blies sie mit aufgeblähten Backen wieder aus und gab mir einen Ruck. Ich entschied mich dazu, freundlich zu bleiben. Also erklärte ich ihm so ruhig, wie es mir möglich war, dass ich diese Geschichten erzähle, um das Publikum zu inspirieren. Um zu helfen. Weil ich glaube, dass sehr viele Menschen sehr ähnliche Probleme haben, jedoch meinen, sie seien damit allein. Und dass ich überzeugt sei: Indem wir uns öffnen und unsere Geschichten, Herausforderungen und Lösungen miteinander teilen, profitieren alle. Die einen finden das Verständnis, das sie seit Langem suchen, die anderen Bestätigung für Dinge, an denen sie zweifeln, und wieder andere erhalten neue Ideen oder konstruktive Hinweise. Und das alles ist mir so wichtig, dass ich in Kauf nehme, dass mich manche für einen Großkotz oder einen Idioten halten.

Während ich das erklärte, wurde es ganz still am anderen Ende der Leitung. Und ich merkte, wie mein Cousin nachdenklich wurde. Sein Weltbild wurde gerade infrage gestellt.

„Du hast es geschafft, Stefan!", dachte ich. Jetzt kann eine wirklich interessante Auseinandersetzung beginnen. Mein Cousin hatte schließlich auch in mir einen gedanklichen Prozess angestoßen. Ich fragte mich: „War ich etwa zu offen im Vortrag? Wie viel Offenheit finde ich eigentlich gut?“ Und ich freute mich auf einen konstruktiven Streit.

Aber dazu kam es nicht. Mein Cousin wollte jetzt doch ganz schnell auflegen. Er habe noch was Wichtiges zu tun …

Zack, bumm! Stecker raus!

Streiten, bitte!

So, das ist, was ich sagen will: Es ist verdammt schwer, sich über etwas auseinanderzusetzen, wenn Sie mit jemandem völlig unterschiedlicher Meinung sind. Warum? Weil da nicht nur Argumente, sondern hinter den Argumenten ganze Welten aufeinanderprallen! Und immer wenn das passiert, also in jedem Gespräch, in dem sich Unterschiede in der Grundeinstellung oder in den Grundüberzeugungen über die Welt bemerkbar machen, entsteht bei einem Gesprächspartner – oder auch bei beiden – eine Abwehrreaktion.

„Wie tickt der denn?“, fragt sich der eine. „Wie kann er bloß sowas machen?“, fragt sich der andere. Kaum einer hat Zugang zu zwei Weltsichten. Das bedeutet: Die Welt des anderen und seine Maßstäbe sind unbekannt. Da Sie seine unerhörten Worte oder sein außergewöhnliches Verhalten durch Ihre eigene Brille betrachten, entsteht automatisch eine Bewertung. Und die ist automatisch negativ. Es ist wirklich so: Alles, was Ihnen erst mal unverständlich vorkommt, ordnen Sie spontan als negativ ein. Das ist instinktives, normales, evolutionsbiologisch sinnvolles Verhalten: Schublade auf, Mensch rein, Schublade zu, fertig! Und diese Interpretation haut einen Riss in die Beziehung: Sie beide sind plötzlich nicht mehr einverstanden. Und das fühlt sich komisch an. Sie zweifeln am anderen: Der ist ja komisch! Kann der wirklich so ein Idiot sein?

Jetzt stellt sich die Frage, ob Ihre Beziehung so gefestigt ist, dass sie diesen Riss aushält. Bei Familienmitgliedern verheilt der meistens: Blut ist schließlich dicker als Wasser. Bei guten Freunden gibt es einen Grundstock an gemeinsamen Werten, Interessen oder Erfahrungen, sodass sich der Riss auch oft wieder schließen kann. Hier ist die Bereitschaft vergleichsweise hoch, die eigene Meinung über den anderen zu überdenken und zu versuchen, einander zu verstehen. Bei Arbeitskollegen oder losen Bekanntschaften aber ist leider oft zu wenig Beziehungskapital vorhanden. Und bei öffentlichen Personen erst recht nicht. Aber das ist ja auch nicht weiter verwunderlich.

Trotzdem: Selbst in der Familie ist es nicht einfach, sich über eine Sache auseinanderzusetzen, bei der Grundpositionen berührt werden. Mit meinem Cousin habe ich später den Faden wieder aufgenommen, als er und ich uns wieder beruhigt hatten. Wir haben sogar mehrere Gespräche gebraucht, um die Auseinandersetzung über die Frage: „Wie viel Offenheit bzw. Öffentlichkeit findet jeder von uns okay?" fortzuführen. Denn wir merkten dabei, wie tief das Thema unsere Identität berührte.

Obwohl die Ausgangsfrage harmlos klingen könnte: Es ging ums Eingemachte, eben auch um unsere persönliche Lebensgeschichte. Immer wieder kamen wir an Punkte, wo es nicht weiterging. Wo einer gedanklich nicht mehr mitgehen wollte, wo einem die Argumente ausgingen, wo einer merkte: Hierzu habe ich meine Meinung noch nicht geformt. Und immer wieder hatten wir auch Sternstunden in diesen gemeinsamen Gesprächen. Momente, wo jeder sagen konnte: „Darüber habe ich noch nie nachgedacht! Spannende Frage. Danke!"

Eigentlich ist die Auseinandersetzung mit einem anderen Menschen immer eine Auseinandersetzung mit dem eigenen Weltbild. Aber sie wird nur dadurch möglich, dass der andere da ist. Weil er uns mit Dingen konfrontiert, die eben nicht in unser bisheriges Weltbild passen. Diese Auseinandersetzung mit sich selbst im Spiegel des anderen ist letztlich ein innerer Entwicklungsprozess. Er erstreckt sich nicht nur über ein Gespräch, auch nicht über zwei, sondern übers ganze Leben. Und die unzähligen Gespräche, die Sie im

Lauf des Lebens führen, befeuern diese Auseinandersetzung immer weiter und weiter. Hoffentlich!

Wenn ein gesunder Streit gelingt, ist es wunderbar: Da werden Argumente, Erfahrungen und Weltsichten ausgetauscht, diskutiert, infrage gestellt, verstanden, respektiert und integriert. Die Gesprächspartner sind neugierig auf die Ansichten des anderen. Und begierig zu verstehen, wie er dazu gekommen ist! Das Gespräch entwickelt einen Sog, das Energielevel wird immer höher, und die Zeit vergeht auf einmal rasend schnell.

Beim Duell hingegen ist die Stimmung gedrückt, düster, aggressiv, verärgert, genervt oder empört. Einer fühlt sich angegriffen, erklärt sich, rechtfertigt sich vielleicht sogar. Der andere denkt: „Das geht gar nicht, was der sagt und tut." Er lässt die Moralkeule niedersausen: zack! Nimm das!

Ich persönlich fühle mich da manchmal wie Sindbad der Seefahrer: Ich muss Klippen umschiffen, Untiefen vermeiden, nach Eisbergen Ausschau halten, Stürme durchkreuzen, mich vor Piraten schützen und bei alledem auch noch den Kurs halten! Es kann anstrengend sein, bis ich in den Flow der Auseinandersetzung gelange.

Das Spannende ist: Im Alltag kommen der Streit und das Duell selten in Reinform vor, sondern mischen sich zu Cocktails mit unterschiedlichen Mengenverhältnissen. Ein Gespräch kann gerade noch eine bereichernde Diskussion sein – zwei Augenblicke später kippt sie in ein scharfes Duell ab, weil jemand ein Reizwort sagt und ein anderer emotional darauf einsteigt. So schnell, wie der erste mit scharfen Worten zuschlägt und der zweite sich brachial verteidigt, merkt keiner der Beteiligten, dass sie gerade dabei sind, sich verbal an die Gurgel zu gehen.

Aber verdammt noch mal, lassen sich diese Duelle nicht ein für alle Mal abschaffen? Warum können wir nicht, wenn wir schon so viel Wissen und so gute Absichten haben, endlich mal einen zünftigen und gesunden Streit führen, der eben *nicht* unter die Gürtellinie geht? Warum ist es so schwer, nicht ins Duell zu rutschen? Und was brauchen wir, um endlich streiten zu können?

Schattenseiten

Die einfache Antwort lautet: Offenheit. Aber hey, wer kann schon von sich behaupten, dass er in absolut jeder Lebenssituation, absolut jedem Menschen gegenüber hundertprozentig offen ist, egal, was er sagt oder tut? Können Sie von sich behaupten, dass Sie sich mit einem Karlsruher voller Neugierde über dessen Motive und seinen Antrieb, Fan des Karlsruher SC zu sein, unterhalten können, wenn Sie selbst VfB-Fan sind?

Scherz beiseite. Nein, es gibt bei Ihnen wie bei mir und bei jedem anderen Themen, bei denen das Verständnis und die Offenheit einfach aufhören. Vielleicht sind das politische Themen oder religiöse oder sexuelle oder finanzielle oder philosophische oder sonst wie persönliche Dinge. Vielleicht gibt es bei Ihnen Themen, die angstbesetzt sind, die peinlich sind, die gefährlich sind. Und wieso sollen Sie da auch offen sein? Warum sollten Sie über derlei Dinge ein offenes Gespräch führen? Aus welchem Grund sollten Sie jederzeit und bei jedem Streitpunkt vollkommen vorurteilsfrei, vollkommen angstfrei, vollkommen sensibel, tolerant, neugierig, interessiert und offen sein?

Das wäre doch verrückt!

Ich für meinen Teil würde keine offene Diskussion wollen mit einem Linksradikalen, der mir erklärt, dass es notwendig ist, Autos anzuzünden, Schaufenster zu zertrümmern, Läden zu plündern und Polizisten zu erschlagen. Oder mit einem Neonazi, der sich Gaskammern zurückwünscht, um eine Endlösung für bestimmte Volksgruppen zu suchen. Oder mit einem Islamisten, der sich auf den Koran beruft und fordert, Homosexuelle von Hausdächern zu werfen und ungläubige Mädchen zu vergewaltigen. Selbstverständlich hat Streiten seine Grenzen!

Die spannende Frage ist nur, was Sie jetzt aus der Information machen. Sie wissen jetzt, Ihr Gesprächspartner hat da ein Thema, über das Sie einfach nicht diskutieren möchten, wo Sie sicher sind, dass Ihnen der Standpunkt des anderen vollkommen egal ist, weil Sie für seine Sicht der Dinge grundsätzlich kein Verständnis haben.

Nehmen wir einmal einen überzeugten Sozialisten, der fordert, alle Menschen oberhalb einer Vermögensgrenze zu enteignen und das unter Zuhilfenahme von Waffengewalt eingesammelte „Volkseigentum" zu verstaatlichen. Die erste Option bedeutet: Duell. Die zweite: Vermeidung. Aber es wäre auch möglich, sich auseinanderzusetzen. Dazu müssten Sie sich zunächst einmal bewusst werden, was diese Nachricht mit Ihnen macht. Gefühlsmäßig, meine ich. Kriegen Sie Angst? Werden Sie aggressiv? Spüren Sie Hass? Was genau ist es?

Würden Sie sich diese Emotion bewusst machen, würden Sie erst mal bei sich bleiben und müssten den Menschen, den Sie kaum kennen, nicht automatisch in die Schublade „Linksfaschist" stecken. Sondern könnten durch diese Unterbrechung des Reiz-Reaktions-Musters und durch die Frage: Wie geht es mir jetzt? auf eine weitere Frage kommen: Wie geht er denn damit um, dass er Menschen ausrauben will? Oder: „Warum bedeutet ihm das Menschenrecht auf Eigentum nichts?"
Vielleicht ernten Sie nur Schreierei und Geschimpfe, Drohungen und Beleidigungen. Aber vielleicht erfahren Sie ja auch etwas über seine Motive, seine Geschichte, seine Vorerfahrungen, die sein Weltbild geformt haben. Vielleicht erfahren Sie, dass er einen Vater hatte, der im Gefängnis saß und deshalb nicht präsent war, und niemand ihm den Unterschied zwischen Mein und Dein beigebracht hat. Dass niemand da war, der glaubhaft Ehre und Gewissen in ihm verankert hat.

Möglicherweise kommen Sie nach solch einer Auseinandersetzung immer noch zum Schluss, dass Sie besser getrennte Wege gehen. Das ist völlig okay. Der entscheidende Unterschied ist aber: Sie würden Ihre eigenen Motive dafür genauer kennen. Sie wüssten, Sie vermeiden den Kontakt zum Beispiel aus Angst vor einer handgreiflichen Gruppe, aus Schutzinstinkt gegenüber dem Eigentum Ihrer Familie oder einfach, weil Sie keine unnötigen Risiken eingehen möchten.

Sie müssten aber nicht behaupten, Sie vermieden den Kontakt, weil Sozialisten generell schlechte Menschen sind. Sie müssten also keine Unwahrheiten in die Welt setzen. Sie müssten niemanden diffamieren, der ohnehin schon mit seinem Schicksal hadert. Kurz: Sie würden verantwortlich handeln und kommunizieren. Und genau das passiert beim Duell nicht.

Du, du, du!

Verantwortung ist der entscheidende Faktor, der einen Streit vom Duell unterscheidet. In einem Streit übernimmt jede Partei Verantwortung für die eigenen Gedanken und Emotionen. Im Duell wird konsequent dem anderen eine Schuld zugeschoben.

„Wie kannst du sowas denken?"

„Das kann man doch nicht machen!"

„Das ist idiotisch, was du sagst!"

„Du Arschloch, du!"

Vorwürfe, Beschuldigungen und Beschimpfungen sind nur die offensichtlichsten Instrumente, mit denen der Mensch die Verantwortung für seine Gedanken und Gefühle von sich wegschiebt und seinen Mitmenschen in den Schoß legt. Aber das geht auch viel subtiler. Ich-Botschaften können auch verkappte Du-Botschaften sein.

Was bedeutet zum Beispiel die Aussage: „Ich kann dir einfach nicht vertrauen!"?

Meint der Sprecher sein eigenes Unvermögen oder beschuldigt er den Gesprächspartner?

Gegenfrage: „Warum kannst du das nicht?" Antwort: „Na, weil *du* … nie pünktlich kommst", „… es nie auf die Reihe kriegst", „… schon wieder das und das gemacht hast", „… mich zum hundertsten Mal enttäuschst", „… einfach nicht fähig bist, dieses und jenes zu tun" etc.

Unterm Strich steht hinter solchen Äußerungen, egal um welches Thema es geht, die Erklärung des anderen zum Täter: Du bist schuld. Wenn du anders wärest, müsste ich nicht leiden. Nur weil du so bist, wie du bist, geht es mir scheiße.

Machen wir uns nichts vor: Jeder von uns benutzt dieses Waffenarsenal. Mal mehr, mal weniger häufig. Aber ich kenne niemanden, der solche Waffen nie benutzt. Denn für bestimmte Gefühle und Gedanken, die wir haben, fehlt uns schlicht das Bewusstsein. Kurz: Wir wissen nicht, dass es unsere eigenen Gedanken sind, die uns die Laune vermiesen. Wir glauben tatsächlich, es ist der Lebenspartner, der Chef, der Kollege oder der Rasenmäher, der uns was Böses will!

Fest überzeugt

Der Haken an der Sache ist: Auf diese Weise machen Sie Ihr Wohlbefinden von anderen abhängig – und merken es gar nicht!

Sie sind sauer, genervt, demoralisiert, wütend, besorgt, verärgert, weil der Chef, die Kanzlerin, die Firma, der Fritz, der Kollege, die Susi, der Autofahrer, der Moderator oder wer auch immer Ihnen das angetan hat. Dabei können nur Sie selbst sich sauer, genervt, demoralisiert, wütend, besorgt, verärgert machen. Der andere liefert Ihnen lediglich den Anlass dafür.

Wobei: Es ist grundsätzlich leichter zu erkennen, wenn andere die Macht aus der Hand geben, als wenn Sie es selbst tun. Ich habe das neulich bei einer jungen Frau beobachtet, die am Ende meines Vortrags zu mir kam, um mir zu gratulieren.

Sie schien ein echter Fan zu sein. „Herr Reutter, wie schaffen Sie das nur, so viel Power und Lebensfreude zu haben und dabei noch so gelassen und cool zu sein? Ich würde alles dafür geben, um Ihre Ausstrahlung und Ihre Ruhe zu haben“, sagte sie.

Mir war gleich klar: Ich bin zwar wirklich kein Sauertopf, aber das, was die Dame da über mich sagte, war doch ein wenig dick aufgetragen. Klar: Sie himmelte mich an. Ich schien ihr ganz besonders gut gefallen zu haben. Und ich wusste, ich würde sie gleich enttäuschen. Schade eigentlich.

„Wie ich das schaffe? Indem ich täglich daran arbeite“, sagte ich ihr mit ernster Miene.

Sie schaute mich fragend an.

Ich legte nach: „Oder glauben Sie, der eine hat eben Ausstrahlung, der andere nicht? Gemäß dem Motto: Man hat es oder man hat es nicht!?“

„Ist es nicht so?“, fragte sie und wirkte nicht mehr ganz so zufrieden mit mir.

„Nein, es ist nicht so. Auch wenn es viele Menschen gibt, die das glauben. Ich meine es ernst: Ausstrahlung ist harte Arbeit. Und jeder kann sie sich erarbeiten. Auch Sie!“

Nun schaute sie mich fast schon ablehnend an. Verständlich, denn nun hatte sie plötzlich selbst die Verantwortung dafür, dass ihre eigene Ausstrahlung geringer war, als sie es sich wünschte.

Ich fuhr fort: „Schauen Sie, ich stehe morgens auf und bin meistens ganz gut gelaunt. Aber dann denke ich an den Tag, an das, was ansteht, und habe dabei zig Gelegenheiten, mir Sorgen zu machen, mit etwas unzufrieden zu sein, mich zu ärgern. Und je mehr ich diese Gedanken pflege, desto mehr legt sich ein grauer Schleier über meine gute Laune. Und dann? Dann liegt es ganz alleine in meiner Hand, wie der Tag weitergeht.

Option eins: Ich folge meinen Gedanken. Das geht so: Den schlechten Gedanken, den ich habe, male ich mir richtig aus. Ich mache ein ganzes Szenario draus. Ich stelle mir vor, was passiert, wenn der Tag genauso weitergeht, wie in meiner Vorstellung. Und wenn ich da einige Minuten weitermache, habe ich es schon um sieben Uhr morgens geschafft, dass die Welt scheiße zu mir ist! Dass ich nur von Idioten umgeben bin! Und dass alle Montage Scheißmontage sind! So mache ich mir nicht nur meine gute Laune kaputt, so erarbeite ich mir auch früher oder später eine Depression.“

Die Dame schaute mich jetzt noch ernster an und schwieg.

„Zweite Option: Ich folge nicht jedem Gedanken blind, sondern ich entscheide selbst, welchem ich folge und welchem nicht. Wenn ich also einen negativen Gedanken habe, beispielsweise dass ich zu viel auf dem Zettel habe und nicht weiß, wie das alles klappen soll, dann mach ich mir diesen Gedanken bewusst. Ha! Das ist ein destruktiver Gedanke! Erwischt! Ich hab dich!

Und dann sage ich zu mir: Ich will jetzt nichts Destruktives denken. Es ist ein schöner Tag, ich bin früh wach, ich kann heute echt was reißen!

Oder ich arbeite über den Körper, indem ich ein paarmal tief ein- und ausatme, um Abstand vom Gedanken zu bekommen und Platz für andere Empfindungen zu schaffen.

Oder ich bewege mich. Gehe Gassi mit meinem Hund.

Oder ich lese meine Dankbarkeitsliste. Dann erinnere ich mich, dass ich an jedem Tag in meinem Leben auch viele positive Erlebnisse habe.

Und schon fühle ich mich besser. Ich habe Energie für meine Vorhaben und eine optimistische Haltung."

Die Dame lächelte. Und sagte schelmisch: „Ich vermute aber nicht, dass Ihre optimistische Haltung den ganzen Tag automatisch so bleibt. Wenn Sie später eine schlechte Nachricht bekommen, müssen Sie wieder eine bewusste Entscheidung treffen, um aus dem Loch rauszukommen, richtig?"

„Korrekt. Sie haben's begriffen!"

Schwarzer Wolf, weißer Wolf

Das klingt nun alles ein wenig wie aus dem Selbsthilfe-Persönlichkeitsentwicklungs-Ratgeber. Aber genau hier liegt nun mal der Hase im Pfeffer: Wenn Sie in der Lage sein wollen zu streiten und sich mit anderen Menschen auseinanderzusetzen, müssen Sie zuerst aufhören, andere für Ihre schlechten Gefühle verantwortlich zu machen! Denn letztendlich kreieren Sie sie immer selbst. Und Sie kreieren sie nicht, indem Sie negativ denken, sondern indem Sie zu selten erkennen, wie Sie gerade denken. Negative Gedanken sind völlig in Ordnung. Sie sind normal und lassen sich gar nicht vermeiden.

Der Fehler liegt nicht darin, dass Sie sie haben, sondern darin, dass Sie sie zu selten bewusst beachten. Deshalb beherrschen sie Sie statt umgekehrt.

Das besagt auch diese wunderschöne Indianerweisheit, dessen Urheber unbekannt ist und die ich irgendwo mal gehört und nie wieder vergessen habe. Ich gebe sie hier aus meiner Erinnerung wieder:

Der Cherokee-Großvater sitzt mit seinem Enkel am Feuer. Die beiden unterhalten sich übers Leben. Und während sie auf die lodernden Flammen in der dunklen Nacht schauen, sagt der Großvater: „Licht und Dunkelheit, wie die zwei Wölfe, die in unseren Herzen wohnen."

„Welche Wölfe meinst du?", fragt der Junge.

Der Großvater erklärt, dass jeder Mensch einen weißen Wolf und einen schwarzen Wolf in sich trägt. Der schwarze Wolf steht für das Dunkle in uns wie Hass, Neid, Zorn, Gier, Arroganz, Lüge, Schuld, falscher Stolz, Angst, Groll, Minderwertigkeit und vieles mehr. Und der weiße Wolf steht für das Licht in uns wie Liebe, Freude, Vertrauen, Güte, Mitgefühl, Hoffnung, Wahrheit, Friede, Großzügigkeit und vieles mehr. Diese beiden Wölfe wohnen in jedem von uns, und sie fechten einen gnadenlosen Kampf miteinander aus.

„Und wer gewinnt?", will der Junge wissen.

„Der, den du fütterst."

Der Junge will daraufhin nur noch den weißen Wolf füttern. Doch der Großvater warnt ihn: „Wenn du nur den weißen Wolf fütterst, wird der schwarze umso hungriger, umso aggressiver und umso unkontrollierbarer. Er kommt um die Ecke, und wenn du nicht aufmerksam bist, schnappt er nach dir und packt dich. Wenn du hingegen beide fütterst, hast du immer beide im Blick."

Wenn Sie Ihre Gedanken wahrnehmen – in ihrer Pluralität, in ihrer Weisheit und auch in ihrer Beschränktheit, dann können Sie entscheiden, welchen Gedanken Sie gerade füttern wollen. Das muss übrigens nicht immer der „helle" Gedanke sein. Wenn Rachegedanken da sind, ist es besser sie auszusprechen oder sie – aber bitte nur in Gedanken – zu durchleben, als sie zu unterdrücken und sie dann eruptiv ausagieren zu müssen! Außerdem hat der „schwarze Wolf" auch nützliche Qualitäten wie Mut, Tapferkeit, Beharrlichkeit. Und der „weiße Wolf" durchaus auch Schwächen, etwa Feigheit, Wankelmut oder Resignation.

Um Selbstverantwortung zu übernehmen, geht es letztendlich immer darum, die unterschiedlichen inneren Stimmen, die unterschiedlichen Ansprüche, die wir selbst an uns haben, wahrzunehmen und zu entscheiden, was gerade den Vortritt bekommt. Wenn jeder Mensch zuerst diesen inneren Dialog führt, bevor er auf andere zugeht, dann hat er es geschafft. Er hat seine eigenen gegnerischen Kräfte in Frieden gebracht. Und damit kann er auch nach außen hin friedlich auftreten. Dann ist er streitfähig!

Wie gesagt: Voraussetzung, um jederzeit Verantwortung übernehmen zu können, ist das volle Bewusstsein über Ihre Gedanken und Gefühle. Und zwar in jedem Augenblick. Von Sekunde zu Sekunde. Erst wenn Ihnen bewusst wird, was jetzt gerade in Ihnen passiert, haben Sie die Möglichkeit, eine Entscheidung für den nächsten Moment zu treffen.

Wenn Sie jederzeit dieses Bewusstsein haben und eigenverantwortlich entscheiden und kommunizieren, dann führen Sie keine Duelle mehr. Allerdings: Sie können nur für die Gedanken Verantwortung übernehmen, die Ihnen bewusst sind. Und jeder Mensch hat Überzeugungen über die Welt, an die er tief und fest glaubt, die ihm aber nicht bewusst sind. Und die häufig hinderlich sind. Um sich umzuentscheiden, müssen sie aber erst aufgedeckt werden.

Detektivarbeit

Die Unternehmerin, die zu mir ins Coaching wollte, hatte durchaus ein Problembewusstsein. Sie sagte mir, sie wolle an sich arbeiten. Sie merke, dass sie im Veränderungsprozess, den ihre Firma gerade durchmacht, ihre Leute nicht richtig mitnehmen könne. Sie spüre, wie sie zunehmend unentspannter werde. Und sie wünsche sich insgesamt mehr Gelassenheit.

„Mutige Frau", dachte ich und nahm den Auftrag gerne an.

Als sie zur ersten Sitzung kam, fragte ich sie, wo der Schuh drückt.

Es brach nur so aus ihr heraus: „Mitarbeiter X macht immer die doofsten Fehler! Der Y kommt nicht in die Pötte! Dabei habe ich's ihm schon hundert Mal gesagt. Manchmal denke ich, der ist blöd. Ein einziges Affentheater! Ich hasse es, wenn die Rechnungen so spät rausgehen! Das macht mir so viel Druck! Es gibt Tage, da bin ich dicht bis hier oben! Und wenn ich dann zu Hause meine Ruhe haben will, meine Tochter aber laut Musik hört, da könnte ich richtig kotzen, verstehen Sie?"

„Ich verstehe."

Ich notierte die Signalwörter, die mir auffielen, inklusive der Emotionen, die ich wahrnahm: Wut und Hass, aber keine Liebe. Keine Herzlichkeit.

„Das ist schon spannend, was Sie da sagen. Darf ich kurz zusammenfassen? Ich habe mitgeschrieben. Sie haben also lauter Leute um sich herum, die Sie *hassen*. Sie finden sie *zum Kotzen*. Alle sind *doof*. Die Welt ist *blöd*. Sie macht nur *Druck*. Und Ihr Leben ist ein einziges *Affentheater*."

Dabei wurde sie immer ruhiger. „Habe *ich* das gesagt?"

Ich: „Ja, das haben Sie gesagt. Schauen Sie, Sie schimpfen nur. Sind Sie auf sich selbst sauer oder ist die Welt nur so bescheuert?"

Jetzt ging sie ab wie Schmidts Katze. Noch mehr Anschuldigungen und Beschimpfungen, bloß in der doppelten Geschwindigkeit. So als wollte sie so schnell wie möglich raus aus dieser unangenehmen Situation.

„Aaaalso!", sagte ich dann kategorisch. „Sie sind zu mir mit dem Wunsch gekommen, gelassener zu werden, richtig?"

„Ja, stimmt."

Ich: „Die Sache ist nur: Das kann ich nicht machen. Das müssen *Sie* machen. Haben Sie Lust auf eine Übung?"

Sie: „Ja, hab ich."

Ich machte mit ihr eine stinknormale Atemübung. Einatmen: ein, zwei, drei, vier, ausatmen: ein, zwei, drei, vier. Alle drei Sekunden fragte die Dame: „Was bringt das jetzt noch mal genau?"

Ich: „Schwer auszuhalten, gell?"

Sie: „Ja, mir fallen so viele Dinge ein. Wie kriege ich den Kopf ruhig?"

Es hat eine volle halbe Stunde gebraucht, um sie von ihrem Highspeed und von ihrer Härte herunterzuholen.

Ich: „Merken Sie, dass es Ihnen jetzt leichter fällt, ruhig zu sein?"

Sie: „Mhm. Das ist sehr angenehm."

Ich: „Sie reden auch viel weicher. Ich weiß nicht, ob Ihnen das aufgefallen ist."

Sie: „Echt? Nein, ist mir nicht aufgefallen."

Ich: „Schauen Sie, wie angenehm es ist. Sie müssen gar nicht viel reden. Sie müssen auch keinen Druck machen."

Sie lächelte.

Ich: „Jetzt mal unter uns. Was finden Sie alles zum Kotzen an sich? Oder ist alles okay?"

Sie: „Nein, gar nichts ist okay!"

Und alle Dämme waren gebrochen. Ihr ganzes Leben sei eine Katastrophe. Sie sei im Leben nur verarscht worden. Sie hat eine Tochter, die sie allein erziehen muss. Sie muss gucken, wie sie die Kohle verdient. Der Vater steuert nichts bei, alles muss sie alleine machen …

Sie findet sich viel zu dick. Sie findet es kacke, wie die Menschen mit ihr umgehen. Sie hat mehr Respekt verdient. Sie wäre gern schlagfertiger. Was sie im Meeting hätte sagen sollen, fällt ihr immer erst hinterher im Aufzug ein …

Und dann kommt sie zu Hause nicht hinterher. Sie muss putzen, einkaufen, kochen, alles machen. Sie schafft es einfach nicht und ist mordsunglücklich mit dem Zustand.

Je mehr ich nachfragte, umso mehr Mist kam an die Oberfläche. Dann kam die erste Träne. Dann die zweite. Dann konnte sie nicht mehr sprechen. Dann merkte sie, dass sie weinte. Das fand sie wieder peinlich und ging schnell aus dem Gefühl raus. Sagte: „Das ist jetzt doof. Wird gleich wieder."

Und ich merkte: Ich hatte eine echte Kämpferin vor mir. Eine extrem starke Frau, aber eine, die hauptsächlich gegen sich selbst kämpft. Sie könnte es wesentlich leichter haben. Denn wen sie wirklich hasste und zum Kotzen fand, das waren nicht die anderen. Das war sie selbst!

Sie hatte es nur noch nicht begriffen. Sie dachte, die anderen greifen sie an. Deshalb hat sie sich im Alltag mit jedem duelliert. Letztendlich hat sie sich selbst angegriffen. Ihre Duelle im Außen waren nur ein Spiegel ihrer Duelle im Inneren.

Willst du ein guter Streiter sein, dann hör erst in dich selbst hinein

Wenn Sie das Duellieren beenden wollen, müssen Sie zuerst den Kampf gegen sich selbst beenden. Denn was beim kommunikativen Duell passiert, ist letztendlich immer das Gleiche: Sie lehnen etwas in Ihrem Gesprächspartner ab, was Sie insgeheim bei sich selbst ablehnen. Das ist entweder eine Eigenschaft, die Sie zwar auch haben, aber nicht haben wollen, zum Beispiel Langsamkeit, Schlampigkeit, Machtgier, Perfektionismus etc. – oder aber eine Eigenschaft, die Sie gern in stärkerer Ausprägung hätten, sie aber nur selten an den Tag legen, und es deshalb nicht aushalten, wenn andere zeigen, dass sie sie mit Leichtigkeit leben, zum Beispiel Selbstbewusstsein, Stolz, Schlagfertigkeit, Ansehen, Reichtum.

Wann immer jemand Ihnen eine dieser Eigenschaften spiegelt, auf die Sie schlecht zu sprechen sind, kriegen Sie schlechte Laune. Oder Sie finden die Person richtig unsympathisch und fangen an, auf sie zu schießen. Klar, der Verstand rationalisiert das Geschehen und erfindet gute Gründe, warum diese Person unbedingt kritisiert werden muss. Aber letztendlich ist es so: Wenn Sie jemanden ablehnen, weil er eine Eigenschaft besitzt, die Sie für sich nicht in

Anspruch nehmen können oder wollen, dann lehnen Sie sich unbewusst selbst ab.

Die Anschuldigungen gegen andere sind Anschuldigungen uns selbst gegenüber. Vorwürfe sind immer versteckte Selbstvorwürfe. Und diese sind – immer – ungerecht. Das einzige Gegengift, das ich kenne, ist: die Selbstbefreundung!

Überlegen Sie mal: So barsch wie Sie mit sich selbst umgehen, würden Sie niemals mit einem anderen Menschen umgehen! Nicht einmal mit einem Fremden, geschweige denn mit einem guten Freund.

Würden Sie Ihren besten Freund oder Ihre beste Freundin anschnauzen? Beschimpfen? Beleidigen? Würden Sie jemals sagen, er oder sie ist viel zu dick, viel zu dünn, viel zu dumm, viel zu verkopft, viel zu unsportlich, viel zu schlag-mich-tot? Mit Ihnen selbst machen Sie es aber möglicherweise jeden Tag. Sie zerfleischen sich selbst. „Da hast du mal wieder Scheiße gebaut!" „Mann, redest du dummes Zeug!" „Jetzt hast du dich aber von deiner übelsten Seite gezeigt!" „Mein Gott, bist du peinlich!" Es geht nicht darum, vollkommen unkritisch oder sogar selbstherrlich zu sein. Es geht aber darum, diese Stimme, die mit so viel Härte redet, in eine liebevolle Stimme zu verwandeln. Das ist keine Schmeichelei, das ist nur fair!

Was jeder braucht, um den Kampf gegen sich zu beenden, ist sich selbst ein guter Freund zu sein. Mehr nicht. Aber auch nicht weniger. Und eigentlich ist es so einfach.

Gute Freunde sind ehrlich, aber nie verletzend.

Gute Freunde sagen einem die Meinung ins Gesicht – direkt, aber herzlich.

Gute Freunde scheuen keine Auseinandersetzung, aber nach jedem Streit nehmen sie ihren Kumpel wieder in den Arm.

Gute Freunde haben Mitgefühl.

Gute Freunde wollen unser Bestes.

Gute Freunde handeln immer aus einer Güte heraus.

Und vor allem: Gute Freunde sind immer da, wenn wir sie brauchen!

Jeder von uns hat seine Schattenseiten, ganz weit unten im Keller eingesperrt. So weit, dass wir fast nicht mehr wissen, dass sie da sind. Sie nerven oft nicht uns selbst, sondern am meisten unsere Mitmenschen. Sie agieren aus dem Untergrund, ohne dass wir es merken, und machen uns zuweilen zu wirklich üblen Zeitgenossen.

Aber wenn Sie selbst kein Richter mehr sind, sondern ein guter Freund, dann können sie sich trauen, aus dem Keller hochzukriechen. Ans Licht zu kommen. Sich zu zeigen. Dann müssen Sie sich nicht mehr verstecken.

Mit anderen Worten: Der schwarze Wolf wird nicht mehr ausgesetzt, sondern willkommen geheißen. Er wird sogar gefüttert! Ergebnis: Er gibt Ruhe. Und damit kommen auch wir zur Ruhe.

Der Effekt der Selbstbefreundung ist: Wir können auch unseren Mitmenschen leichter freundlich begegnen. Wir haben mehr Verständnis für ihre Schwierigkeiten, für ihre Denkweise, für ihre Situation. Menschen, die sich mit sich selbst befreunden, rücken mit anderen Menschen automatisch näher zusammen. Denn sie können die anderen einfach so lassen, wie sie sind – ohne sie ändern zu müssen. Deshalb sind Duelle nicht mehr nötig. Und es entsteht ein natürlicher, innerer Friede, kein übergestülptes Friedensdiktat.

Übrigens ...

Wie das Coaching mit der Unternehmerin ausgegangen ist, werde ich Ihnen nicht vorenthalten. Nachdem sie sich mit ihren Selbstvorwürfen in die Verzweiflung hineingesteigert hatte, haben wir das Pferd von hinten aufgezäumt. Wir haben eine beruhigende Atemübung gemacht und dann habe ich sie gefragt, was sie denn an sich schätzt. Wofür sie sich selbst dankbar sein kann. Und da passierte, was bei dieser Frage sehr häufig passiert: Ihr fiel erst mal gar nichts ein.

Aber nach einigen Sekunden kam ein Gedanke. Dann wieder einer. Und wieder einer. Ja, Selbstwertschätzung will geübt werden.

Aber mit der Übung kommt auch der Spaß. Letztendlich hat sie es tatsächlich geschafft, mehrere positive Punkte über sich aufzuzählen.

Als sie nach vier Stunden den Coaching-Raum verließ, sah sie aus, als käme sie aus der Sauna. Total fertig, aber tiefenentspannt.

HERZLICHKEIT

WARUM NIEMAND EIN ENGEL SEIN MUSS, UM EIN GUTER FREUND ZU SEIN

Wie war das? Innerer Friede? Oh ja, wie schön! Der Schlüssel zum Glück ist also, mit sich selbst befreundet zu sein. Und dann wird alles gut, oder wie? Keine Duelle mehr. Friede. Keine Kriege mehr. Freude. Alle Menschen werden Freunde und wir haben uns alle lieb. Piep. Piep. Piep.

Mal ganz im Ernst: Soll dies das Ideal sein, das wir anstreben müssen, um endlich dieses Hintenrum, diese Gehässigkeit, diese Spaltung in unserer Gesellschaft zu überwinden? Müssen wir dazu alle im Schneidersitz voreinandersitzen und gemeinsam frohlocken?

Also, ich weiß ja nicht, wie es Ihnen damit geht, aber mir ist das zu klebrig süß. Müssen wir uns nicht entscheiden? Entweder wir streiten endlich wieder zünftig miteinander oder wir sind alle Freunde und halten Händchen. Beides gleichzeitig geht nun mal nicht, oder? Und für Letzteres, die Variante „beste Freunde", müssten wir ja wohl dermaßen mit uns selbst befreundet sein, dass wir uns erst mal zu so einem Wesen wie dem Dalai Lama weiterentwickeln müssten … oder nicht?

Stopp, stopp, stopp!

Nett sein genügt nicht!

Entwarnung. Nein, Sie müssen nicht mit allen anderen Menschen auf dieser Welt befreundet sein!

Erstens: Sie sind nicht der Dalai Lama. Ich auch nicht.

Bevor es in unserer Gesellschaft eine signifikante Gruppe von Menschen geben wird, die spirituell nur annähernd so weit entwickelt ist wie der 14. Dalai Lama, werden vermutlich noch einige Jahrtausende vergehen. Und selbst wenn wir diese paar Jahrtausende vorspulen und schauen, wie die Gesellschaft dieser Erleuchteten aussehen wird: Es wäre definitiv nicht so, dass wir vor lauter Freundschaft keine Auseinandersetzungen mehr hätten. Im Gegenteil!

Denn zweitens: Der Dalai Lama ist ein Streiter vor dem Herrn!

Beobachten Sie ihn mal genauer: Er führt zwar keine Duelle und tritt nicht „gegen" etwas an. Aber er tritt mit allem, was er tut, immer „für" etwas ein: für Menschenrechte und für den Frieden und für Tibet. Ihm ist die Entwicklung der Welt alles andere als egal. Er hat Werte, für die er einsteht. Und er hat klare, kantige Positionen. Beispielsweise sagte er im Mai 2016 im Interview mit der „Frankfurter Allgemeinen Zeitung" zur europäischen Flüchtlingskrise: „Es sind mittlerweile zu viele. Europa, zum Beispiel Deutschland, kann kein arabisches Land werden. Deutschland ist Deutschland!"

Der Dalai Lama befindet sich in einer jahrzehntelangen Auseinandersetzung mit der chinesischen Regierung, die sein Heimatland besetzt hat, dessen geistliches und weltliches Oberhaupt er ist. Er ist keineswegs bereit einzulenken. Und obwohl der Streit um die Autonomie Tibets schon lange andauert, strebt er immer noch eine gewaltfreie Lösung für sein Land an. Weil Gewaltfreiheit ein enorm hoher Wert für ihn ist, gerät er auch nicht in Duelle. Aber nur weil er so friedfertig ist, bedeutet das nicht, dass er nicht streitbar wäre!

Und drittens: Gerade Menschen wie der Dalai Lama, die mit sich selbst befreundet sind, sind so mit sich im Reinen, dass sie mehr Energie frei haben, die sie zum Streiten einsetzen können. Sie müssen nicht kämpfen, um recht zu behalten, aber sie sind engagiert. Sie suchen Wege, sie überwinden Hürden und räumen Barrieren beiseite, sie bewegen etwas. Aber dafür müssen sie nicht ständig ins Duell ziehen. Sie setzen sich mit denjenigen, die die Dinge anders sehen, auseinander und suchen nach Lösungen.

Kurz: Die Positionen, Standpunkte, Meinungen und Werte eines Menschen gehen durch die Selbstbefreundung nicht verloren. Im Gegenteil, sie kommen stärker zum Vorschein und können sich freier entfalten.

Das bedeutet: Wir müssen nicht eine Gesellschaft von Dalai Lamas werden, bevor wir endlich streiten können. Ich will überhaupt nicht, dass jeder mit jedem befreundet ist. Ich will lediglich, dass Sie und ich und möglichst viele andere Menschen in unserer Gesellschaft freundlich auf die Welt und unsere Mitmenschen blicken.

Es geht also nicht um Freundschaft, es geht um Freundlichkeit.

Und Freundlichkeit hat nichts mit höflich, nett, gesittet sein zu tun! Ich verlange von Ihnen nicht, dass Sie lächeln, während Sie dahinter unfreundlich sind! Lieber wäre es mir umgekehrt: Seien Sie so, wie Sie sind, lassen Sie insbesondere die anderen Menschen um Sie herum so sein, wie sie sind, und bewahren Sie sich hinter alldem Ihre grundsätzliche Freundlichkeit.

Alles klar? – Wenn nicht: Machen Sie es so wie Tarek und ich …

Mein Freund Tarek

Als ich in der Jugendnationalmannschaft spielte, war ich weit davon entfernt, mich selber auch nur annähernd zu kennen und für meine Taten und Unterlassungen volle Verantwortung zu übernehmen.

Dafür war ich noch viel zu unreif. Aber das war kein Problem. Mein Freund Tarek und ich waren trotzdem so richtig dicke. Wir haben viel miteinander erlebt, waren Tag und Nacht zusammen. Zwischen uns passte kein Blatt Papier. Bis Tarek sich eines Tages eine Freundin zulegte: die Lisa.

Lisa hatte eine besonders ausgeprägte Stärke. Sie verstand es, Tarek völlig unterm Pantoffel zu halten. Sie war eine ganz Feine, aber auch eine ganz Ängstliche und Misstrauische. Jedes Mal, wenn Tarek beim Training war oder sich mit mir oder anderen Kumpels traf, rief sie an. Ihr ginge es schlecht. Ob Tarek nicht nach Hause kommen könne. Es gäbe ein Problem. Ob Tarek nicht JETZT nach Hause kommen könne. Da stimme was nicht mit der Wasserleitung. Ob Tarek nicht JETZT SOFORT nach Hause kommen könne. Und was tat Tarek? Er rannte nach Hause. Jetzt. Sofort.

Ich beobachtete das eine Zeit lang. Dann konfrontierte ich ihn damit: „Du, mein lieber Scholli, ich finde es echt scheiße, was du da machst!

Er: „Hä?“

Ich: „Ja, Mann, wenn die will, rennst du heim! Scheißegal, was wir gerade machen! Und wenn wir gerade mitten auf dem Platz stehen und null zu eins hinten liegen – du würdest einfach wegrennen, wenn die rumheult! Für die lässt du deine Leute hängen und interessierst dich einen Scheißdreck dafür, wie wir zurechtkommen!“

Er: „Du Arsch! Du bist doch nur neidisch, weil ich eine Freundin habe, die verdammt gut aussieht!“

Ich: „Merkst du überhaupt, dass du unsere Freundschaft aufs Spiel setzt wegen einer, die mit dir Spielchen treibt?“

Er: „Jetzt halt mal die Fresse! Wenn *du* eine Freundin hast, ist es auch nicht anders! Mit Freundin ist es halt anders!“

Ich: „Ey Tarek, du hast keine Ahnung! Es ist ein himmelweiter Unterschied, ob ich abhängig bin von einer Freundin oder ob ich immer noch ich selbst bin! Und das bist du schon lange nicht mehr.“

Er, böse: „Du bisch so en Schoofseggl (ernstes schwäbisches Schimpfwort)! Das stimmt doch überhaupt nicht!“

Ich, ebenfalls böse: „Vielleicht fickt sie dir dermaßen das Hirn raus, dass du den Verstand schon komplett verloren hast!“

Er, auf 180: „Du kannsch mich am Arsch lecken!“

Ich, auf 180: „Okay, komm her!“

Er, schreiend, mit sich überschlagender Stimme: „Es ist *mein* Leben!!!“

An diesem Nachmittag flogen die Fetzen. Und wir gingen zum ersten Mal ohne eine Umarmung auseinander. Zwei Tage telefonierten wir nicht einmal miteinander. Am dritten Tag rief ich Tarek an: „Na, bist du schon verheiratet? Wieso hasch mich nicht zur Hochzeit eingeladen?“

Er, erleichtert lachend: „Du bisch so ein Seggl (liebevolles schwäbisches Kosewort)!“

Ich: „Was machen wir denn heute Abend? Hasch Zeit oder darfsch nicht weg?“

Er: „Das wird jetzt geklärt, Stefan. Mir hat's gar nicht gepasst, wie wir auseinandergegangen sind. Also, wir treffen uns.“

Einige Stunden später saßen wir zusammen in der Pizzeria. Wir redeten über die ganze Situation noch mal gründlich. Ich sagte ihm, was ich beobachtet hatte, und dass ich mir Sorgen machte. Und Tarek erklärte mir, wie viel ihm dieses Mädel bedeutete, dass sie keine leichte Familiensituation habe und dass er auf ihre Gefühle Rücksicht nehmen wolle.

Keiner von uns beiden verrückte nach diesem Austausch seine Meinung auch nur um einen Millimeter. Aber wir hatten sie ausgesprochen. Freundlich. Und jeder hatte dem anderen zugehört. Freundlich.

Ich sagte dann: „Tarek, das ändert an meiner Meinung nichts. Ich glaube nach wie vor, dass du echt aufpassen musst. Und ich sage dir das, weil ich dich liebe, mein Freund.“

Er: „Danke, ich pass auf mich auf.“

Danach verschwendeten wir kein weiteres Wort mehr über die Sache. Wir umarmten uns. Und das war ein großartiger Moment. Tarek hatte immer noch seine Meinung. Ich hatte immer noch meine Meinung. Aber auf einmal war die Verbundenheit wieder so, wie sie immer zwischen uns gewesen war. Vielleicht sogar noch ein bisschen herzlicher.

Die nächsten Wochen war ich mit Fußball beschäftigt und Tarek war mit seiner Freundin ziemlich ausgelastet. Deshalb redeten wir in dieser Zeit auch kaum.

Irgendwann rief mich Tarek an und sagte: „Es ist Schluss."

Ich hörte die Traurigkeit in seiner Stimme und sagte: „Ich komme zu dir, mein Freund, wir trinken ein Bier."

Wir legten Musik auf, Tarek erzählte die ganze Story mit der Lisa noch mal von Anfang bis Ende, und außer Bier flossen auch ein paar Tränen. Ich konnte mit ihm mitfühlen, gleichzeitig fand ich dieses Ende so am besten für ihn. Aber das musste ich ihm nicht sagen. Ich musste ihm auch keine Besserwissersprüche um die Ohren hauen wie: „Hab ich doch gleich gesagt!" Er wusste ja, wie ich darüber dachte.

Dieser Mut, sich mit seinen verletzlichen Seiten zu zeigen einerseits, und die Fähigkeit, einen Menschen, der gerade emotional leidet, einfach nur in den Arm zu nehmen, statt recht behalten zu müssen andererseits: Das ist Freundschaft.

Wer will schon Harmonie!

Ach du lieber Himmel! Erst rede ich seitenlang vom Streiten und jetzt will ich Ihnen aufschwatzen, dass Sie nicht nur mit sich selbst, sondern mit der ganzen Welt Freundschaft schließen sollen? Dass Sie jeden umarmen sollen, der anderer Meinung ist als Sie, nachdem Sie sich gegenseitig ordentlich die Leviten gelesen haben? Schimpfwörter scheinen auch okay zu sein. Also nichts wie los! Alle, die Sie nicht leiden können, rufen Sie jetzt schnell an und machen einen Termin aus – zum Zanken und zum Umarmen! Fleischfresser, Veganer, Sozialisten, Kapitalisten, Dieselfahrer, Fahrradfanatiker, Moslems, Juden, Christen, Atheisten … Vielleicht haben Sie auch ein paar Rechts- oder Linksradikale in Ihrem Umfeld. Los geht's!

Ja, geht's noch?

Wenn das meine Botschaft wäre, dann wäre ich ein schöner Idiot. Allein schon der Gedanke, mit irgendjemandem Freundschaft zu schließen, mit dem Sie nicht ohnehin schon Freund sind, ist absurd. Freundschaften lassen sich nicht auf Knopfdruck herstellen. Freundschaften entstehen. Und nein, ich rufe nicht dazu auf, dass Sie sich mit irgendjemandem außer Ihnen selbst befreunden sollen – schon gar nicht mit Typen, die Sie nicht leiden können! Sonst wären wir wieder genau bei John Lennons „Imagine all the people living life in peace". Bei der absurden Forderung, alle Menschen zu lieben, insbesondere die Nervensägen, Vollidioten und Quatschredner sowie die wirklich schlechten, abgründigen, gefährlichen Menschen.

Einfach nein. Gut gemeinte Harmonietraktate, davon gibt es schon genug. Ich nehme keineswegs mein Urteil zurück, dass die Harmoniesehnsucht nicht die Lösung, sondern ein Teil des Problems ist, an dem wir in dieser Gesellschaft zu knabbern haben.

Ich will keine Harmonie, keine allseitige Freundschaft. Ich fordere klar geäußerte Kritik. Und die Basis für diese Kritik ist die gegenseitige Akzeptanz. Die Akzeptanz, dass Menschen unterschiedlich ticken, unterschiedlich denken, unterschiedliche Werte haben – und dass diese Unterschiede das Natürlichste von der Welt sind!

Also: Ich will auf gar keinen Fall, dass Sie Dinge tolerieren, die Sie ankotzen, anekeln oder Ihnen einfach nur gegen den Strich gehen. Ich will vielmehr, dass Sie akzeptieren, dass es Dinge gibt, die Sie selbst klasse finden, die andere Menschen aber verabscheuen. Und umgekehrt. Und dass Sie mit Vollgas über solche Dinge streiten können, ohne dem anderen unterstellen zu müssen, dass er ein Idiot ist.

Eine solche Umgebung, in der Andersartigkeit akzeptiert wird, bringt Typen hervor. Charaktere mit Ecken und Kanten. Individuen, die einander mit ihren Unterschieden zumuten. Und die Freude an dieser Reibung haben. Die darin einen produktiven Sinn sehen.

Und wohlgemerkt: Akzeptanz des Andersartigen ist eben etwas völlig anderes als das, was die Gutmenschen in unserer Gesellschaft fordern. Sie reden ständig von Vielfalt, aber kaum entwickelt sich eine Vielfalt des Denkens, drehen sie durch. Piep, piep, piep, wir haben uns alle lieb. Und wenn du nicht mitmachst, wenn du nicht genau so denkst, so redest, so handelst wie wir, dann fliegst du raus. Bang!

Es gibt einen großen Unterschied zwischen der klebrigen Forderung nach allumfassender Einigkeit, Freundschaft, Brüderlichkeit, Gleichheit auf der einen Seite und einer entspannten, selbstbewussten Freundlichkeit auf der anderen Seite. Freundschaft und Freundlichkeit sind zwei Paar Stiefel. Diesen Unterschied hat für mich Nena bei einer Spendengala im Fernsehen deutlich gemacht.

„Hast du etwas Zeit für mich? Dann singe ich ein Lied für dich …"

Bei dieser Spendengala saß eine ganze Riege Promis auf dem Showsofa. Wie immer bei diesen Events priesen sie ihr Buch, ihren Film oder ihre CD an, bevor sie ihr Betroffenheitsgesicht aufsetzten, um zu Spenden für einen guten Zweck aufzurufen. Profis eben.

Schon rein berufsbedingt interessiert es mich, wie Persönlichkeiten sich öffentlich verhalten, wie sie für sich werben, wie sie sich präsentieren und wie sie wirken. Und so schaute ich auch hier eine Zeit lang zu. Es war schon ziemlich typisch: Nachdem die Schlagerkönigin hübsch ins goldene Mikrofon geträllert hatte und nachdem der ehemalige Popstar einige Takte der alten Songs auf dem Flügel geklimpert hatte, bettelten beide im Anschluss um die Wette für die Krebshilfe. So gut, so normal.

Der Stimmungswechsel von „hocheuphorisiert" nach dem eigenen Auftritt hin zu „mitleiderregend-bettelnd" beim Spendenaufruf ist zwar jedes Mal von Neuem für mich seltsam, aber nachvollziehbar. Schließlich laufen solche Veranstaltungen nach dem Win-win-win-Prinzip: Die Promis treten ohne Gage auf und dürfen im Gegenzug Werbung machen; das Publikum wird glamourös unterhalten und, emotional gepackt, zum Spenden animiert; die Spendenorganisation bekommt ordentlich Reichweite; und der Fernsehsender bekommt Einschaltquote. Alles bestens. Eine klare und faire Sache.

Und wenn ich mir vor Augen halte, dass an diesem Abend immerhin rund 3,5 Millionen Euro für die Deutsche Krebshilfe zusammenkamen, dann finde ich es schön zu sehen, wie viel eine Fernsehsendung innerhalb von zwei Stunden bewegen kann.

Ich finde es aber nur solange schön, wie das Spenden auf Freiwilligkeit basiert. Denn nur dann kommt die Hilfeleistung von Herzen. Nur dann ist das „Geben-Wollen“ echt.

Statt einer zwanglosen Anregung zum Spenden hörte ich bei dieser Sendung jedoch immer wieder einen Vorwurf heraus. Irgendwie versuchten die meisten Gäste und insbesondere die Moderatorin, den Zuschauern ein Gefühl von Schuldigsein einzuimpfen. Sie Privilegierter! Die armen krebskranken Kinder haben es nicht so gut wie Sie! Schämen Sie sich wenigstens ein bisschen und dann spenden Sie gefälligst! Erkennen Sie wie wir Gutmenschen, wie gesund und sorgenlos Sie leben. Ist es nicht eine Frechheit, wie wohl Sie sich fühlen, während andere arm, schwach und krank sind? Spenden Sie jetzt sofort, um Ihr Gewissen zu beruhigen!

Ja, natürlich hat das keiner von den Promis oder Moderatoren explizit so gesagt. Aber das ist der Subtext, der bei den Wortmeldungen unverkennbar mitschwang: Nur wenn die Zuschauer sich schlecht genug fühlen, ist der Zwang groß genug, dass die Spenden zum allseitigen Vorteil sprudeln.

Und als dann unten auf dem Bildschirm die einzelnen Spender mit Namen und Summen genannt wurden, merkte ich, wie es mir tatsächlich immer schlechter ging, ich unruhig vor dem Bildschirm hin- und herrutschte, und mich fragte, ob ich ein schlechter Mensch bin, wenn ich jetzt nicht zum Hörer greife und einen Geldbetrag und meine Kontoverbindung durchgebe.

Doch dann bemerkte ich mein schlechtes Gewissen und begann, mich ordentlich zu ärgern. Ich habe nämlich gar keinen Grund für ein schlechtes Gewissen! Immerhin engagiere ich mich ehrenamtlich und gebe von Herzen gerne. Also, was soll das. Ich wollte gerade weiterzappen, aber dann kam Nena.

Nena mochte ich schon immer. Nicht nur, weil sie so attraktiv ist und eine so coole Stimme hat, sondern weil sie schon immer eine echte Type war, die auch durchaus mal Haare auf den Zähnen haben kann. Mit ihrer echten, görenhaft-schnoddrigen Art veränderte sie in dieser Spendengala sofort die Stimmung. Sie saß ganz locker und natürlich auf dem Sofa und machte überhaupt keine Show um sich und die Sache. Ihre Ausstrahlung war so stark, dass man die anderen Showgäste gar nicht mehr wahrnahm.

Klar, auch sie durfte für ihre nächste Fernsehshow werben und schwärmte von den vielen Stars, die sie da begrüßen darf. Doch als die Moderatorin im typischen Harmoniesprech begeistert meinte, diese Stars hätten Nena doch bestimmt „alle total lieb", da ging Nena schon sichtbar auf Distanz und meinte nur zurückhaltend: „Ich hab auf jeden Fall zu allen, die da sind, eine musikalisch-künstlerische Verbindung."

Oha. Und dann wurde es spannend: Die Moderatorin nahm irgendwie übergriffig Nenas Hand mit ihren beiden Händen, wedelte damit herum und ließ sie im Stil von Donald Trump nicht mehr los. Ich merkte als Zuschauer, wie unangenehm Nena das war, doch die Moderatorin hörte nicht auf. Sie bat Nena – immer noch die Hand fest im Klammergriff – ihre Fans zu einer Spende zu animieren.

Nena zögerte kurz und sagte: „Oh!" Und dann erklärte sie trocken, dass sie das nicht möchte: jeden pauschal aufzufordern, jetzt mal Geld lockerzumachen. Sie fände vielmehr, dass jeder Mensch eine Verantwortung für sich und die Gemeinschaft habe, in der er lebt. Und wer, wie sie, fände, dass die Krebshilfe eine super Sache sei und gerne etwas spenden möge, der könne das gerne tun.

Und sie machte klar, dass es auch vollkommen okay war, nichts zu spenden.

In diesem Moment begann ich, mich zu entspannen. Weil diese coole Frau, die durch den Bildschirm zu mir sprach, mich so sein ließ, wie ich bin. Ich fühlte mich mit meinem gesellschaftlichen Engagement gesehen und sogar dafür wertgeschätzt – obwohl Nena es mit keinem Wort erwähnt hatte. Wie auch? Sie kennt mich ja gar nicht! Aber sie war mit jedem Menschen, der ihr an diesem Abend zusah und zuhörte, verbunden. Denn eins hat Nena in dieser Show wirklich gehabt und auch ausgestrahlt: Herzlichkeit.

Die Augen lächeln nicht mit

Im Grunde hat sich Nena in dieser Sendung wie eine gute Freundin verhalten. Aber das heißt ja nicht, dass sie eine Freundin aller Menschen ist, nein, sie war lediglich freundlich. Freundlich zu den Spendern, aber auch freundlich zu denen, die nicht spenden wollten oder konnten. Freundlich zu ihren Kollegen, freundlich zur Moderatorin, freundlich zu den Gutmenschen um sie herum. Nicht obwohl, sondern weil sie sich so klar mit ihrer Meinung positionierte, auch auf die Gefahr hin, bei der Moderatorin oder bei der einen oder anderen Obermoralhoheit anzuecken.

Im Kontrast dazu fand ich das menschenfreundliche Getue der anderen Gäste und der Moderatorin aufdringlich. Und Aufdringlichkeit empfinde ich nun mal als unfreundlich.

Freundlich sind für mich Menschen, die miteinander echt sind. Die sich die Meinung ins Gesicht sagen, auch wenn es nicht angenehm ist. Die in jeder Auseinandersetzung, die sie haben, wahr, ehrlich und direkt sind. Freundlichkeit ist, wenn zwei sich streiten, wohl wissend, dass sie sich wieder vertragen werden. Wenn sie auch laut sind, schreien, schimpfen und toben – sie wollen dennoch einander nichts Böses. Freundlichkeit ist, den Mut zu haben, sich auch mit seinen schwachen Seiten zu zeigen. Sich anzuvertrauen.

Freundlich sind Menschen, die nie die Schwäche des anderen ausnützen würden, um sich selbst aufzuspielen. Oder ihre eigene Machtposition, um dem anderen eine reinzuwürgen. Freundlich sind Typen, die miteinander herzlich sind. Weil sie einander freundlich gesinnt sind.

Und man muss dafür nicht Freunde sein. Es geht nicht um Freundschaft, es geht um Freundlichkeit: um Ehrlichkeit, Mut, Direktheit, Offenheit, Vertrauen, Wärme. In einem Wort: Herzlichkeit.

Aber genau diese Herzlichkeit ist in unserer Gesellschaft so wahnsinnig exotisch geworden. Und seitdem uns diese Herzlichkeit abhandengekommen ist, ist uns auch die Streitfähigkeit verloren gegangen.

Statt echter Freundlichkeit, die von Herzen kommt, hat sich die vergiftete Epidemie der aufgesetzten Allfreundschaft ausgebreitet. Hip sind heute die Strahlefrauen und Strahlemänner, die sich mit ihrer polierten Kunstfresse die Karriereleiter emporgrinsen, während andere für sie die Arbeit machen. Die sich die Mietwohnung erschleimen, die sich für ihre einstudierte Charme-Offensive vom Kellner einen Drink spendieren lassen oder den Schaffner manipulieren, ein Auge zuzudrücken, wenn der Fahrschein schon seit fünf Stationen nicht mehr gilt. Diese Strahlemenschen nutzen ihr Lächeln als Mittel zum Zweck, nicht als Ausdruck von Freude und Wertschätzung.

Sie sehen auf den ersten Blick freundlich aus, auch wenn sie hinter der Fassade gehässig sind. Herzlichkeit? Gibt es nicht in diesem Spiel. Das Lächeln der Strahlemenschen ist reine Gesichtsmuskelakrobatik, eine Frage der Körperbeherrschung. Der Mund lächelt, aber wenn Sie genau hinschauen: Die Augen lächeln nicht mit.

Keine Frage: Sie sind höflich, rücksichtsvoll, gesittet, verwenden kein falsches Wort. Aber das ist Anpassung, nicht wahre Freundlichkeit. Ein „Gespräch“ mit diesen Supernetten erschöpft sich in Floskeln am Gartenzaun, in der Kaffeeküche, an der Bushaltestelle. Die Themen sind das Wetter, die Tomatenernte oder das wunderhübsche Outfit, das der andere trägt und über den grünen Klee gelobt wird. Dieser Menschenschlag scheint total an seinen Mitmenschen interessiert, schlägt aber drei Kreuze hinter deren Rücken, wenn er das Gespräch und somit sein Wochenpensum an Pflicht-Smalltalk hinter sich gebracht hat.

Politiker haben das für die Fernsehkameras perfektioniert: Da wird nach schlechten Wahlergebnissen davon geredet, dass „die Sorgen der Menschen ernst genommen werden müssten" … – was Sie direkt übersetzen können mit: Eigentlich interessieren uns die Nöte der Wähler nicht die Bohne, wir tun nur so. Und dann machen wir ja doch, was wir für richtig halten, nämlich genau das Gegenteil von dem, was die Wähler wollen. Denn die Wähler haben ja keine Ahnung – sonst würden sie nicht das Falsche wählen.

So sehr sie alle auch lächeln, strahlen, höflicheln und um-sich-netteln: Die Gutmenschen sind von wahrer Freundlichkeit so weit entfernt wie McDonald's vom Guide Michelin. Dafür wollen sie umso dringender als Menschenfreund rüberkommen.

Haushoch überlegen

Als Menschenfreund erscheinen zu wollen ist sogar eines der typischsten Erkennungsmerkmale der Gutmenschen. Denn sie wollen ja zu den „Guten" gehören, wobei sie selbst sich herausnehmen zu bestimmen, was gut und was schlecht ist. Und wer da nicht freiwillig mitspielt, wird gezwungen: Entweder du tust das, was wir als gut definiert haben – und zwar sofort und so wie wir es wollen – oder du gehörst nicht mehr dazu. Du bist nicht mehr unser Freund! Du hast in unserer Schule, unserem Elternverband, unserem Team, unserem Unternehmen, unserer Familie, unserem Freundeskreis, unserer Partei, unserem Land schlicht und einfach nichts mehr zu suchen!

Nur damit wir uns verstehen: An Werten und Idealen wie Gemeinschaft oder Solidarität ist an und für sich überhaupt nichts auszusetzen. Menschen, die diesen Idealen folgen und einfach nur „Gutes tun", sind in meinen Augen auch keine Gutmenschen. Was ich hier kritisiere, sind nicht kollektivistische Werte per se und schon gar nicht die guten Taten, die so viele Menschen aus echter Freigiebigkeit und voller Hingabe ihren Mitmenschen schenken. Davon, so meine feste Überzeugung, braucht unser Land noch viel, viel mehr!

Was mich aber richtig beunruhigt, ist, dass Gutmenschen so viel vom Gutes-Tun sprechen. Was mich beunruhigt, ist die Gutes-Tun-Propaganda. Denn Menschen, denen es so wichtig ist, dass die anderen gute Menschen zu sein haben, sind meistens diejenigen, die selbst am weitesten von diesem Ideal entfernt sind. Ein wirklich guter Mensch, also ein Mensch, dem es ein Bedürfnis ist, Gutes für andere zu tun, der tut es einfach. Der redet nicht darüber. Der übt keinen Druck auf andere aus. Der will nicht über das Leben der anderen bestimmen. Der will nicht, dass die anderen spenden oder mehr Steuern zahlen, sondern er spendet selber und gibt selber der Gemeinschaft etwas, zum Beispiel durch ein Ehrenamt. Er ist einfach selber freigiebig, unterstützend, solidarisch. Und basta.

Und genau das ist der blinde Fleck der Gutmenschen: Sie glauben, die anderen müssten perfekte Menschen sein. Sie glauben, die anderen müssten ein ganzes Leben lang eine weiße Weste anhaben. Sie glauben, die anderen müssten gar keine Menschen, sondern Engel sein, um für die Gesellschaft zumutbar zu sein. Und deshalb haben sie diesen Anspruch nicht etwa an sich selber, sondern erst mal an ihre Mitmenschen.

Da ist die *Erwartung*, dass alle „Mitbürger" die gleichen Werte wie sie gutheißen – nicht die Frage, welche Werte die anderen haben.

Da ist die *Forderung*, für einen guten Zweck zu spenden – nicht die eigene Tat als mögliche Inspiration für Gleichgesinnte oder solche, die es werden könnten.

Da ist der *Zwang*, dieses und jenes zu tun, da sind die massenhaften *Verbote* von Technologien und Produkten, die *Einschränkungen* von Wahlmöglichkeiten im täglichen Leben, damit nur ja niemand etwas tut, kauft oder entscheidet, was als schlecht zu gelten hat.

Und schließlich ist da diese giftige *Moral*, die jede Spur von Herzlichkeit, von menschlicher Verbindung, von Wärme abtötet. Aus meiner Sicht ist das sogar die größte Gefahr, die uns als Gesellschaft droht: dass die Moral wichtiger wird als der Mensch, dem wir gegenübersitzen. Denn: Diese Menschen, die all den Ansprüchen der Gutmenschen genügen, gibt es nicht auf dieser Welt. Und selbstverständlich genügen nicht einmal die Gutmenschen selbst ihren eigenen Ansprüchen.

Wenn ich hinter die Fassaden der Gutmenschen schaue, wenn ich mir all diejenigen vorknöpfe, die Political Correctness, Diversität, Solidarität, Multikulti, Pluralismus, Gender Equality und Gleichheit predigen und die verlangen, dass sich jeder diesen Vorgaben unterordnen soll, dann sehe ich alles andere als Menschenfreunde. Ich sehe christliche Priester, Internatslehrer, Chorleiter und spirituelle Gurus, die ihre Zöglinge sexuell missbraucht haben. Ich sehe Hilfsorganisationen, die sich für „eine bessere Welt“ einsetzen, deren Mitarbeiter aber von Hilfsbedürftigen Sex als Gegenleistung für ihre sogenannte Nothilfe verlangen. Ich sehe unzählige „Hilfsprojekte“, die reine Geldmacherei sind. Ich sehe Solidarität und was weiß ich noch alles einfordernde Politiker, die Kinderpornos auf ihrem Rechner sammeln, die mit Drogen erwischt werden, die krumme Geschäfte machen. Ich sehe den Journalisten in verantwortlicher Stellung bei der „Tagesschau“ der zwangsgebührenfinanzierten ARD, der im Internet offen Sympathie für die linksradikale, antideutsche Szene zeigt und sich als Fan einer Band zeigt, die in ihren Songtexten „Deutschland ist scheiße, Deutschland ist Dreck“ grölen.

Wie viele betrogene, niedergemachte Ehefrauen, verhauene Kinder, beschissene Freunde, gequälte Haustiere und hinterzogene Steuern mögen noch hinter Fassaden wie diesen stecken? Und was bitte schön hat das mit Gut-Sein zu tun?

Nein, für mich steht fest: Gutmenschentum führt früher oder später nicht zu guten, sondern zu schlechten Taten. Wer die Moral vor das Herz stellt, kann sich von seinen Mitmenschen nur entfremden. Und das ist die Vollkatastrophe! Denn zum Streiten brauchen die Parteien vor allem eins: Die Sicherheit, dass die beiderseitige Beziehung nicht in Gefahr ist. Die Sicherheit dazuzugehören. Eine freundliche Basis: Ich bin okay, du bist okay, wir sind okay – und auf dieser Grundlage lasst uns streiten.

Die Moral kann die Gesellschaft nicht zusammenkitten. Das können nur die Menschen selbst. Dafür müssen wir nicht alle Freunde werden. Wir müssen lediglich freundlich sein.

Und dann?

Dann kann viel Schönes daraus entstehen. So wie neulich im Feierabendverkehr an einer vollen Kreuzung.

Spurwechsel

In der Spur rechts neben mir ging der Blinker an einem Wagen. Der Fahrer wollte auf meine Spur wechseln. Ihm war wohl ziemlich spät aufgefallen, dass er falsch unterwegs war. Wahrscheinlich kannte er sich nicht aus. Die anderen Autos vor mir ließen ihn nicht einfädeln. Hinter ihm hupte jemand. Der Fahrer sah schon arg gestresst aus.

Ich ließ ihn also vor mir rein. Ich ließ eine Lücke, Handzeichen, Blickkontakt. Wir sahen uns kurz an. Nur für einen Moment. Er lächelte mich erleichtert und dankbar an. Er hatte einen richtig herzlichen Ausdruck im Gesicht. Ich lächelte zurück. Und dann geschah es. Ich vermute, da sind Hormone im Spiel. Jedenfalls spürte ich es ganz deutlich, für einen kleinen Moment: Freude! Energie! Der Autofahrer war schon längst woanders unterwegs und mir war immer noch warm vor Freude.

Wenn ganz normale freundliche Menschen sich wie ganz normale freundliche Menschen verhalten, dann lächeln sie sich nicht zu, weil es opportun ist, sondern das Lächeln ist ein inneres Bedürfnis. Es passiert einfach. Und es ist der Wahnsinn, was für eine Energie aus so einem gegenseitigen Zulächeln entstehen kann – wenn es aus dem Moment heraus kommt. Wenn das Lächeln echt ist.

Ein Lächeln oder ein Blick ist die kürzeste und einfachste Verbindung zwischen zwei Menschen. Das sagt schon ein altes chinesisches Sprichwort und das ist heute, viele Jahrhunderte später, immer noch genauso wahr. Sobald zwei Menschen in diesem Moment echt sind, entsteht Herzlichkeit. Dafür brauchen sie nicht einmal miteinander zu reden. Es entsteht ein unsichtbares Band zwischen den beiden. Das funktioniert immer, egal ob Sie in verschiedenen Autos sitzen, unterschiedliche Sprachen sprechen, aus sich fremden Kulturen kommen oder aus gegnerischen Parteien. Die Wärme, die dabei frei wird, kann Barrieren überwinden.

Der Mensch in dem Auto und ich waren keine Freunde. Aber wir waren ganz kurz für einen Augenblick miteinander in Verbindung. Und genau diese herzliche Mensch-zu-Mensch-Verbindung, dieses Sicherheitsnetz der gegenseitigen Akzeptanz, diese gemeinsame Basis der guten Absicht, kurz: diese Herzlichkeit – genau die brauchen wir in unserer Gesellschaft. Auch um streiten zu können!

Und der Streit muss nicht gleich die große Debatte sein. Es müssen bei einem Streit auch nicht immer die Fetzen fliegen. Die einfachste Form von Streit ist bereits das ehrliche Feedback, das auf diplomatische Wendungen und Notlügen völlig verzichtet. Ich meine ein Feedback, das nicht in Watte verpackt werden muss. Bei dem die beiden Sandwich-Brote rund um die Kritik in der Mitte ernstgemeinte positive Bestärkungen sind und nicht erst künstlich gebacken werden müssen.

Kalter Leberkäs

Es ist noch gar nicht lang her, da war ich beim Skifahren und bin mittags mit meinen Freunden in einem Berggasthof eingekehrt. Es hatte draußen zu stürmen und heftig zu schneien begonnen und wir waren froh, uns aufwärmen zu können und eine Pause einzulegen.

Außerdem hatte ich ehrlich gesagt einen Bärenhunger. In der hinteren Raumecke am Kachelofen quetschten wir uns dann zu siebt an den letzten freien Tisch in der sonst schon recht vollen Gaststube. Und je ungemütlicher es draußen wurde, desto mehr Skifahrer suchten drinnen Zuflucht von dem Schneesturm. Die Berghütte war erkennbar nicht für die Bewirtschaftung von so vielen hungrigen Menschen ausgerichtet. Ich schätze, in der Küche kümmerten sich höchstens zwei auf Hochtouren arbeitende Köche ums Essen. Aber im Gastraum sah ich nur eine Kellnerin, die zwischen den Tischen hin und her sauste, Bestellungen aufnahm, Getränke zapfte und das Essen brachte.

Die Arme, die eigentlich recht flink und fit war, hatte offenbar einen schlechten Tag. Sie stolperte über ihre eigenen Füße, war nicht aufmerksam, musste umständlich in ihrem Bestellblock herumblättern, weil sie offenbar vergessen hatte, wer was bestellt hatte. Und so bekam unser Tisch nur peu à peu die georderten Getränke, die wir mit ausgetrockneten Kehlen erwarteten. Genauso ging es den Gästen am Tisch neben uns. Als deren Biere endlich kamen, pampten sie die Bedienung ganz schön an: dass sie nun schon wirklich unendlich lange auf ihre Getränke warteten, und dass es gar nicht ginge, dass die Kinder am Nebentisch, obwohl sie später gekommen waren, noch vor ihnen ihr Skiwasser bekämen …

Ich beobachtete diese junge Frau. Sie trug die Kritik mit Fassung, nickte und bat um Entschuldigung. Das nahmen die am Tisch aber kaum wahr: „Ja, wo gibt's denn sowas, dass eine Bedienung so schlampert ist …", moserten sie, kaum dass sie weg war.

So wenig zügig es mit den Getränken lief, so langsam kam auch unser Essen. Die Kellnerin bemühte sich, aber sie war einfach überfordert. Das machte aber nichts, denn wir unterhielten uns gut, meine Freunde und ich. Wir waren in ein angeregtes Gespräch über frühere gemeinsame Skitouren vertieft und so verging die Zeit total schnell. Wir waren alle in sehr guter Stimmung.

Mein gebratener Leberkäse kam, als die anderen schon fertig mit Essen waren. Und er war nicht mehr wirklich warm. Die Bedienung schaute mich zerknirscht und entschuldigend an. Ich merkte in diesem Moment, dass sie wirklich keine weitere Schimpftirade brauchen konnte. Aber einfach nur freundlich zu lächeln war in dieser Situation für mich definitiv nicht drin. Ich wollte ehrlich zu ihr sein und ihr ein echtes, verwertbares Feedback geben. Das hatte sie aus meiner Sicht verdient.

Also sagte ich ganz ruhig: „Hey, wissen Sie, über eine Stunde auf einen dann kalten Leberkäs warten zu müssen ist eigentlich schon eine Zumutung."

Sie schaute mich unsicher und angespannt an.

Ich fuhr fort: „Aber ich sehe, was Sie hier zu tun haben. Also: danke!"

Was ich nicht sagte, weil das sonst altväterlich geklungen hätte, was ich aber in meine Stimme, meinen Gesichtsausdruck und meinen Blick legte, war etwa Folgendes: Hey, was Sie hier gerade leisten und wie sehr Sie sich anstrengen, finde ich aller Ehren wert. Manchmal klappt's halt einfach nicht so, wie man sich das vorstellt. Lassen Sie sich jetzt bloß nicht entmutigen. Sie sind so engagiert, so freundlich und geben Ihr Bestes. Das ist verdammt gut! Machen Sie weiter so!

Ich sah ein Flackern in ihrem Blick, sie hatte verstanden, wie ich es meinte, und strahlte mich an. Und dann legte sie im Gehen in einer sekundenschnellen Geste den Arm um mich und strich mir mit der Hand über meine Schulter. Und war im Moment darauf schon wieder weggehuscht. Ich bekam kurz Gänsehaut.

Herzlich währt am längsten

Verstehen Sie? Sie tun es doch auch für sich selber!

Ich halte überhaupt nichts davon, wenn Sie andere runtermachen. Aber ich halte eben auch nichts davon, wenn Sie sich selbst den Mund verbieten und Ihren Ärger runterschlucken. Ich sehe jede Situation – ob nun eine angenehme, wie die mit dem Autofahrer, oder eine nicht ganz angenehme, wie die mit der Kellnerin – als einen Anlass, echt zu sein.

Und ja, das ist nicht so einfach, wie es klingt, ich weiß doch, wie oft ich selber daran scheitere. Aber lasst es uns doch wenigstens immer wieder aufs Neue versuchen! Denn Sie haben am meisten davon, wenn Sie freundlich sind.

In dem Moment, in dem Sie echt sind, und sich nicht einbilden die Weisheit mit Löffeln gefressen zu haben, in dem Moment, in dem Sie in sich schauen und von sich sprechen und zugleich Ihre Mitmenschen beobachten und präzise wahrnehmen, haben Sie eine herzliche Verbindung zu den anderen. Und das fühlt sich gut an.

Sie müssen nicht lächeln, um herzlich zu sein. Sie müssen nicht einmal gut drauf sein dafür. Herzlichkeit entsteht, wenn zwei Menschen sich so begegnen, wie sie jetzt gerade sind. Wenn zwei nicht perfekte Menschen in einer nicht perfekten Situation in einer nicht perfekten Welt aufeinandertreffen, können sie mit Aufmerksamkeit und Herzlichkeit einen Moment der perfekten Verbindung schaffen.

Wie Sie das hinbekommen? Das Wichtigste ist: Gehen Sie mit offenen Augen und Ohren durch die Welt. Nehmen Sie auch Kleinigkeiten wahr. Kleinigkeiten, denen Sie im ersten Moment vielleicht keine große Bedeutung zumessen. Die aber eine große Wirkung auf die Menschen haben.

Dass ich Verständnis für die Kellnerin aufbringen konnte, hat sicher auch damit zu tun, dass meine Eltern eine Gastwirtschaft hatten. Ich bin sozusagen im Gastraum groß geworden und weiß darum, was es heißt, in einem Gastro-Betrieb zu arbeiten. Ich brauche mich in einem Restaurant nur kurz aufzuhalten, und schon habe ich ein Gefühl dafür, wie es hinten, in der Küche, gerade zugeht.

Aber diese Erfahrung hat nicht nur meinen Blick auf Gaststätten und Hotels geschärft, sondern auch meine Lebenshaltung. Meine Eltern waren nämlich Gastronomen mit Leib und Seele. Die Art, wie sie ihre Gäste behandelt haben und wie mein Vater gekocht hat, war immer voller Herzlichkeit. Die war ganz natürlich und selbstverständlich da. Sie kam mit der Hingabe, der Freude und dem

Engagement, das die beiden in ihren Beruf hineinlegten, ganz von selber. Sie liebten unsere Wirtschaft. Und sie liebten den Umgang mit unseren Gästen.

Wie sehr ihnen diese herzliche Grundhaltung ins Wesen übergegangen ist, erlebe ich heute noch, auch wenn sie die Gastwirtschaft aus Altersgründen schon lange nicht mehr haben. Zum Beispiel, wenn mein Vater kocht. Es klingt ein wenig kitschig, aber seine Gerichte schmecken nach der Herzlichkeit, die tief in seiner Seele wohnt. Weil er das Kochen einfach liebt. Nicht, weil er es mal gelernt und davon gelebt hat. Es ist für ihn keine Leistung, die mit einer Gegenleistung abgegolten wird. Sondern ein innerer Antrieb.

Diese Herzlichkeit habe ich grundsätzlich geerbt und wenn ich achtsam unterwegs bin, spüren sie meine Mitmenschen. Da muss ich nicht viel sagen, viel erklären, viel beweisen. Das steckt in mir und bahnt sich, wie ganz von selbst, den Weg zu meinem Nächsten. Sie hilft mir dabei, dass ich auch mal einen Zacken härter mit meinen Mitmenschen reden und streiten kann. Weil ich mit der Herzlichkeit als Leitprinzip in meinem Handeln die Achtung vor meinem Mitmenschen, mit denen ich streite, nie infrage stelle.

Aber Herzlichkeit funktioniert natürlich auch, wenn Sie nicht aus einer gastronomisch geprägten Familie kommen. Gut, wenn Ihre Vorfahren allesamt Finanzbeamte waren, haben Sie vielleicht nicht ganz so gute Karten, aber selbst dann würde ich Sie nicht abschreiben … Scherz lass nach: Letztlich läuft es auf einen ganz simplen Trick hinaus: Sie müssen nur geübt darin sein, die Perspektive zu wechseln. In dem Moment, wenn Sie in Ihrem Ärger innehalten, wo Sie den anderen wahrnehmen und kurz versuchen, sich in ihn hineinzuversetzen, in seinen Ärger, seine Not, seine Situation – in dem Moment haben Sie über Ihre angeborene Empathie, über die Spiegelneuronen in Ihrem Gehirn einen Zugang zu den Emotionen des anderen. Sie fühlen im wahrsten Sinne des Wortes mit. Und sobald sie diesen Zugang haben, und sei es auch nur für einen kurzen Moment, agieren Sie nicht mehr verstandesgesteuert, sondern geleitet von Ihrem Herzen – sie werden herz-lich.

„Tell it to my heart!“

Wenn Sie Herzlichkeit als das begreifen, was sie ist, nämlich als Kontakt mit den eigenen Emotionen und als ehrliches Interesse für den Menschen, der Ihnen gegenübersteht, also als einen Moment des echten zwischenmenschlichen Kontakts, dann haben Sie damit eine Grundlage für eine Auseinandersetzung mit diesem Menschen, die Sie und ihn weiterbringt – und nicht auseinanderbringt. Dann können Sie so engagiert wie nur möglich für Ihre ganz persönliche Meinung, die Sie hoffentlich haben, eintreten wie eine Fußballmannschaft, die unbedingt gewinnen will, aber dennoch ihren Gegner nicht verachtet. Hinterher, nach dem Match, abgekämpft, verschwitzt und mit schmerzenden Muskeln, klatschen sich die Gegner ab und gratulieren sich. Das gehört sich einfach so. So wünsche ich mir das auch in Schulen, in Unternehmen, in der Politik, in allen Gruppen unserer Gesellschaft.

Die Frage ist nur: Genügt das? Eine zugrunde liegende Freundlichkeit, eine Herzlichkeit im Umgang miteinander – reicht das aus, um eine neue, konstruktive und produktive Dynamik in unserem Land zu entfachen?

Oder sind die gesellschaftlichen Gräben bereits zu tief?

UMARMUNG

WIE AUSEINANDERSETZUNG FREUNDSCHAFT ERST MÖGLICH MACHT

Als ich in Stuttgart Fußball spielte, wurde ich auch zu einem Kind dieser Stadt. Wer sie nicht kennt: Sie liegt in einem der größten Ballungsräume Deutschlands und in einer der größten Industrieregionen Europas. Da geht's voll ab. Da wird was weggeschafft! Den Neckar entlang von Esslingen bis hoch nach Heilbronn wimmelt es von Firmen, Betrieben, Hallen, Fabriken. Stellen Sie sich das wie ein einziges zusammenhängendes Gewerbegebiet mit einer Länge von über 60 Kilometer vor. Fast drei Millionen Menschen leben und arbeiten da. Und dementsprechend finden sich in Stuttgart und Umgebung Menschen jeder Geschmacksrichtung, vom Geldadel bis zum Malocher.

So war das auch in dem Mehrfamilienhaus, in dem ich wohnte. Mir gefiel das. Ein Stockwerk unter mir gab es einen spannenden Typen, einen echten Freak. Mitten in dieser pulsierenden, nüchternen Schwabenmetropole, in der nur gilt, wer was schafft, lebte er wie ein Künstler. Tagsüber arbeitete er zwar in einer Versicherungsfirma, aber in seiner Freizeit sammelte er Kunst. Seine Wohnung hing voll mit Bildern.

Ich Fußballer und er Lebenskünstler – zwei Taugenichtse also. Kein Wunder, dass wir uns anfreundeten.

Wir saßen oft einfach zusammen und unterhielten uns stundenlang über die Leute, das Leben und den ganzen Rest. Er hatte an einer Wand im Hausgang ein großformatiges Gemälde hängen. Er nannte es „Die feine Gesellschaft". Anfangs schaute ich nur mal so im Vorbeigehen drauf. Es gefiel mir schon irgendwie, es war ein cooles Bild. Aber irgendwas störte mich. Ich wusste selbst nicht so genau, was. Deshalb sah ich mir das Bild bei einer Gelegenheit mal in Ruhe an.

Es zeigte eine Abendessensszene. Reiche Leute, ein üppiges Mahl. Offensichtlich hatten sie gute Manieren, wirkten gebildet und gut gekleidet, aber sie waren auch irgendwie steif und distanziert. Wenn man so oberflächlich draufschaute, meinte man, eine ganz normale, funktionierende, gesittete Gesellschaft zu sehen.

Aber dann ging ich näher ran und schaute auf die Details: Eine Frau, weiter hinten im Bild, zündete sich – mit einer Geste der Heimlichkeit – eine Zigarette an. Dabei guckte sie sich ängstlich um, als ob sie etwas Verbotenes tat. Am linken Rand fasste ein Mann einer lüstern dreinschauenden Frau unterm Tisch zwischen die Beine! Und an der Mitte des Tisches schaufelte sich einer gierig so viel von dem Braten auf den Teller, wie er im Leben nicht essen konnte, als ob er Angst hätte, die anderen könnten ihm was wegnehmen. Neben ihm flüsterten zwei, tuschelten und schauten sich verschwörerisch um, ob ihnen auch bloß keiner zuhörte. Am Tischende saßen zwei andere steif nebeneinander. Beide pressten sich die Hand vor den Mund. Als ob ihnen schlecht war. Überhaupt hatten alle Menschen auf dem Bild verzerrte Gesichter, angespannte Mienen, wirkten unsicher und unruhig.

Ich fand das Gemälde – und vor allem wie unterschiedlich es auf den ersten und auf den zweiten Blick wirkte – sehr eindrucksvoll. Ich kapierte es. Das Bild war nicht nur ein Portrait einiger

Menschen, sondern ein Portrait unserer Gesellschaft: Aus der Ferne sieht eigentlich immer alles ganz nett aus. Wir halten zueinander. Lächeln einander an. Sagen einander freundliche Worte. Helfen einander. Tun gemeinsam, was man halt so gemeinsam tut. Aber wer genau hinschaut, dem fällt auf, dass es hinter dem schönen Schein eine ganze Menge Hintenrum gibt. Dass wir uns die Zähne zeigen, statt zu lächeln. Uns anlügen. Dass wir direkte, offene Kommunikation vermeiden. Alles totales Falschgetue, aus Unsicherheit oder Angst, sich dem anderen zuzumuten. Bloß nichts verraten! Bloß nicht erwischen lassen! Bloß nicht die eigene Meinung vertreten! Jemand könnte sich ja daran stoßen. Dann wäre es erst mal vorbei mit der Gemütlichkeit und dem schönen Schein.

Wie mir diese Sachen so durch den Kopf gingen, stellte sich mein Freund, der Kunstliebhaber, neben mich und fragte: „Was hältst du davon?"

Darauf fiel mir nur ein: „Ich wünschte, ich könnte in das Bild reinrufen: Was für ein Hintenrumgetue. Streitet euch doch! Seid doch endlich ehrlich zueinander! Fetzt euch, damit ihr euch anschließend herzlich umarmen könnt!"

Er zwinkerte mir zu und war zufrieden. Genau das war der Grund, warum er das Bild gekauft hatte: Es war so eine stimmiges Bild der Gesellschaft.

Autsch ist okay

Wenn Sie mich fragen: Ich bin dagegen. Ich bin deutlich gegen den typischen Kuschelkurs. Und ich bin auch der Überzeugung, dass nicht nur ein sanftes Diskussiönchen zum Ziel führt. Gesitteter, sachlicher Meinungsaustausch ist gut und richtig, aber dabei kann es nicht immer bleiben. Wenn etwas nicht passt, dann muss es auf den Tisch. Dann muss es gesagt werden. Und zwar deutlich.

Nicht jeder Mensch ist auf die gleiche Weise redegewandt, diplomatisch, selbstkontrolliert. Da knallt schon mal eine deftige

Aussage auf den Tisch, da kann es auch mal etwas lauter werden, da können auch mal verbale Späne fliegen. Wer direkt ist, ist nicht immer automatisch auch korrekt. Aber was soll's! Kommunikation muss nicht kuschelig, sondern stimmig sein! Und deshalb kann zu einem aufgebrachten Gefühl auch mal ein aufgebrachter Ton gehören. Außerdem gehört zum Streiten auch dazu, nicht bei den ersten Widerworten gleich beleidigt einzuknicken. Sich nicht sofort persönlich angegriffen zu fühlen. Nicht gekränkt einzuschnappen oder davonzulaufen. Wir müssen offenbar wieder lernen, auch mal was einzustecken.

Klar kann eine andere oder entgegengesetzte Meinung unangenehm sein. Vielleicht tut sie sogar weh. Vielleicht sind Sie enttäuscht, weil Sie dachten, Sie hätten den anderen auf Ihrer Seite. Vielleicht haben Sie Angst, die Uneinigkeit könnte Sie von Ihrem Gegenüber entfernen. Vielleicht stören Rede und Gegenrede die Harmonie. Stimmt. Für einen Moment. Aber auf lange Sicht gilt das Gegenteil. Denn eine Auseinandersetzung stärkt die Beziehung, den Zusammenhalt, den Frieden.

Das bedeutet, nicht, dass Sie andere Meinungen generell übernehmen sollen oder sich irgendwie einigen müssen. Ich wünsche mir lediglich von Ihnen, dass Sie in einer Auseinandersetzung anerkennen und akzeptieren, dass andere Meinungen als Ihre existieren. Lassen Sie die andere Meinung stehen. Sie müssen sie nicht irgendwie wegmachen.

Darum: Unterstellen Sie Ihrem Gegner niemals etwas, das er nicht gesagt hat, verstehen Sie nichts absichtlich falsch, drehen Sie ihm nicht die Wörter im Mund herum, verachten Sie ihn nicht für seine Meinung. Tun Sie also genau das nicht, was in den elenden Debattentalkshows und im deutschen Bundestag gang und gäbe ist.

Wenn Sie all das beachten, dann können Sie auf Augenhöhe streiten. Und bei so einem Streit ist die Position, das Vermögen, die soziale Herkunft, die politische Ausrichtung nicht entscheidend. Es zählen nur die beiden strittigen Meinungen – und sonst nichts. Wissen Sie, was dann möglich ist? Was ein ergebnisoffener Streit bringt? Er schüttet Gräben zu, anstatt sie noch tiefer auszuheben. Er integriert, statt zu spalten. Er schafft Nähe, statt Distanz. Klingt komisch. Ist aber so.

Das ist schwer zu glauben, oder? Die meisten Leute denken das Gegenteil: Nur nicht streiten, damit nur ja nicht gespalten und Distanz geschaffen wird. Wie soll aus Streit bitte schön Nähe entstehen …? Aber eigentlich ist es total naheliegend: Ein richtiger, ein guter und echter Streit, die Auseinandersetzung mit der Andersartigkeit von Meinungen schafft auf zwei verschiedene Weisen mehr Verbundenheit: Entweder die Streitenden nähern sich inhaltlich an, dann entsteht die Verbundenheit zwischen ihnen. Oder sie nähern sich nicht an, aber dafür entsteht mehr Verbundenheit in ihnen selbst.

Doppelte Verbundenheit

Wenn Sie sich mit jemandem beispielsweise über das Dieselverbot zanken, dann gibt es dafür und dagegen jede Menge Argumente. Vielleicht kennen Sie noch nicht alle und sind überrascht, dass es Studien gibt, die eine ganze Anzahl von vorzeitigen Todesfällen mit dem Feinstaub und den Stickoxiden in Verbindung bringen, die Dieselautos ausstoßen. Aber es gibt auch Aussagen von Lungenärzten, die keinerlei Zusammenhang sehen zwischen Dieselruß oder Stickoxiden und Gesundheitsproblemen, jedenfalls nicht in den Konzentrationen, die es in Städten gibt. Sie bezweifeln ausdrücklich, dass die statistische Methodik dieser „Dieseltote-Studien" wissenschaftlichen Standards entspricht. Sich alleine auf Expertenmeinungen zurückzuziehen genügt also nicht, denn damit können Sie in Diskussionen letztlich beide Seiten stützen.

Dann gibt es den Fakt, dass die 20 oder 25 größten Containerschiffe Tag für Tag mehr Feinstaub und Stickoxide ausstoßen als alle Autos der Welt zusammen. Oder dass bei den Feuerwerken an Silvester in einer Nacht mehr Feinstaub in die Luft geblasen wird als von allen Autos in mehreren Monaten. Oder dass die Holzfeueranlagen, also die Schwedenöfen, Kachelöfen und offenen Kamine, die in letzter Zeit immer mehr in Mode gekommen sind, deutlich mehr Feinstaub in der Stadt produzieren als die Autos. Mit anderen Worten: Müssten wir nicht ganz woanders ansetzen, wenn wir die Luft noch sauberer machen wollen?

Des Weiteren könnten Sie anführen, dass der Schadstoffausstoß der Dieselmotoren seit Jahrzehnten kontinuierlich sinkt. Das lässt sich mit Statistiken des Umweltbundesamts sehr schön nachweisen. Also: Wenn die Schadstoffe ohnehin durch den technologischen Fortschritt immer weiter sinken, warum genügt uns das nicht? Warum muss die Luft unbedingt noch sauberer sein, obwohl sie schon viel sauberer ist als noch vor zehn oder 20 Jahren?

Aber dann gibt es das Argument, dass es nicht darauf ankommt, wie viel Schadstoffe insgesamt ausgestoßen werden, sondern wie viel direkt an den Straßen ausgestoßen wird, an denen Menschen leben, weil die dort die volle Dröhnung abbekommen und darunter leiden.

Gut. Nur ist dann immer noch nicht klar, warum es unbedingt Fahrverbote geben muss. Möglicherweise könnte da auch eine intelligentere Verkehrsführung helfen, sodass nicht so viele Autos an Ampeln oder im Stau stehen und sinnlos Abgase in die Luft pesten. Denn Fahrverbote haben ja weitreichende Auswirkungen: Der Wert der Fahrzeuge sinkt und das ist ungerecht. Immerhin wurden die Autos zugelassen, also genehmigt. Der Dieselfahrer zahlt zwar weniger Steuer auf den Kraftstoff als der Ottomotorfahrer, aber dafür eine saftig Kfz-Steuer. Damit lenkte der Staat den Vielfahrer bei der Anschaffung absichtlich auf Dieselmotoren. Und jetzt soll der das Auto nicht vollumfänglich benutzen dürfen? Das ist schon eine Art Teilenteignung. Außerdem wird der Wiederverkaufspreis niedriger sein, weil nicht mehr so viele Leute einen Diesel nachfragen.

So diskutieren Sie also hin und her und jede Seite findet immer weitere Argumente. Und auch wenn Sie vorher ein notorischer Dieselhasser waren und vielleicht sogar aus ideologischen Gründen überzeugter Bus- und Bahnfahrer sind und den Individualverkehr sowieso nicht leiden können: Am Ende müssen Sie schon zugeben, dass in beiden Meinungen ein Quäntchen Wahrheit steckt. Und je mehr Sie engagiert, aber freundlich diskutieren, desto klarer wird, dass es kein Richtig oder Falsch, kein Ja oder Nein geben muss, sondern dass Sie die Gegenmeinung respektieren können. Wären Sie dann nicht bereit, gemeinsam mit dem anderen eine andere, eine konstruktive, eine dritte Lösung zu finden?

Die andere Meinung kategorisch ablehnen müssen Sie dann jedenfalls nicht mehr. Stellen Sie sich vor, Sie gehen mit einer solchen Offenheit in einen Streit, dass eine andere Meinung Sie sogar ein Stück weit überzeugen kann. Dass Sie Ihre Haltung möglicherweise justieren. Dass Sie etwas dazulernen können. Klingt das nicht wunderbar? Statt Klappehalten oder Rückzug können Sie auch den Erkenntnisweg gehen: mit der Bereitschaft, die Meinung des anderen auszuhalten. Dann entsteht eine überraschende Nähe. Dann wird aus dem Widerpart, den Sie eben noch bekämpfen wollten, ein Mitstreiter. Dessen Standpunkt Sie in Ihre Ansichten mit aufgenommen haben, dessen Sicht auf die Dinge Ihr Verständnis bereichert hat.

Wer einen Streit als Möglichkeit begreift zu reifen und bewusster zu werden, wer sich für die Perspektive öffnet, von der Meinung des anderen inspiriert oder sogar überzeugt zu werden, ohne dabei den eigenen Standpunkt leichtfertig aufzugeben, der profitiert vom Streit und wird ihn schätzen und umarmen.

Aber es gibt auch noch eine andere Nähe, die wachsen kann durch Streit. Nämlich die zu sich selbst.

Stellen Sie sich zwei Philosophiestudenten vor. Zwei junge, kluge Köpfe, die hochgeistige Dinge debattieren, die wundervoll streiten können. Zum Beispiel über die Entstehung der Welt. Der eine vertritt die These, dass es sich um eine rein physikalische Entwicklung handelt. Naturwissenschaftlich erklärbar und ganz ohne Mythos. Er hat gute Argumente und bringt sie intelligent in die Debatte ein. Der andere Student ist überzeugt von einer größeren Macht und Kraft, die für die Schöpfung den Anstoß gegeben hat. Die sei auch für eine Reihe von rational unerklärbaren Phänomenen verantwortlich, so argumentiert er. Weil diese Dinge geschehen und Menschen nun mal daran glauben, sei der Beweis erbracht, dass es diese höhere Macht gäbe. Und so streiten die beiden stundenlang über den Beginn unseres Universums.

Es geht hin und her, die Argumente werden ausgetauscht. Beide prüfen die Meinungen des anderen genau. Der Student mit der naturwissenschaftlicheren Ausrichtung denkt über den spirituelleren Ansatz seines Kommilitonen nach. Wägt ihn hin und her. Überdenkt seine These: „Kann ich meine Meinung ändern?“ Und kommt zu dem Schluss: „Nein, kann ich nicht. Meine Meinung bleibt für mich die richtige. Ohne Einschränkungen.“

Beide trennen sich – im Guten. Die Formel „Wir stimmen darin überein, dass wir nicht übereinstimmen“ beschreibt diesen Zustand am besten. Und das ist eine genauso wertvolle Erkenntnis wie die, der anderen Meinung ein Stück beizupflichten. Weil, und das verspreche ich Ihnen, das Streiten Sie noch stärker mit Ihrer eigenen These verbindet: Sie haben mit Offenheit die Gegenpositionen betrachtet, geprüft, verstanden und beurteilt. Und kommen genau deshalb zu dem Schluss, dass Ihre Haltung für Sie selbst die passendere bleibt.

Das macht Sie stabiler, glaubwürdiger, sicherer. Es entsteht eine reflektierte Selbstverbundenheit, die Ihr Selbstbewusstsein vertieft. Dafür können Sie Ihrem Streitpartner wirklich dankbar sein. Ihre Meinung ist überprüft. Sie können sie jetzt noch stärker schätzen. Sie ist Ihnen näher als vorher. Ein echter Gewinn. Sie können sich authentisch präsentieren, den anderen Paroli bieten – und haben noch dazu ein gutes Gefühl dabei.

Klare Fronten

Verbundenheit mit anderen und mit sich selbst. Danach sehnt sich unsere Gesellschaft. Nach den starken, authentischen, wirkmächtigen Originalen. Und die schaffen wir, indem wir den Streit und die damit verbundene Entwicklung zulassen.

Neben dem Entwicklungspotenzial für jeden Beteiligten birgt der Streit aber noch eine ganz andere wichtige Funktion. Lassen Sie sich mal ohne Angst und Bauchschmerzen, ohne Scham und Harmoniesucht in den nächsten Streit ein – sei es ein Pärchenstreit, ein Freundesdisput oder in eine Gesellschaftsdebatte. Egal, wie es läuft, Sie haben so oder so etwas davon: nämlich eine geklärte Atmosphäre. Nach einem guten Streit endet die Unstimmigkeit. Sie sind einer Meinung oder eben nicht, Sie haben zueinander gefunden oder zu sich selbst. Aber die angespannte Stimmung ist weg. Der Elefant, der im Raum stand, ist aus dem Zimmer verschwunden. Jetzt kann sich wieder in alter, echter Freundlichkeit und Offenheit begegnet werden. Der erste Schritt auf dem Weg, auf dem wir uns einander respektvoll zumuten. Und dieses respektvolle Zumuten ist für alle Teile der Gesellschaft essentiell – von den kleinen Einheiten angefangen bis zu den großen Systemen. Alle profitieren und können dann gut kommunizieren, zusammenarbeiten, einander unterstützen, wertschätzen, wenn wir uns einander respektvoll zumuten. Und das können wir nur ohne Angst vor dem nächsten Streit.

Wer richtig gestritten hat, braucht keine anschließende Schlichtungskommission. Keine langwierigen Versuche, wieder alle an einen Tisch zu holen, die Schmollbacken einzufangen und die Streithähne zu beschwichtigen. Sowas braucht es nach Duellen, wenn die Fronten verhärtet und die Diskutanten verletzt und empört sind. Aber eine Streitschlichtung ist aus meiner Sicht ein irreführender Begriff. Denn der Streit zieht keine Notwendigkeit zur Schlichtung nach sich. Nach einem gelungenen Streit können Kontrahenten entspannt auseinandergehen. Sich auf die Schulter klopfen. Sich umarmen. Und sich mit allem Respekt voneinander verabschieden. Und Freunde sind nachher genauso Freunde wie vorher. Weil nie der Kern der Freundschaft zur Debatte stand. Es wurde nie UM die Freundschaft gestritten. Es wurde IN Freundschaft gestritten.

Junge Römer

Die tollste Streit-Freundschaftserfahrung machte ich schon früh in meinen Leben. Und zwar mit Ulf, dem Ossi. Den lernte ich etwa fünf Jahre nach der Wende kennen, bei einem Lehrgang über Arbeitsrecht. Wir waren beide in der JAV, der Jugend- und Auszubildendenvertretung, einer Art Betriebsrat für die Auszubildenden. Zu dem Lehrgang kamen von überall aus Deutschland die Azubis. Auch aus dem Osten der frisch wiedervereinigten Bundesrepublik. Gemeinsam erarbeiteten wir auf der Tagung Inhalte, hörten zu, debattierten. Klar waren auch die Themen spannend – und wichtig. Wir hatten aber auch außerhalb des Rahmenprogramms viel Spaß. Denn der Lehrgang fand um die Faschingszeit herum statt. Abends verkleideten wir uns. Ulf und ich funktionierten Bettlaken zu antiken Togen um und irgendwer trieb sogar Lorbeer auf – für Cäsarenkränze für uns junge Römer. Und so marschierten wir auf dem Faschingsball im Ort ein. Es war eine Mordsgaudi. Und Ulf hatte so einen trockenen, ironischen Humor, der mir total gut gefiel. Auch am Tag drauf, als wir, ein bisschen in den Seilen hängend, aber gut gelaunt, wieder im Tagungssaal saßen.

Ulf und ich verbrachten letztlich nur diese paar Tage miteinander, daher würde ich sagen, dass wir uns nur oberflächlich kennengelernt hatten. Obwohl wir nicht viel voneinander wussten, mochten wir uns. Bei der Verabschiedung tauschten wir Telefonnummern aus. Und dann rief ich den Ulf einfach mal an. Wir unterhielten uns gleich so verdammt gut, dass wir das öfters machten: einfach mal den Hörer in die Hand nahmen und uns offen austauschten. Über Frauen. Über die Arbeit. Über unsere Eltern. Über Fußball. Über alles Mögliche. Wir wurden tatsächlich Freunde. Wenn auch erst mal nur übers Telefon.

Eines Tages kam Ulf mich dann in meinem Heimatort besuchen. Da stand er in unserem schwäbischen Dorf in unserer schwäbischen Straße vor unserem schwäbischen Haus: der Ostberliner, der Ex-DDRler. Aus seiner Perspektive war das wie eine Expedition auf einen anderen Planeten. Aus unserer Perspektive stand ein Außerirdischer vor der Tür.

Aber schon bald akklimatisierten wir uns und redeten wieder viel an diesem Wochenende. Nur spitzte sich das dann plötzlich zu. Als ob ein Hebel umgelegt worden wäre. Auf einmal stritten wir uns, was sonst in den Telefonaten nie eine Rolle gespielt hatte, wie wild über Politik und Gesellschaft. Auch am Abendbrottisch. Mit meinen Eltern.

Meine Mutter wurde bei Ulfs Thesen immer blasser. „Jesses Gott", raunte sie mir zu, als ich das Geschirr zu ihr in die Küche trug. „Der Bub hat ja nun wirklich ganz andere Ansichten."

Und „ganz anders" heißt auf dem Dorf so etwas wie „beängstigend". Und sie hatte ja recht: Seine von Sozialismus und dem Zwang zum Kollektiv geprägte Kindheit und frühe Jugend brach in unserem Tischgespräch voll durch. Sein Loblied auf den volkseigenen Trabbi fanden wir ja alle noch lustig. Und ich gestehe, ich hatte ihn erst ein bisschen belächelt und mein Vorurteil gegen die etwas schlichten, braven Bürger aus dem Arbeiter- und Bauernstaat ein wenig bestätigt gesehen. Aber dann ging's inhaltlich voll zur Sache: Er sprach von Gemeineigentum der Produktionsmittel, von Enteignung der Reichen, von der Diktatur des Proletariats und von Gleichheit. Ich dagegen machte mich für die Freiheit und Verantwortung des Individuums und das Grundrecht auf Privateigentum stark. Aus seiner Sicht sollte für alles ein überfürsorglicher Staat sorgen, der sämtliche Lebensbereiche reguliert und organisiert. Mir stellten sich die Nackenhaare auf. Ich entgegnete, dass es Ziel einer freien Gesellschaft sein müsse, zu garantieren, dass jeder nach seinen individuellen Vorstellungen sein Leben selbst gestalten und nach seinem Glück streben darf. Dass Gleiches gleich und Ungleiches ungleich behandelt werden müsse. Und dass dieses West-Ost-Denken endlich aufhören solle und wir in der geeinten Bundesrepublik endlich gesamtdeutsche Lösungen finden müssten.

So ging es hin und her. In einem irren Tempo feuerten wir die Argumente raus. Und zimperlich waren wir nicht gerade miteinander. Da prallten seine sozialistisch-autoritäre und meine marktwirtschaftlich-liberale politische Grundhaltung mit Wucht aufeinander.

„Jesses, Jesses!“, stöhnte meine Mutter in der Küche.

In politischen Fragen hatten wir einfach keinen gemeinsamen Nenner und so scheiterten die Versuche, unsere Ansichten einander nahezubringen. Erst weit nach Mitternacht gaben wir erschöpft auf.

Freunde im Streit

Bei Ulf stieß ich auf Granit. Und soll ich Ihnen was sagen? Das war unterm Strich völlig okay! Zwei junge Menschen, die sich in ihrem jugendlichen Feuereifer und mit Drang gegenseitig mit ihren Thesen bestürmen und sich nicht einig werden. Die feststellen, dass sie in ihren Einstellungen meilenweit voneinander entfernt sind. Die die Andersartigkeit des Gegenübers spüren. Deren Debatte ungelöst bleibt. Und die sich TROTZDEM mögen. Und Freunde bleiben. Einander nichts nachtragen.

Das war meine erste bahnbrechende Erfahrung mit einem guten Streit, der eine Freundschaft nicht beendete. Wir hatten unsere ehrlichen Meinungen, unsere überzeugendsten Thesen, unsere besten Argumente vorgebracht. Hatten einander zugehört. Ich verstand seine Sicht. Er konnte meine nachvollziehen. Wir einigten uns trotzdem nicht. Und waren uns dennoch genauso grundsympathisch wie vorher.

Ich staunte nicht schlecht, als ich das realisierte. Nachdem Ulf zurück nach Berlin gefahren war, ließ ich unseren Streit Revue passieren. Ich war begeistert von uns!

Und weil es Ulf auch so ging, gab es auch weiterhin stundenlange Telefonate zwischen dem Schwarzwald und Ostberlin. Zwischen zwei Leuten, die einen ähnlichen Humor hatten, denen die gleichen Sachen im Leben wichtig waren, die eine tiefe emotionale Verbindung zueinander hatten. Und da stand nicht im Weg, wo der andere herkam. Welchem politischen Lager er angehörte.

Was zählte, war unsere Freundschaft.

Irgendwann verflüchtigte die sich dann ohne einen konkreten Anlass. Wir telefonierten immer seltener. Dann hörte es ganz auf. Ich denke, weil wir beide so mit unseren eigenen Leben, dem Aufbau unserer Karrieren, unserer Familien beschäftigt waren. Das passiert eben. Ich finde das nicht schlimm und denke ohne Wehmut, aber mit großer Dankbarkeit an Ulf und unsere streitgestählte Freundschaft zurück.

Ey, Fresse-Döner

Auf ein Leben mit vielen verschiedenen Einflüssen und Auseinandersetzungen hat mich der Fußball vorbereitet. Wir haben bei der Jugendnationalmannschaft und beim VfB ja nicht nur gegen andere Mannschaften, sondern auch gegen das „Ausland" gespielt. Dadurch bin ich quasi von klein auf mit anderen Nationen, Bräuchen, Kulturen in Berührung gekommen. Selbst unsere Stuttgarter Mannschaft war eine bunte Truppe. Griechen, Italiener, Türken, Kroaten und Deutsche trainierten miteinander, spielten zusammen, bildeten ein Team. In meinem Leben hat es deshalb schon immer ein totales Multikulti gegeben.

„Ey, Fresse-Döner! Spiel endlich ab!", wurde da schon mal über das Spielfeld gebrüllt. „Lauf dich halt frei, du Kartoffel!", kam dann prompt die Retourkutsche. Deutscher verunglimpft Türken! Uiuiui! Türke beleidigt Deutschen! Oh Gott, oh Gott, oh Gott! – Und? Sind wir heulend vom Platz gelaufen und haben uns beim Integrationsbeauftragten beschwert?

Ach, kommen Sie! Wir haben das doch weder so ernst gemeint noch so ernst genommen. Wir sind doch nicht aus Zucker. Wir konnten uns wehren. Dann wurde eben auf der gleichen Ebene zurückgekeilt, danach spielten wir weiter und gut war es. Dann schossen wir das nächste Tor und lagen uns jubelnd in den Armen. Natürlich mochten wir uns, deswegen ging es im Training auch mal zur

Sache. Na, hält der Osmane was aus? Na, verträgt der Deutsche was? Auch in der Härte liegt manchmal die Herzlichkeit!

Heute ist so eine Sprache undenkbar. Das wäre ja Rassismus! Aber ich kämpfe dafür, uns diese offene, einfache, herzliche Denke ein Stück weit wieder zurückzuholen. Ich wünsche mir, dass wir wieder dahinkommen, wo man sich mit einem Augenzwinkern und im Bewusstsein des zugrundeliegenden gegenseitigem Respekt auch mal eine kleine Frechheit zumuten kann: „Ey, du Kameltreiber!" Oder: „Komm, spiel den Ball mal ordentlich geradeaus, du Schwuchtel!" Ja! Das ist keine Diskriminierung von Ausländern und das ist auch keine Diskriminierung von Homosexuellen, das ist einfach ganz normale, liebevolle, freche Sprache. Der Diskriminierungssensor ist heute viel zu sensibel eingestellt. Lasst uns doch wieder miteinander reden wie ehrliche Menschen, die sich einander einfach und offen mit ihrem ganzen Wesen anvertrauen können ... ohne den allgegenwärtigen Political-Correctness-Filter, der die Menschen in unserem Land dazu bringt, jedes Wort auf die Goldwaage zu legen und lieber die Klappe zu halten, als womöglich noch als schlechter Mensch denunziert zu werden. – Das gilt übrigens insbesondere am Arbeitsplatz. Das ist ja ein Minenfeld geworden!

Ich will keine Mimosen. Keine bierernsten Konsens-Schluffis, wie sie zuhauf durch unsere Dörfer und Städte und durchs Leben schleichen. Keine spießigen Gouvernanten, die verschlossen, ja zum Teil auch verbiestert auf ihren humanitär-moralischen Glaubenssätzen beharren, da sie sich so sehr an ihre kleine, saubere Welt gewöhnt haben, in der alle gleich denken und gleich reden sollen, weil sonst die Gesinnungspolizei einschreiten muss. Sich bloß mit nichts auseinandersetzen, sondern lieber mit Scheuklappen durch die Welt gehen. Im Urlaub die Schweinshaxe verlangen, auch wenn es Pasta mit frischen Meeresfrüchten gibt.

Als der Bestsellerautor Uwe Tellkamp bei einer Diskussionsveranstaltung im März 2018 die Behauptung aufstellte, dass die meisten der jüngst nach Deutschland gekommenen Migranten, nämlich 95 Prozent, nicht vor Krieg und Verfolgung flöhen, sondern herkämen, um in die Sozialsysteme einzuwandern, da ließ sein Verlag, der berühmte Suhrkamp-Verlag, der auch schon Hermann Hesse, Bertolt Brecht oder Max Frisch veröffentlicht hatte, im Internet verlauten: „Aus gegebenem Anlass: Die Haltung, die in Äußerungen von Autoren des Hauses zum Ausdruck kommt, ist nicht mit der des Verlags zu verwechseln." Oha! Da distanziert sich ein renommierter Verlag von seinem ebenso renommierten Autor, weil ihm dessen Gesinnung nicht passt!

Allen Ernstes! So etwas ist im Büchergeschäft ein sehr ungewöhnlicher Vorgang. Der Verlag hatte Angst, dass irgendjemand die Idee haben könnte, der Verlag habe keine gute „Haltung" oder sowas. Dabei war doch die Aussage Tellkamps eine klare Tatsachenbehauptung, die richtig oder falsch sein kann. Es liegen ja Zahlen vor, zum Beispiel die Zahlen des Bundesamts für Migration und Flüchtlinge. Und die sagen glasklar, dass 2017 bei dem größten Teil der Asylbewerber, nämlich bei 62,5 Prozent, kein Fluchtgrund anerkannt wurde: also nicht Asyl, nicht Flüchtling nach der Genfer Flüchtlingskonvention und nicht subsidiärer Schutz, der gewährt wird, wenn bei einer Rückkehr in die Heimat Gefahr für Leib und Leben bestehen könnte. Das bedeutet nichts anderes, als dass Tellkamp in der Sache vollkommen recht hatte: Die meisten Migranten kamen tatsächlich ohne Fluchtgrund. Zumal es bei einer Flucht schwer nachzuvollziehen ist, dass sie alle von ihrer Heimat aus mehrere sichere Länder durchquerten, bis sie endlich in Deutschland ankamen. Auch das ist faktisch eindeutig. Eine sichere Zuflucht wird also nicht der alleinige Grund gewesen sein, warum sie nach Deutschland wollten. Mit anderen Worten, die meisten von ihnen sind keine Flüchtlinge, sondern Einwanderer in das deutsche Sozialsystem. Genau das hat Tellkamp gesagt. Aber er sagte, das träfe auf 95 Prozent der Migranten zu. Diese Zahl lässt sich nirgends ableiten und nicht belegen, was seine Aussage angreifbar machte. Es sind nicht 95, sondern offiziell knapp über 60 Prozent.

Also hätte der Verlag doch einfach die Sache richtigstellen können, wenn er befürchtete, in ein Licht gerückt zu werden, das ihm nicht passte. Aber in Wahrheit ging es eben nicht um Fakten, Tatsachen oder Meinungen, sondern es ging um die richtige oder falsche Gesinnung! Und das, mein lieber Herr Gesangsverein, finde ich schlicht zum Kotzen! Und ich sage Ihnen auch warum. Ich finde eine Gesinnungsethik, eine Gesinnungsprüfung und eine Gesinnungsöffentlichkeit deshalb ganz furchtbar, weil wir zwölf Jahre lang von 1933 bis 1945 und dann noch mal 41 Jahre lang von 1949 bis 1990 zwei Gesinnungsdiktaturen auf deutschem Boden hatten. Und das darf nie, nie, nie wieder passieren!

Und damit das niemals wieder passiert, müssen wir jetzt anfangen, verbal wieder abzurüsten und uns ein deutlich dickeres Fell zuzulegen!

Freunde – was soll das? Pienzt doch nicht immer gleich rum! Buäh, der hat was gegen Frauen gesagt. Buäh, der hat gegen Ausländer gehetzt. Buäh, der hat Homosexuelle diskriminiert. Buäh. – Nein! Streitet Euch stattdessen endlich wieder! Holt eure Argumente raus anstatt der Nazikeule. Bringt die korrekten Zahlen auf den Tisch, anstatt von „Faschismus" zu unken. Stellt die Sachen richtig, anstatt den Kampf des Feminismus gegen das Patriarchat zu beschwören. Setzt euch für eure Sache ein, ohne euren Kontrahenten menschlich anzugreifen, in irgendeine Ecke zu stellen, ihm irgendeine falsche Gesinnung zu unterstellen, ihn in irgendeine Schublade zu stecken, euch zu distanzieren. Streitet! Und bleibt trotzdem Geschäftspartner, Fans, Freunde, Gefährten, Kollegen!

Das ist die Grundlage für unsere Weiterentwicklung. Für die persönliche Weiterentwicklung jedes Einzelnen und auch für unsere gesellschaftliche Weiterentwicklung.

Superblocks

Mit einer solchen Streitkultur eröffnen sich für unser Land neue Möglichkeiten. Wir kommen zueinander, lernen uns besser kennen und den anderen zu tolerieren, zu respektieren. Auf der zwischenmenschlichen Ebene bringt uns der Streit um Lichtjahre nach vorn. Verbessert Freundschaften und Beziehungen, stärkt Familien und Bekanntschaften. Aber der Streit kann noch mehr. Er macht die Gesellschaft agiler und die Politik nahbarer.

Sind wir bei einem Streit erst mal in Fahrt, gibt es mehrere Ausfahrten: Die erste ist der Kompromiss. Der kommt uns so charmant und vertraut vor, weil er es uns einfach macht. Ein Kompromiss ist nichts anderes als ein Aushandeln, was mehr und was weniger Gewicht, Wert, Bedeutung hat. Er ist oft der Tausch eines kleinen Übels gegen ein anderes kleines Übel. Keiner verliert ganz, keiner gewinnt ganz. Die Schmerzen sind gering.

Verstehen lässt sich ein Kompromiss für alle Beteiligten sehr leicht, denn jeder hat das Gefühl, gleichzeitig etwas zu bekommen und etwas hergeben zu müssen. Das ist kein Sieg auf der ganzen Linie, sondern eher ein Unentschieden. Aber ein Unentschieden ist eben auch ein Punktgewinn! Sie und ich werden in unserem Land ja ohnehin zum Kompromiss erzogen. Der Kompromiss ist sozusagen die deutsche Standardlösung. Darum können wir das auch ganz gut, mittlerweile. Deshalb wird so auch Politik gemacht: den kleinsten gemeinsamen Nenner suchen, die Erwartungen herunterschrauben, den Verzicht zähneknirschend einstecken und sich dann die Hand schütteln. Lieber halb als gar nicht.

Aber was ist mit denen, die sich auf keine Kompromisse einigen können? Oder die noch eine andere, bessere Möglichkeit sehen? Die mehr als nur Ja oder Nein sehen, sodass ein Jein nur ein fauler, schaler, billiger Kompromiss wäre?

Dazu braucht es die hohe Kunst des Über-den-Tellerrand-Schauens oder auf Englisch: *thinking out of the box*. Die Lösung wird hier nicht auf Ebene der offensichtlichen, ausgetretenen Wege gesucht, sondern mindestens eine Ebene höher. Das Problem zum Beispiel, wie man die Telekom dazu bekommt, Glasfaserkabel für das schnelle Internet lückenlos bis in den ländlichen Raum zu verlegen, weil das in Deutschland dringend benötigt wird, um unter den Industrienationen nicht hoffnungslos abgehängt zu werden. Innerhalb

Europas hinkt Deutschland bei der Internet-Infrastruktur schon jetzt weit hinter Ländern wie Tschechien, Bulgarien, Belgien oder Rumänien hinterher, von den Spitzenreitern Norwegen, Schweden und Schweiz ganz zu schweigen.

Also, wie bekommen wir das hin? Das Land braucht die schnelle Anbindung in jedem Winkel, aber die Sache ist teuer und dauert lange. Ein typischer Kompromiss wäre, den Ausbau früher zu bekommen, aber dafür mehr Steuermittel auszugeben.

Wieso denken wir aber beim Internet nicht mal aus der Kiste raus? Es steht ja ohnehin der Ausbau des Mobilfunknetzes auf den neuen 5G-Standard an. Und das, liebe Leute, wird ein verdammt schnelles Netz. Darin werden tausendmal mehr Daten gleichzeitig übertragen als im bisher schnellsten LTE-Netz, und das hundertmal schneller. Wir reden hier von zehn Gigabit pro Sekunde. Das heißt, Sie werden dann einen Spielfilm übers Mobilnetz 625-mal schneller aus dem Internet laden können als mit dem schnellsten DSL-Zugang von heute. Und immer noch zehnmal schneller als mit dem Glasfaserkabel, das so teuer ist und nur so schleppend vorankommt.

Das ist fantastisch! Wie wäre es also, wenn der Staat von Anfang an kräftig den flächendeckenden Aufbau des neuen 5G-Standards fördern und organisieren würde, anstatt sich noch ewig mit der Telekom und dem Glasfasernetz herumzuschlagen? Überspringen wir doch eine Runde im technologischen Wettlauf. Die aktuelle Runde haben wir verloren und können das auch nicht mehr umbiegen. Machen wir einen Haken dran. Aber für die neue Runde sollten wir uns endlich gut aufstellen!

Der Vorteil läge auch darin, dass keiner der großen Mobilfunkanbieter eine ähnliche Macht über die letzten Meter bis zum Haus hat wie die Telekom bei der Kabeltechnologie. Und Konkurrenz belebt nun mal das Geschäft: Da könnte keiner bremsen.

Auch wenn die technischen Details in diesem Beispiel durchaus komplizierter sind, als es meine Schilderung hergibt: Mir geht es um das dahinterliegende Prinzip. Anstatt einen Kompromiss anzustreben, wird eine ganz andere, viel größere oder weiter in die Zukunft reichende Lösung auf einer anderen Ebene gefunden. Zum Beispiel mit einer anderen Technologie. Oder mit einem größeren Bezugsrahmen. Oder mit einer anderen Zeitschiene. Manchmal ist eine kleine Lösung zu teuer und zu unrentabel, aber eine viel größere Lösung rechnet sich plötzlich.

So wird auch aus einem Automobilbauer ein Mobilitätsanbieter. Oder aus einem Buchverlag ein Medienhaus. Oder aus einem großstädtischen Kampfplatz zwischen Fußgängern und Autofahrern eine lebenswerte City für beide Gruppen.

Was die Städteplaner mit Barcelona vorhaben, ist ein großartiges Beispiel für eine gelungene Synthese, für eine Lösung jenseits des Kompromisses. Die üblichen Regelungen in Großstädten bedeuten immer Einschränkungen für beide Seiten: Die Fußgänger bekommen eine Fußgängerzone, müssen dafür aber an den Straßen immer lange an roten Ampeln warten, denn dort haben die Autos Vorfahrt. Und die Autos stehen ständig im Stau oder im Stop-and-go, weil immer wieder Fußgänger über die Straße müssen. Irgendwie scheint es, als stritten sich die beiden Parteien ständig um den öffentlichen Raum, von dem in allen Großstädten die Autofahrer den größten Teil für sich beanspruchen. In Barcelona ist das heute auch so. Dort kommen noch viele Motorrollerfahrer hinzu, die sich an jeder roten Ampel vordrängeln.

Was also tun? Insbesondere: Wie kann man Fußgängern und Fahrradfahrern wieder etwas von dem öffentlichen Raum zurückgeben? Und das am besten eben nicht dadurch, dass der Autoverkehr noch weiter beschnitten, zerhackt und gestoppt wird, denn stehende Fahrzeuge an roten Ampeln bringen niemandem etwas.

In Barcelona war 2014 großer Handlungsbedarf, denn in der boomenden Stadt wurde die Luft immer schlechter und der Straßenlärm immer lauter. Also suchten die Stadtplaner nach einer zukunftsweisenden Lösung. Und fanden die Superblocks. Eine wirklich coole Idee. Barcelona besteht wie viele Innenstädte auf der Welt aus schachbrettartigen, etwa quadratischen Gebäudeblocks, um die Straßen herumführen. Der Plan sieht vor, dass neun dieser Blocks zu je einem quadratischen Superblock zusammengefasst werden. Innerhalb dieses Gebiets wird die Höchstgeschwindigkeit auf zehn Stundenkilometer reduziert und sämtliche Parkmöglichkeiten verschwinden. Es lohnt sich also nur noch für den Anlieferverkehr für Restaurants und Geschäfte oder für Handwerker, die zu ihren Kunden wollen, in die Superblocks hineinzufahren. Dadurch gewinnen die Fußgänger riesige Areale zurück, auf denen vorher parkplatzsuchende und durchfahrende Autos unterwegs waren. Auf den Straßen können die Menschen künftig einfach herumlaufen wie in Fußgängerzonen. Die Restaurants können Stühle auf die Straßen stellen. Und die Anwohner bekommen viel mehr Ruhe.

Die Planer haben 120 mögliche Superblocks in der gesamten Innenstadt von Barcelona identifiziert, die nach und nach realisiert werden sollen. Sie werden gerahmt von echten Durchfahrtstraßen, die als Einbahnstraßen mit mehreren Spuren einen schnellen und relativ unterbrechungsfreien Durchgangs- und Busverkehr ermöglichen, weil nicht wie bisher an jedem Block eine Ampel steht. Zudem werden die Radwege in der Stadt großräumig ausgebaut.

Also eine Win-win-win-Situation für alle.

Weg mit der Kuscheldecke!

Das ist eine großartige Lösung, die bestimmt viele Nachahmer finden wird. Der Clou an der Sache ist, dass man auf eine solche kluge Lösung für alle nur kommen kann, wenn man vorher zünftig, aber freundschaftlich streitet. Und genau das wünsche ich mir für unser Land. Es gibt so viele Konfliktfelder, auf denen es seit Jahren nicht mehr weitergeht. Mir kommt es so vor, als hätte es Angela Merkel geschafft, uns – genauso wie ihr politischer Ziehvater Helmut Kohl – im Herbst ihrer politischen Karriere in eine Zone des bleiernen Stillstands hineinzuführen.

Der Blick auf die Bundestagswahl 2017 belegt das. Das Wahlergebnis spiegelt den Wunsch nach einer grundlegenden Veränderung. Beide Parteien der großen Koalition haben herbe Niederlagen einstecken müssen. In den letzten 20 Jahren hat die SPD die Zahl ihrer Stimmen bei Bundestagswahlen mehr als halbiert, von rund 20 Millionen auf rund neun Millionen. Auch die CDU verliert seit Kohls Zeiten kontinuierlich Wählerstimmen. Wir sind soweit, dass künftig die beiden größten Parteien zusammen keine Koalition mehr bilden können, weil die addierten Stimmenanteile keine Mehrheit mehr ergeben. Für eine Regierung werden also Dreier- oder gar Viererbündnisse gebraucht.

Mir scheint es eindeutig: Die einfachen, althergebrachten Lösungen sind nicht mehr gefragt. Die Bürger haben die Politik aufgefordert, ein neues Deutschland zu denken. Ich auch. Ich will, dass wir Deutsche einen neuen Politikstil entwerfen. Eine neue Debattenkultur entwickeln. Stärker Profil zeigen. Unkonventionelle Methoden ausprobieren. Eine Vision für die Zukunft entwickeln. Einen echten Wandel hinkriegen, der uns aus dem alten Konsens herausführt und die faulen Kompromisse entlarvt. Der die Harmoniekuscheldecke, mit der sich der Reichstag in Berlin in flauschige Watte gepackt hat, wegreißt.

Ich will, dass wir wieder Unterschiede benennen. Und sie wertschätzen. Einander ernst nehmen und wohlmeinen. Und dann streiten. Nicht mit Parteiinteressen oder der Wiederwahl im Hinterkopf, sondern den Blick fest auf die Themen gerichtet. Lasst uns bereit zur Problemlösung sein, statt mit kosmetischen Veränderungen den Stillstand zu kaschieren.

Eine Mammutaufgabe!

Keine Frage. Also lasst es uns angehen! Jeder Einzelne und zusammen als Gesellschaft. In den Beziehungen und Familien, in den Freundschaften, in den Städten und Gemeinden, in den Unternehmen, in den Vereinen, in der Politik, in der Öffentlichkeit.

Wie sieht Ihr Einsatz aus, damit es funktioniert? Wo soll dieses Jahrhundertwerk anfangen?

Stellen Sie sich jetzt den Schneeballeffekt vor, den Sie auslösen könnten: Sie fangen an, herzlich zu streiten, sich den anderen zuzumuten, sich im Respekt und mit aller Offenheit auseinanderzusetzen. In aller Direktheit und Klarheit. Das inspiriert Mitstreiter und Gegner. Und dann noch weitere Menschen. Dann die zwei Nachbarn. Dann die Tante und das Nebenhaus. Den Straßenzug, das Viertel. Die Stadt. Das Land. Die Bundesrepublik. Europa.

In so einer Welt möchte ich leben. Deshalb trage ich mit meinem Streiten dazu bei. Jeden Tag ein bisschen. Und ich richte meinen Appell, sich endlich offen auseinanderzusetzen, an Sie. Leben Sie endlich die Political Directness, anstatt sich hinter der Political Correctness immer wieder zu verstecken! Ich möchte echten Frieden unter uns, keinen Scheinfrieden. Und das geht nur, wenn wir besser streiten lernen.

Retten wir die Ehre des Streits. Befreien wir ihn von seinem schlechten Image, das wir ihm ungerechterweise angedichtet haben. Bürsten wir ihn ab von den Duellen, dem beleidigten Geschrei, den Rüffeln und den persönlichen Angriffen, die kindisch und unsinnig sind. Achten wir ihn als eine verbindungstiftende Umgangsform. Und tun wir der Demokratie den Gefallen, die Auseinandersetzung wieder in unsere Mitte zu holen.

Na, los!

Auf geht's! Fangen Sie an!

Machen Sie die Welt um Sie herum mit einem zünftigen Streit ein kleines bisschen besser. Beginnen Sie jetzt gleich. Hier. Bei mir: Indem Sie mir doch bitte einfach herzlich, schonungslos und direkt schreiben, ob Sie dieses Buch (oder mein letztes Buch oder einen meiner Vorträge oder überhaupt) gut, schlecht, wunderbar, nutzlos, ganz okay, grottig, zum Weiterempfehlen oder zum ... zum In-die-Tonne-Treten fanden.

Werden Sie es los! Raus damit, ich kann's vertragen!
Sie wissen ja, was Sie davon haben.
Wenn nicht ... puh, also dann empfehle ich Ihnen, direkt noch mal bei Seite 1 anzufangen.

Und so oder so lade ich Sie herzlich ein, auf meine Website auf der Seite übers Streiten zu schauen. Für mich ist das Thema mit diesem Buch nämlich noch nicht erledigt:
www.political-directness.de

Herzlich,
Ihr Stefan Reutter

Über den Autor

Stefan Reutter ist Redner, Coach und Autor. Aber als junger Kerl wollte er Profifußballer werden. Er war richtig gut! Als Jugendnationalspieler spielte er internationale Turniere und bei seinem Verein, dem VfB Stuttgart, stand er kurz vor seinem großen Karriereschritt in die Bundesliga – da zog er sich in einem Spiel eine schlimme Knieverletzung zu, die nie wieder ganz verheilte. Er schaffte es nicht mehr zurück in den Leistungssport.

Zum Glück hatte er noch andere Talente, zum Beispiel die Gabe des Redens. Er begann noch einmal ganz von vorn und lernte und entwickelte von der Pike auf sein neues Handwerk. Zuerst als Kaufmann und Verkäufer, dann als Trainer von Kaufleuten und Verkäufern, dann als Moderator und Redner. Bei seinem Publikum ist er bekannt für seine fantasievolle und prägnante Sprache und seine beeindruckende Bühnenpräsenz.

Stefan Reutter gehört heute zu den interessantesten und eigenständigsten Rednern im deutschsprachigen Raum. Er ist Mitglied im Club 55, die exklusive europäische Expertengemeinschaft in Marketing und Sales, in der man nur per Einladung Mitglied werden kann. In seinen Vorträgen bringt er nicht nur seine Menschenkenntnis aus über 20 Jahren Training und Coaching ein, sondern auch eigene Erfahrungen – und erreicht damit die Herzen der Menschen.

Sein erstes Buch „Gut, dass es dir schlecht geht!" erschien 2015 und hat vielen Menschen in schwierigen Lebenssituationen geholfen.

Als Autor, Keynote-Speaker und Talk-Gast liegt es Stefan Reutter am Herzen, Entwicklungen anzustoßen – persönlich und gesellschaftlich. Menschen, die in Krisen stecken, zeigt er das Gute im Schlechten auf und gibt ihnen einen freundschaftlichen „Tritt in den Hintern". Und an alle, die in einer friedlicheren Gesellschaft leben wollen, richtet er die Botschaft: Streitet euch! Denn Stefan Reutters Lebenserfahrung ist: Harmoniesucht und Political Correctness führen nur zu Hass und verdeckter Aggression. Eine wirklich friedvolle, konfliktfähige Gesellschaft baut auf einer funktionierenden Streitkultur auf.

www.stefanreutter.de

STEFAN REUTTER
GUT, DASS ES DIR SCHLECHT GEHT!
WARUM DIE SCHLIMMSTEN TAGE IM LEBEN MANCHMAL DIE BESTEN SIND

STEFAN REUTTER
GUT, DASS ES DIR SCHLECHT GEHT!
WARUM DIE SCHLIMMSTEN TAGE IM LEBEN MANCHMAL DIE BESTEN SIND
Autorenlesung
steinbach sprechende bücher
EDITION Meisterschaft im Leben

WARUM
DIE SCHLIMMSTEN TAGE IM LEBEN MANCHMAL DIE BESTEN SIND

Sie sind am Boden und wissen nicht, wie Sie aus diesem Schlamassel wieder herauskommen.
Schlimmes ist Ihnen widerfahren – gesundheitlich, in der Partnerschaft, finanziell, im Job – und Verzweiflung macht sich breit.
Genau an diesem Punkt holt Sie Lebenscoach und Business-Trainer Stefan Reutter ab. Mit freundschaftlicher Klarheit, ganz ohne Zuckerguss und Blumenkranz, zeigt er Ihnen, wie Sie wieder aufstehen. Liebevoll und mit viel Humor führt er Sie zurück zu den Quellen Ihrer Kraft und macht Sie wieder stark. Sein Buch zeigt: Die schlimmsten Tage können sich im Nachhinein als die besten herausstellen. Am Ende wird alles gut.

Ein ermutigendes, motivierendes Buch voller Zuversicht, das einfach Freude macht.